Informatik-Fachberichte 177

Herausgegeben von W. Brauer
im Auftrag der Gesellschaft für Informatik (GI)

Lutz Voelkel
Jürgen Pliquett

Signaturanalyse

Theoretische Grundlagen und Probleme;
Ausblick auf Anwendungen

Springer-Verlag
Berlin Heidelberg New York
London Paris Tokyo

Autoren

Lutz Voelkel
Ernst-Moritz-Arndt-Universität Greifswald, Sektion Mathematik
Jahnstraße 15a, DDR–2200 Greifswald

Jürgen Pliquett
VEB Nachrichtenelektronik Greifswald
Brandteichstraße 25, DDR–2200 Greifswald

CR Subject Classifications (1987): B.6.2, B.7.3, D.2.5, G.2.2

Alleiniges Vertriebsrecht für alle nichtsozialistischen Länder
beim Springer-Verlag Berlin Heidelberg New York Tokyo

ISBN-13:978-3-540-50244-9   e-ISBN-13:978-3-642-74025-1
DOI: 10.1007/978-3-642-74025-1

2145/3140–543210

Für Doris und Veronika

Vorwort

Die Signaturanalyse ist eine spezielle Methode der Fehlerdiagnose komplexer digitaler Schaltungen, bei der lange Signalfolgen durch rückgekoppelte Schieberegister komprimiert werden. Die zunehmende Verbreitung und Weiterentwicklung dieser Methode erschließen einerseits neue Anwendungen "klassischer" Theorien aus dem Grenzgebiet zwischen Informatik und Algebra, führen aber andererseits auch zu einem eigenständigen Interesse an einer umfassenden Darstellung und am weiteren Ausbau bestimmter für diese Anwendung relevanter Teilgebiete der Theorien. Es gibt zwar zahlreiche Lehrbücher, in denen lineare Automaten, insbesondere Schieberegister, eine wesentliche Rolle spielen, aber spezielle Untersuchungen zu theoretischen Problemen der Signaturanalyse sind bisher nur in Einzelarbeiten zu finden. Mit diesem Buch unternehmen wir den Versuch, eine ausführliche zusammenhängende Darstellung von theoretischen Grundlagen und Problemen der Signaturanalyse vorzulegen. Darüber hinaus soll es (auch dem an Anwendungen interessierten Leser) einen Überblick über die in etwa zehn Jahren recht umfangreich gewordene Literatur zur Signaturanalyse geben.

Wir danken den Kollegen der Hauptabteilung TM des VEB Nachrichtenelektronik Greifswald, insbesondere Herrn Dipl.-Ing. G. Krohn, für ausgezeichnete Arbeitsmöglichkeiten in den verschiedenen Etappen der Bearbeitung von Problemen der Signaturanalyse, einschließlich der Manuskriptfertigstellung.

Unser Dank für wertvolle fachliche Hinweise und für Unterstützung bei der Literaturbeschaffung gilt zahlreichen Kollegen, vor allem Herrn Dr.Gössel, dem wir auch die Anregung zu diesem Buch verdanken, und den Kollegen Dr.Albrecht, J.Exner, Dr.Hübner, Dr.Leisengang, Dr.Schütz, Dr.Will und Dr.Zech.

Dem Akademie-Verlag, insbesondere Frau Dipl.-Phys. G. Lagowitz, danken wir für die sehr gute Zusammenarbeit.

L. Voelkel
J. Pliquett

Verzeichnis der Sätze, Beispiele, Formeln und Abbildungen

Satz	1	2	3	4	5	6	7	8	9	10	11	12	13	14	15	16
Seite	39	40	42	49	51	54	58	68	74	76	82	83	85	95	97	100

Satz	17	18	19	20	21	22	23	24	25	26	27	28	29	30	31	32
Seite	101	101	101	106	109	115	116	120	122	125	125	128	129	131	132	138

Satz	33	34	35	36	37	38	39	40	41	42	43	44	45	46	47	48
Seite	141	142	144	144	146	148	148	150	153	156	157	167	168	168	171	172

Satz	49	50	51	52	53	54	55
Seite	172	173	174	175	176	176	177

Beispiel	1	2	3	4	5	6	7	8	9	10	11	12	13	14	15
Seite	34	40	45	50	62	70	73	87	90	95	98	103	107	109	112

Beispiel	16	17	18	19	20	21	22	23
Seite	113	119	123	127	145	155	165	170

Formel	1	1	1	2	3	4	5	6	7	8	9	10	11	12	13	14
Seite	33	33	33	33	33	33	33	39	39	42	44	44	47	48	48	49

Formel	15	16	17	18	19	20	21	22	23	24	25	26	27	28	29	30
Seite	51	53	56	56	57	59	59	60	61	65	65	66	66	68	68	79

Formel	31	32	33	34	35	36	37	38	39	40	41	42	43	44	45	46
Seite	79	80	93	104	109	110	114	121	154	154	165	165	165	165	168	168

Formel	47	48
Seite	171	174

Abbildung	B1	B2	B3	B4	B5	B6	B7	B8	B9	B10	B11	B12	B13	B14
Seite	32	36	55	85	94	114	164	164	182	184	185	198	200	201

Inhaltsverzeichnis

1. Einführung

1.1. Vorbemerkungen

Die Arbeit "Signature Analysis: A New Digital Field Service Method"
von R.A.Frohwerk kann als erste überwiegend theoretisch orientierte
Zeitschriftenveröffentlichung zur Signaturanalyse angesehen werden.
Sie enthält neben einer Darstellung von theoretischen Grundlagen auch
eine explizite Definition des Begriffes "Signaturanalyse":"The process
of annotating schematics with good signatures as an aid in trouble-
shooting circuits that produce bad signatures has been termed
signature analysis." (/Fr/, S.5) Dabei ist das Anliegen der Untersuchungen die Entwicklung einer (zunächst auf den Service zugeschnitte-
nen) "kompakten" Methode zur Fehlersuche in komplexen digitalen Syste-
men, und als "signature" wird das Resultat der Kompression einer im
allgemeinen sehr langen binären Signalfolge durch ein spezielles
linear rückgekoppeltes Schieberegister bezeichnet.

In späteren Arbeiten wird dieser recht eng gesteckte Rahmen von den
meisten Autoren (größtenteils stillschweigend) erweitert. Ausdrücklich
hervorgehoben wird dies z.B. in der Arbeit /KMZ2/:"...cyclic coding
has also successfully entered the digital testing scene, where it is
by now well known as signature analysis." Dieser Tendenz folgend,
wollen wir unter Signaturanalyse die Anwendung solcher Verfahren zur
Fehlerdiagnose digitaler Schaltungen verstehen, bei denen lange Testfolgen, die zur Diagnose komplexer digitaler Baugruppen zwar nötig
sind, aber nur mit hohem Aufwand ausgewertet werden können, durch
linear rückgekoppelte Schieberegister komprimiert werden.

Solche Schieberegister und andere lineare Schaltkreise spielen in der
Instrumentierung zyklischer Kodes eine herausragende Rolle (/Pe/,
Kapitel 7); sie werden in allgemeinerem Zusammenhang bzw. hinsichtlich
anderer Aufgaben in den Büchern /Gi/ und /Go/ ausführlich untersucht.
Linear rückgekoppelte Schieberegister und ähnlich aufgebaute lineare

Automaten, für die inzwischen die zusammenfassende Bezeichnung
Signaturregister (vergl. z.B. /KMZ1/,/BM/,/HL/) verwendet wird, sind
Gegenstand des zweiten Kapitels. Hier werden zunächst Begriffe einge-
führt und Resultate über Signaturregister hergeleitet, die wir als die
theoretischen Grundlagen der Signaturanalyse ansehen können.
Aufbauend auf diesen Grundlagen werden dann **theoretische Probleme** der
Signaturanalyse behandelt, vorwiegend zur Fehlermaskierung. Neben
bekannten Resultaten, die aber nur in (teilweise schwer zugänglichen)
Originalarbeiten publiziert wurden, gehen auch bisher unveröffentlich-
te eigene Ergebnisse in diese Betrachtungen ein.

Zuvor werden in 1.2. kurz die für die theoretischen Untersuchungen be-
nötigten mathematischen Hilfsmittel, vor allem aus der Algebra und der
Graphentheorie, zusammengestellt. Dieser Abschnitt kann bei Bedarf zum
Nachschlagen herangezogen werden. Dem mit den genannten mathematischen
Disziplinen nicht so vertrauten Leser sollen kleinere Beispiele das
Verständnis der eingeführten Begriffe und Zusammenhänge erleichtern.

In 1.3. behandeln wir dann einige Begriffe, Methoden und Probleme aus
der Theorie der Fehlerdiagnose digitaler Schaltungen. Dabei gehen wir
insbesondere auf " Kompaktverfahren" ein, die dadurch charakterisiert
sind, daß sie mit (mehr oder weniger drastisch) komprimierten Diagnosedaten arbeiten; zu diesen Verfahren gehört auch die Signaturanalyse.
Diese Ausführungen sollen einerseits als Hintergrund und zugleich
Motivation für die theoretischen Untersuchungen des zweiten Kapitels
dienen, zum anderen sind sie Voraussetzungen und Ausgangspunkt für die
Betrachtungen im dritten Kapitel.

Im Kapitel 3 wird, jedoch in wesentlich geringerem Umfang, ein Ausblick auf Anwendungen von Signaturregistern gegeben. Neben dem schon
erwähnten Einsatz im Rahmen der Signaturanalyse, den wir in verschiedenen Varianten behandeln, gehen wir auch kurz auf andere Einsatz-
möglichkeiten solcher Register ein. Zu allen diskutierten Anwendungen
von Signaturregistern geben wir Hinweise auf weiterführende Literatur.

Im Anhang 1 geben wir die Zyklenmengen einiger maximal rückgekoppelter
Signaturregister und die Faktorisierungen der zugehörigen vollständigen Polynome an, die von besonderem theoretischen Interesse sind.
Der Anhang 2 enthält Programme zur Simulation von Signaturregistern
auf Klein- und Mikrocomputern.

Die Resultate der theoretischen Untersuchungen im Kapitel 2 sind als
Sätze bzw. Folgerungen ausgewiesen, zu denen vollständige **Beweise** bzw.

ausführliche **Beweisideen** gegeben werden. Fundamentale Begriffe und
Zusammenhänge werden durch **Beispiele** veranschaulicht; im Rahmen von
Bemerkungen werden Randprobleme behandelt bzw. Zusatzinformationen
gegeben. Um das Ende eines Beweises, eines Beispieles oder einer
Bemerkung deutlich zu machen, verwenden wir das Trennzeichen "##".

Zur **Terminologie** wollen wir noch folgendes anmerken: In der wohl
ersten in deutscher Sprache vorliegenden Schrift /HPP/ zur Signaturanalyse wurde das Wort "signature" mit "Kennzeichen" übersetzt. Dieser
deutsche Begriff findet sich in einigen (vor allem früheren) Veröf-
fentlichungen (z.B. /Hü/,/HS/,/SH/,/Scw/,/V1/), auch in Zusammenset-
zungen wie "Kennzeichenanalyse", "Kennzeichenauswertung". Inzwischen
kann aber eingeschätzt werden, daß sich auch im deutschen Sprachraum
die Termini "Signatur" und "Signaturanalyse" durchgesetzt haben.

1.2. Mathematische Grundlagen

In diesem Teil des Einführungskapitels wollen wir die wichtigsten der
für das Verständnis von Kapitel 2 notwendigen Begriffe und Zusammenhänge aus der Mathematik zusammenstellen. Grundkenntnisse über **Mengen**,
Abbildungen, Operationen und **Relationen**, speziell über **Äquivalenzrela-
tionen**, setzen wir voraus. Für eine ausführliche Darstellung sei auf
das Buch /As/, für eine kürzere auf den Anhang 1.4. in /Wu/ verwiesen.
Über diese Grundbegriffe hinaus sollten keine zusätzlichen Vorkennt-
nisse benötigt werden. Von Nutzen für das Verständnis mancher Zusammenhänge und Beweise dürften jedoch Erfahrungen mit Definitionen und
vor allem Beweisen durch vollständige Induktion sein, ebenso Fertig-
keiten beim Umgang mit Matrizen und Determinanten.

1.2.1. Grundlegende Bezeichnungen

Wir benutzen die üblichen Symbole aus der **Mengenlehre**, so die Bezeich-
nung $\{x_1,\ldots,x_n\}$ und $\{x:E(x)\}$ zur Darstellung von Mengen, $x \in X$ und $X \subseteq Y$
für die Element- bzw. die Teilmengenbeziehung. Sind X,Y Mengen, so
werden mit $X \cap Y$, $X \cup Y$ bzw. $X \setminus Y$ der Durchschnitt, die Vereinigung bzw.
die Differenz von X und Y bezeichnet; $X \times Y = \{(x,y) : x \in X \text{ und } y \in Y\}$ ist das
kartesische Produkt von X und Y, X^n die n-fache kartesische Potenz von
X. Die Elemente von X^n heißen n-Tupel oder Folgen der Länge n aus X.
Eine <u>endliche Folge</u> F aus X ist Element einer Potenz X^n, zu ihrer
Darstellung benutzen wir die Notation $F=(x_1,\ldots,x_n)$ oder kürzer
$F=x_1\ldots x_n$, wenn die Symbole deutlich unterscheidbar sind.

Die Verknüpfung zweier Folgen $F=(x_1,\ldots,x_n)$ und $F'=(y_1,\ldots,y_m)$ ist durch $FF'=(x_1,\ldots,x_n,y_1,\ldots,y_m)$ definiert.

Als Beispiel betrachten wir die Menge der **Binärsymbole** $X=\{0,1\}$; binäre Folgen (also Folgen aus X) sind etwa 01010, $0\ldots0\dot=0^n$, $0^{n-2}10$ für $n\geqslant2$. $N=\{0,1,2,\ldots\}$ ist die Menge der **natürlichen Zahlen**. Für Zahlenangaben nutzen wir neben dem Dezimalsystem noch die **Positionssysteme** mit den Basen 2(Ziffern 0,1), 8(1,...,7) und 16(0,...,9,A,B,C,D,E,F); die zugehörigen Zahldarstellungen heißen Binär-, Oktal- und Hexadezimalzahlen.

Eine <u>unendliche Folge</u> aus der Menge X ist eine Abbildung f von N in X, die wir auch in der Form $f=(x_0,x_1,x_2,\ldots)$ schreiben. Wenn wir einfach von einer Folge sprechen, so wird aus dem Zusammenhang klar, ob eine endliche oder unendliche Folge gemeint ist.

Aus der **elementaren Arithmetik** der natürlichen Zahlen benötigen wir die Division mit Rest: Sind $x,y\in N$ und ist $y\neq0$, so gibt es eindeutig bestimmte Zahlen $q,r\in N$ mit $0\leqslant r<y$, so daß $x=qy+r$ gilt.

Sei $p\in N$, $p>0$. Eine **Operation modulo p** liefert den Rest bei der Division des Resultates der Operation durch p; als Beispiele dafür nennen wir $4+5(\mathrm{mod}7)=2$ und $4\cdot5(\mathrm{mod}7)=6$.

Wichtigster Anwendungsfall ist für uns $p=2$. Die Addition $\oplus$ und die Multiplikation $\odot$ modulo 2 sind wie folgt definiert:
$0\oplus0=1\oplus1=0$, $0\oplus1=1\oplus0=1$; $0\odot0=0\odot1=1\odot0=0$, $1\odot1=1$.

Da sich die Multiplikation in ihrem Werteverlauf nicht von der gewöhnlichen Multiplikation für 0 und 1 unterscheidet, schreiben wir gleich $\cdot$ für $\odot$; wir werden auch + statt $\oplus$ schreiben, wenn aus dem Zusammenhang klar wird, ob die gewöhnliche oder die modulo-2-Addition gemeint ist. Analog verfahren wir mit dem Summenzeichen, das wir wie üblich zur Abkürzung mehrgliedriger Summen benutzen.

Durch log wird der Logarithmus zur Basis 2 dargestellt. Ist x eine reelle Zahl, so bezeichnet $\lceil x\rceil$ die kleinste Zahl $n\in N$ mit $n\geqslant x$.
Insbesondere ist $\lceil\log x\rceil$ die kleinste ganze Zahl j, für die $2^j\geqslant x$ gilt.

Boolesche Funktionen sind Operationen in der Menge $\{0,1\}$. Wichtige Beispiele sind die einstellige Negation, die durch $\bar{0}=1$ und $\bar{1}=0$ definiert ist, sowie die Konjunktion und die Antivalenz. Diese zweistelligen Funktionen stimmen in ihrem Werteverlauf mit der Multiplikation bzw. mit der Addition modulo 2 überein.

Eine n-stellige Boolesche Funktion f heißt <u>linear</u>, wenn es Konstanten $c_1,\ldots,c_n\in\{0,1\}$ gibt, so daß für beliebige Werte $x_1,\ldots,x_n\in\{0,1\}$ gilt: $f(x_1,\ldots,x_n)=c_1\cdot x_1+c_2\cdot x_2+\ldots+c_n\cdot x_n$. Dabei bezeichnen $\cdot$ und + gerade die Konjunktion und die Antivalenz. Lineare Boolesche Funktionen werden im folgenden als "Rückkopplungsfunktionen" der Signaturregister eine fundamentale Rolle spielen.

1.2.2. Strukturen

Obwohl wir im folgenden nur spezielle Strukturen (Graphen, Ringe, Körper, Vektorräume) betrachten, wollen wir in diesem Teilabschnitt doch kurz auf den allgemeinen Strukturbegriff eingehen. Ziel dieser Ausführungen ist die Definition der allgemeinen Struktur-Isomorphie (bzw. -Homomorphie), der sich alle später wiederholt auftretenden speziellen Isomorphie- (bzw. Homomorphie-) Begriffe unterordnen.

Eine Struktur ist ein $(k+l+m+1)$-Tupel $S=(M;R_1,\ldots,R_k;F_1,\ldots,F_l;c_1,\ldots,c_m)$ mit $k,l,m \in N$ und $k+l+m > 0$. Dabei ist M eine Menge, die als Grundmenge der Struktur S bezeichnet wird. Zu dieser Menge gehören insbesondere die **Konstanten** $c_1,\ldots,c_m$. $R_1,\ldots,R_k$ sind **Relationen** (mit den Stellenzahlen $p_1,\ldots,p_k$) in der Menge M, und $F_1,\ldots,F_l$ sind **Operationen** (mit den Stellenzahlen $q_1,\ldots,q_l$) über der Menge M.

Wir nennen zwei Strukturen $S=(M;R_1,\ldots,R_k;F_1,\ldots,F_l;c_1,\ldots,c_m)$ und $S'=(M';R'_1,\ldots,R'_k;F'_1,\ldots,F'_l;c'_1,\ldots,c'_m)$ verwandt, wenn $k=k',l=l'$ und $m=m'$ ist und auch die Stellenzahlen der Relationen und Funktionen paarweise übereinstimmen: $p_1=p'_1,\ldots,p_k=p'_k;\ q_1=q'_1,\ldots,q_l=q'_l$.

Zwei verwandte Strukturen S und S' heißen isomorph (symbolisiert durch $S\cong S'$), wenn es eine eineindeutige Abbildung f von M auf M' gibt, die noch folgende Bedingungen erfüllt:

1) Für $i=1,\ldots,k$ trifft R_i genau dann auf ein beliebiges p_i-Tupel $(x_1,\ldots,x_{p_i})$ zu, wenn $R'_i(f(x_1),\ldots,f(x_{p_i}))$ erfüllt ist;
2) für $j=1,\ldots,l$ gilt $F'_j(f(x_1),\ldots,f(x_{q_j}))=f(F_j(x_1,\ldots,x_{q_j}))$ bei beliebigen q_j-Tupeln $(x_1,\ldots,x_{q_j})$;
3) $f(c_1)=c'_1,\ \ldots\ ,f(c_n)=c'_n$.

Die Abbildung f, die in dieser Weise die Relationen, Funktionen und Konstanten von S auf die von S' überträgt, wird ein Struktur-Isomorphismus von S auf S' genannt.

Ist h allgemeiner eine (nicht notwendig eineindeutige) Abbildung von M in M', so heißt h ein Struktur-Homomorphismus von S in S'.

Ein Homomorphismus h von einer Struktur S in eine Struktur S' wird auch als homomorphe Einbettung von S in S' bezeichnet.

1.2.3. Graphen

Als (gerichteten) Graphen bezeichnet man eine Struktur $G=(E;K)$, in der $K \subseteq E \times E$ eine zweistellige Relation in der Grundmenge E ist. Im Sinne der allgemeinen Strukturdefinition aus dem vorigen Abschnitt sind Graphen also spezielle (recht einfache) Strukturen mit $k=1$, $l=m=0$ und $p_1=2$.

Ein Graph G=(E;K) heißt __endlich__, wenn E (und folglich auch K) endlich
ist. Besteht E nur aus wenigen Elementen und trifft die Relation K
auch nur auf wenige Paare aus E E zu, so kann der Graph G wie folgt
geometrisch veranschaulicht werden: Die Elemente der Menge E, auch als
__Ecken__ oder __Knoten__ bezeichnet, werden durch Punkte der Ebene dargestellt,die Paare aus K, __Kanten__ genannt, durch gerichtete Kurvenstücke.
Den Graphen G=({0,1,2,3}; {(0,0),(1,2),(2,3),(3,1)}) veranschaulichen
wir zum Beispiel durch folgende Darstellungen, von denen die zweite
durch das Einsparen der Punkte noch einfacher wird:

Ist die Kantenrelation K symmetrisch, folgt also aus $(e,e')\in K$ stets
$(e',e)\in K$, so spricht man auch von einem ungerichteten Graphen. In der
ebenen Veranschaulichung eines solchen kann auf die Angabe der Kanten-
richtungen verzichtet werden.
Ein __Weg__ in einem Graphen G=(E,K) ist eine Folge $(e_1,e_2,\ldots,e_{n+1})$ von
Ecken, in der für i=1,...,n stets $(e_i,e_{i+1})\in K$ gilt. Die Zahl $n \geqslant 0$, die
die Anzahl der Kanten angibt, über die man von e_1 zu e_{n+1} kommt, wird
die __Länge__ des Weges genannt.
Ist G=(E,K) ein Graph, und b:K$\rightarrow$W eine Abbildung der Kantenmenge auf
eine "Wertmenge" W, so bezeichnen wir das Tripel G_b=(E;K;b) als
__kantenbewerteten__ Graphen. Ist insbesondere W={0,1}, b also eine binäre
Kantenbewertung, so können wir den kantenbewerteten Graphen G_b auch in
der Form $G_b=(E;K^0,K^1)$ mit $K^0=\{k:b(k)=0\}$ und $K^1=\{k:b(k)=1\}$ darstellen.
Ein Graph G=(E,K) heißt __stark zusammenhängend__, wenn zu beliebigen
Ecken $e,e'\in E$ ein Weg $(e,e_1,\ldots,e_n,e')$ von e nach e' existiert.
Die folgenden speziellen Arten von Graphen werden später gebraucht.
Ein __Zyklus__ ist ein endlicher Graph
$$Z=(\{e_1,\ldots,e_n\};\{(e_1,e_2),\ldots,(e_{n-1},e_n),(e_n,e_1)\}).$$
Die Anzahl n der Ecken bzw. Kanten eines Zyklus Z wird auch die Länge
von Z genannt; zur Darstellung eines Zyklus werden wir dann später
(2.1.5.1.) die kürzere Form $Z=(e_1,\ldots,e_n)$ verwenden. Unser Beispiel-
graph besteht aus den beiden Zyklen $Z_0=(0)$ und $Z_1=(1,2,3)$.
Als __Baum__ bezeichnen wir einen endlichen Graphen B=(E;K), wenn er
folgende Eigenschaften hat:
   1) Jede Ecke e E hat höchstens einen Nachfolger e' mit $(e,e')\in K$;
   2) es gibt genau eine Ecke $w\in E$, die keinen Nachfolger hat; w wird
      als die __Wurzel__ des Baumes B bezeichnet;
   3) für jeden Knoten $e\in E$ gibt es einen Weg $(e,e_1,\ldots,e_n,w)$ zur
      Wurzel.

Wegen der Endlichkeit muß es in jedem Baum B Ecken e' geben, die keinen "Vorgänger" e mit (e,e')∈K haben. Solche Ecken heißen <u>Blätter</u> von B. Nach 3) gibt es von jedem Blatt b einen Weg zur Wurzel, der wegen 1) eindeutig bestimmt ist. Die Länge dieses Weges wird die <u>Höhe</u> des Blattes b genannt; die maximale Blatthöhe in B wird auch als <u>Höhe des Baumes</u> B bezeichnet.

Ein <u>binärer Baum</u> ist dadurch charakterisiert, daß jede Ecke höchstens zwei Vorgänger hat. Wenn sogar jede Ecke eines binären Baumes, die kein Blatt ist, genau zwei Vorgänger hat, und alle Blätter dieselbe Höhe haben, sprechen wir von einem <u>vollen binären Baum</u>. Offensichtlich besitzt ein voller binärer Baum der Höhe h genau 2^h Blätter und besteht aus insgesamt aus $2^{h+1}-1$ Ecken; $h \geqslant 0$.

Wir merken an, daß unsere Definition eines Baumes sich schon auf die Anwendung in 2.1.5.2. orientiert, während Bäume in der Literatur üblicherweise als entgegengesetzt gerichtet (von der Wurzel zu den Blättern!) eingeführt werden.

1.2.4. Algebraische Strukturen

In diesem Abschnitt wollen wir Strukturen ohne Relationen betrachten, deren Untersuchung ein Gegenstand der "klassischen" Algebra ist.

Eine <u>Gruppe</u> ist eine Struktur $G=(M; \circ ; i)$ mit einer zweistelligen Operation $\circ$ in der Grundmenge M und dem "neutralen Element" $i \in M$, die die folgenden Bedingungen (die "Gruppenaxiome") erfüllt:

    G1) Die Operation $\circ$ ist assoziativ, für beliebige $x,y,z \in M$ gilt also

        $x \circ (y \circ z) = (x \circ y) \circ z$;

    G2) für beliebige $x \in M$ gilt $x \circ i = i \circ x = x$;

    G3) zu jedem $x \in M$ gibt es ein $y \in M$ mit $x \circ y = y \circ x = i$.

Man zeigt leicht, daß das in G3) genannte Gruppenelement y durch x eindeutig bestimmt ist; es wird das zu x <u>inverse Element</u> genannt und mit x^{-1} bezeichnet.

Eine <u>Untergruppe</u> von $G=(M, \circ, i)$ ist eine Struktur $G'=(M'; \circ' ; i)$ mit $M' \subseteq M$, in der die Operation $\circ'$ gerade die Einschränkung von $\circ$ auf M' ist.

Als <u>kommutativen Ring</u> bezeichnen wir eine Struktur $R=(M;+,\cdot;o,e)$, die folgende Bedingungen erfüllt:

    R1) Die Struktur $A_R=(M;+;o)$ ist eine kommutative Gruppe mit dem neutralen Element o (d.h., außer den Gruppenaxiomen G1, G2, G3 gilt noch das "Kommutativgesetz" $x+y=y+x$ für beliebige $x,y \in M$); A_R wird die additive Gruppe von R genannt;

    R2) die zweistellige Operation $\cdot$ ist assoziativ, kommutativ und hat das neutrale Element e;

R3) die Operationen + und · sind zueinander distributiv, d.h., für
   beliebige x,y,z∈M gilt x·(y+z)=(x·y)+(x·z).

Als _Beispiel_ für einen Ring nennen wir die Struktur Z=(G;+,·;0,1) der
ganzen Zahlen mit der Addition, zu der die Null als neutrales Element
gehört, und der Multiplikation, für die die Eins das neutrale Element
ist. Hierdurch sind die allgemein verwendeten Bezeichnungen Null- bzw.
Einselement für die neutralen Elemente o der Addition bzw. e der
Multiplikation motiviert.

Ist R=(M;+,·;o;e) ein Ring, so heißt eine Teilmenge I von M ein _Ideal_
in R, wenn folgendes gilt:
   I1) Die Struktur (I;+';o), in der +' die Einschränkung von + auf I
       ist, bildet eine Untergruppe von A_R;
   I2) für beliebige r∈R und x∈I ist r·x ein Element aus I.
Durch ein Ideal I wird in einem Ring R eine Relation ~ definiert, von
der man leicht zeigen kann, daß sie eine Äquivalenzrelation ist:
Für q,r∈R sei genau dann q~r, wenn es ein x∈I gibt, so daß q=r+x
gilt. /r/={q:q~r} heißt die von r repräsentierte _Restklasse nach I._
Durch /q/+$_I$/r/=/q+r/ und /q/·$_I$/r/=/q·r/ kann man die Summe und das
Produkt zweier Restklassen definieren. Es zeigt sich, daß diese Bil-
dungen nicht von den für die Definition ausgewählten Repräsentanten
der Restklassen abhängen.
Wenn wir die Menge aller Restklassen nach I mit K_I bezeichnen, so kann
man zeigen, daß die Struktur R_I=(K_I;+$_I$,·$_I$;/0/,/e/) wieder ein Ring
ist; dieser wird der _Restklassenring_ von R nach dem Ideal I genannt.
Im oben als _Beispiel_ genannten Ring Z der ganzen Zahlen bilden die
Vielfachen xq jeder Zahl q≠0 ein Ideal (q). Für q=3 besteht der
Restklassenring $Z_{(3)}$ aus drei Klassen: /0/={0,3,6,…}, /1/={1,4,7,…}
und /2/={2,5,8,…}. Als Beispiele für Summen und Produkte von Restklassen nennen wir /1/+/2/=/3/=/0/ und /2/·/2/=/4/=/1/.
Ein Ringelelement x=o heißt _Nullteiler,_ wenn es ein y=o aus dem Ring
gibt, so daß x·y=o ist.
In den Beispielringen Z und $Z_{(3)}$ gibt es keine Nullteiler; dagegen ist
im Restklassenring $Z_{(4)}$ wegen /2/·/2/=/4/=/0/ die Klasse /2/ ein
Nullteiler.

Der Ring K=(M;+,·;o;e) wird _Körper_ genannt, wenn auch die Struktur
M_K=(M\{o};·;e) eine Gruppe ist; diese heißt dann die _multiplika-_
tive Gruppe von K.
Wir sind für spätere Anwendungen (ab 2.1.3.5.) besonders an endlichen
Körpern interessiert. Aus der Algebra (vergl. z.B. /vdW/ oder /Pe/,
Kap.6) ist folgendes bekannt:

Eine endliche Menge kann nur dann Grundmenge eines Körpers sein, wenn die Anzahl ihrer Elemente eine Primzahlpotenz ist. Andererseits gibt es zu jeder Primzahl p und jeder positiven ganzen Zahl n auch Körper mit genau p^n Elementen, und zwar bis auf Isomorphie nur einen solchen, der als Galois-Feld bezeichnet und durch $GF(p^n)$ symbolisiert wird. Die multiplikative Gruppe des $GF(p^n)$ ist zyklisch; dies bedeutet, daß alle vom Nullelement verschiedenen Körperelemente als Potenzen a^i eines einzigen Körperelementes a dargestellt werden können, $i=0,1,\ldots,p^{n-2}$ (dabei ist die Potenz wie üblich durch $a^0=e$, $a^{i+1}=a \cdot a^i$ definiert).
Der oben als Beispiel betrachtete Restklassenring $Z_{(3)}$ ist ein Körper, er ist dem GF(3) isomorph.
Für unsere Anwendungen ist der Spezialfall p=2 besonders wichtig. Die Elemente des zweielementigen Körpers GF(2) bezeichnen wir einfach mit 0 und 1; die Addition ist durch 0+0=1+1=0 und 1+0=0+1=1, die Mutiplikation durch $0 \cdot 0=0 \cdot 1=1 \cdot 0=0$ und $1 \cdot 1=1$ charakterisiert. (Addition und Multiplikation im GF(2) stimmen daher mit der Addition und der Multiplikation modulo 2 sowie mit den Booleschen Funktionen Antivalenz und Konjunktion überein, vergl. 1.2.1.)
Sind o und e das Null- und das Einselement des $GF(2^n)$ für n>1, so gilt auch hier e+e=o (man sagt, daß diese Körper - wie auch der GF(2) - die Charakteristik 2 haben). Eine Konsequenz daraus ist, daß in jedem $GF(2^n)$ immer $(x+y)^2=x^2+y^2$ ist.
In folgenden Betrachtungen werden wir meistens, wie es allgemein in der Literatur üblich ist, für eine algebraische Struktur und ihre Grundmenge dasselbe Symbol verwenden, insbesondere in Ausdrücken wie $x \in G$, $y \in R$, $z \in K$ für eine Gruppe G, einen Ring R und einen Körper K.

1.2.5. Polynome

Als _Polynome_ in der Unbestimmten x über dem Ring R bezeichnen wir Ausdrücke der Form $a_m x^m+a_{m-1}x^{m-1}+\ldots+a_2 x^2+a_1 x+a_0$, in denen m eine natürliche Zahl ist und die Koeffizienten a_i Ringelemente sind, wobei $a_m \neq 0$ ist. Die Zahl m heißt der _Grad_ des Polynoms.
Sind $p(x)=a_m x^m+\ldots+a_1 x+a_0$ und $q(x)=b_n x^n+\ldots+b_1 x+b_0$ zwei Polynome, für die ohne Beschränkung der Allgemeinheit m≤n angenommen werden kann, so wird die Summe p+q von p und q wie üblich durch
$$p(x)+q(x)=b_n x^n+\ldots+b_{m+1}x^{m+1}+(a_m+b_m)x^m+\ldots+(a_1+b_1)x+a_0+b_0$$
beschrieben. Das Produkt pq wird bekanntlich in der Form
$$p(x)\,q(x)=a_m x^m q(x)+a_{m-1}x^{m-1}q(x)+\ldots+a_1 xq(x)+a_0 q(x)$$

$$=a_m b_n x^{m+n}+(a_m b_{n-1}+a_{m-1}b_n)x^{m+n-1}+\ldots+(a_1 b_0+a_0 b_1)x+a_0 b_0$$

dargestellt.

Mit diesen Operationen bilden die Polynome über R wiederum einen Ring, der als _Polynomring_ über R bezeichnet wird. Dessen Null- und Einselement sind gerade die entsprechenden Ringelemente, die - wie alle übrigen - als Polynome vom Grad Null zum Polynomring gehören.

Wir wollen uns im folgenden auf die Betrachtung von Polynomen über dem GF(2) beschränken. Für allgemeinere Resultate über den Polynomring verweisen wir auf Algebra-Lehrbücher, z.B. /vdW/.

Spezielle Ergebnisse zu Polynomen über den Körpern GF(p) sind in /Pe/, Kap.6, /Gi/, 1.8.-1.10. und für n=2 auch in /Go/, Kap.3 zu finden.

Hat das Polynom p den Grad n, so ist das zu p _reziproke Polynom_ p^* als $p^*(x) = x^n p(1/x)$ definiert.

Wir sprechen von einer _nichttrivialen Zerlegung_ r=pq des Polynoms r, wenn die Grade beider Faktorpolynome p und q größer als Null sind. Ein Polynom r mit positivem Grad heißt _irreduzibel_, wenn es keine nichttriviale Zerlegung von r gibt, sonst _reduzibel_. In Analogie zur eindeutigen Darstellbarkeit der natürlichen Zahlen als Produkte von Primzahlpotenzen kann auch jedes Polynom, dessen Grad positiv ist, in eindeutiger Weise als Produkt $r = q_1^{e_1} \ldots q_k^{e_k}$ von Potenzen paarweise verschiedener irreduzibler Polynome q_i mit positiven Exponenten e_i geschrieben werden; die Potenzen q_i^e heißen die _Elementarteiler_ von r (i=1,...,k).

Jedes Polynom r mit nicht verschwindendem absolutem Glied, also $r(x) = r_n x^n + \ldots + r_1 x + 1$, ist Teiler eines Polynoms der Form $x^m + 1$. Die kleinste Zahl m, für die das der Fall ist, wird der zu r gehörende _Exponent_ genannt, sie ist nicht größer als $2^n - 1$ und stets ungerade.

Irreduzible Polynome n-ten Grades, die zum Exponenten $2^n - 1$ gehören, heißen _primitiv_. In /Go/, Kap.3, werden zahlentheoretische Funktionen vorgestellt, deren Werte zum Argument n die Anzahl aller irreduziblen bzw. aller primitiven Polynome n-ten Grades angeben. Für n=1,...,24 sind diese Werte zu einer Tabelle zusammengestellt (/Go/,Table III-3), wir gehen darauf in 2.1.7.4. noch einmal ein.

Beispiele für irreduzible Polynome sind x, x+1, x^2+x+1, x^3+x+1, x^4+x+1 und $x^4+x^3+x^2+x+1$; mit Ausnahme des ersten und des letzten sind diese auch primitiv.

Ein von x verschiedenes irreduzibles, aber nicht primitives Polynom n-ten Grades gehört zu einem Exponenten, der ein echter Teiler von $2^n - 1$, aber kein Teiler einer Zahl $2^m - 1$ mit m<n ist. Solche Polynome können folglich nur dann existieren, wenn $2^n - 1$ keine Primzahl ist. Dieser Fall tritt erstmalig bei n=4 ($2^4 - 1 = 15 = 3 \cdot 5$, aber $3 = 2^2 - 1$!) auf, $x^4+x^3+x^2+x+1$ gehört zum Exponenten 5. Für n=6 ($2^6 - 1 = 63 = 7 \cdot 9 = 3 \cdot 21$) gibt es erstmals irreduzible nicht primitive Polynome zu zwei verschiedenen Exponenten (x^6+x^3+1 zu 9, $x^6+x^4+x^2+x+1$ zu 21; nach /Gi/, Tab. P4 im Anhang).

Wie im vorigen Abschnitt allgemeiner demonstriert, können wir auch im Ring aller Polynome über dem GF(2) Restklassenringe nach Idealen bilden. Mit $\mathcal{R}_r$ bezeichnen wir den Restklassenring nach dem Ideal, das aus allen Vielfachen eines Polynoms r besteht. Die Restklassen dieses Ringes werden genau durch die Polynome repräsentiert, deren Grade echt kleiner als der Grad von r sind. Ist dies n, so besteht $\mathcal{R}_r$ also aus genau 2^n Klassen. Dieser Ring ist genau dann ein Körper (und damit dem $GF(2^n)$ isomorph), wenn das Polynom r irreduzibel ist (vergl./Pe/, Satz 6.4.).

1.2.6. Vektorräume und Matrizen

Ein Vektorraum über einem Körper F ist eine Struktur $V=(M;+,s;o)$, für die folgende Bedingungen erfüllt sind:

    V1) $(M;+;o)$ ist eine kommutative Gruppe mit dem Nullelement (dem <u>Nullvektor</u>) o;

    V2) die "Skalarmultiplikation" s ist eine Abbildung von $F \times M$ auf M.
Wenn wir, wie allgemein üblich, für $s(a,v)$ kürzer $a \cdot v$ oder sogar av schreiben, so gilt weiter

    V3) $a(bv)=(ab)v$ und $ev=v$ für beliebige $v \in M$; $a,b \in F$ und das Einselement e aus F;

    V4) $(a+b)v=av+bv$ und $a(u+v)=au+av$ für beliebige $a,b \in F$ und $u,v \in M$.

V sei ein Vektorraum über dem Körper F. Eine <u>Linearkombination</u> der Vektoren $u_1,\dots,u_m$ aus V ist dann ein Ausdruck der Form $a_1 u_1 + a_2 u_2 + \dots + a_m u_m$ mit $a_1,\dots,a_m \in F$. Die Teilmenge X von V heißt <u>linear unabhängig</u>, wenn der Nullvektor o aus beliebigen paarweise voneinander verschiedenen Vektoren aus X nur durch die "triviale" Linearkombination $0 \cdot u_1 + \dots + 0 \cdot u_m$ erhalten werden kann, in der O das Nullelement von F ist. Der Raum V heißt <u>endlichdimensional</u>, wenn die Anzahl der Elemente von linear unabhängigen Teilmengen von V nach oben beschränkt ist. Die größte natürliche Zahl n, für die es noch eine linear unabhängige Menge aus n Vektoren von V gibt, wird als <u>Dimension</u> von V bezeichnet. Eine <u>Basis</u> von V ist dann eine Menge $B=\{u_1,\dots,u_n\}$ von n linear unabhängigen Vektoren aus V. Jeder Vektor $v \in V$ ist in eindeutiger Weise als Linearkombination $v=a_1 u_1 + \dots + a_n u_n$ von Basisvektoren darstellbar; die Koeffizienten $a_1,\dots,a_n$ heißen die <u>Koordinaten</u> von v bezüglich der Basis B.

Ein Beispiel für einen Vektorraum der Dimension n über dem Körper F ist die Menge aller n-Tupel $F^n=\{(a_1,\dots,a_n):a_1,\dots,a_n \in F\}$, in der die Addition und die Skalarmultiplikation komponentenweise erklärt sind:
$(a_1,\dots,a_n)+(b_1,\dots,b_n)=(a_1+b_1,\dots,a_n+b_n)$; $c(a_1,\dots,a_n)=(ca_1,\dots,ca_n)$.

Ist·0 das Null- und 1 das Einselement von F, so ist offensichtlich
$K=\{(1,0,\ldots,0),(0,1,\ldots,0),\ldots,(0,0,\ldots,1)\}$ eine Basis des Raumes F^n.
Diese hat die angenehme Eigenschaft, daß jeder Vektor aus dem F^n mit
dem n-Tupel seiner Koordinaten bezüglich der Basis K übereinstimmt:
$(a_1,a_2,\ldots,a_n)=a_1(1,0,\ldots,0)+a_2(0,1,\ldots,0)+\ldots+a_n(0,0,\ldots,1)$;
daher wird K auch die <u>kanonische Basis</u> von V genannt.

Seien nun V und V' beliebige Vektorräume mit den Dimensionen m und n
über F. Ein Vektorraum-Homomorphismus von V in V', also eine Abbildung
f mit $f(u+v)=f(u)+f(v)$ und $f(av)=af(v)$, wird dann als <u>lineare Abbil-
dung</u> von V in V' bezeichnet.
Eine lineare Abbildung f von V in V' ist offenbar durch die Bilder der
Vektoren einer Basis $B=\{u_1,\ldots,u_m\}$ von V eindeutig festgelegt.
Ist $B'=\{u'_1,\ldots,u'_n\}$ eine Basis von V', so können die Bildvektoren $f(u_j)$
als Linearkombination der Basisvektoren aus B' dargestellt werden:
$f(u_j)=a_{1j}u'_1+a_{2j}u'_2+\ldots+a_{nj}u'_n$, $j=1,\ldots,m$. Die n·m Koeffizienten dieser
Linearkombinationen werden üblicherweise in ein rechteckiges Schema

$$A=\begin{pmatrix} a_{11} & a_{12} & \cdots & a_{1m} \\ a_{21} & a_{22} & \cdots & a_{2m} \\ : & : & \cdots & : \\ : & : & \cdots & : \\ a_{n1} & a_{n2} & \cdots & a_{nm} \end{pmatrix}$$

eingeordnet; A wird als <u>Matrix</u> mit n Zeilen und m Spalten über F,
kürzer auch als Matrix vom <u>Typ</u> (n,m) über F bezeichnet.
Die <u>transponierte Matrix</u> A^T einer Matrix A vom Typ (n,m) hat den Typ
(m,n), ihre Elemente a^T_{ij} sind durch $a^T_{ij}=a_{ji}$ definiert.
Für beliebige Matrizen über F ist die Skalarmultiplikation mit einem
Körperelement komponentenweise erklärt; insbesondere ist für jede

Matrix A das Produkt $0\cdot A=\underline{0}=\begin{pmatrix} 0\ldots0 \\ :\ldots: \\ 0\ldots0 \end{pmatrix}$ die "Nullmatrix".

In analoger Weise ist für Matrizen desselben Typs eine Addition komponentenweise definiert; die Matrizen vom Typ (n,m) über F bilden einen
(n·m)-dimensionalen Vektorraum über diesem Körper.
Zwei Matrizen A und A' heißen <u>verkettet</u>, wenn A vom Typ (n,m) und A'
vom Typ (m,l) ist, wenn also die Spaltenanzahl von A mit der Anzahl
der Zeilen von A' übereinstimmt. Für zwei verkettete Matrizen $A=(a_{ij})$,
$A'=(a'_{ij})$ ist das Produkt $P=A\cdot A'=(p_{ij})$ wie folgt definiert:
$p_{ij}=a_{i1}a'_{1j}+a_{i2}a'_{2j}+\ldots+a_{im}a'_{mj}$; $i=1,\ldots,n$; $j=1,\ldots,l$.
Für eine Motivierung der Matrizenmultiplikation (durch die Nacheinan-
derausführung zweier linearer Abbildungen) verweisen wir auf Lehrbücher der linearen Algebra, z.B. /Bos/, §9. Dort und in Büchern zur
Matrizentheorie (z.B. /Ga/,/Gr/,/Zu/) findet man auch nähere und

allgemeinere Ausführungen zu den weiteren hier nur sehr kurz und speziell dargestellten Grundbegriffen und Ergebnissen über Matrizen.

Eine Matrix vom Typ (n,n) wird auch als <u>quadratische Matrix n-ter Ordnung</u> oder als n-reihige quadratische Matrix bezeichnet. Zwei quadratische Matrizen derselben Ordnung sind stets verkettet, so daß sie miteinander multipliziert werden können.

Die <u>Einheitsmatrix</u> $I=(e_{ij})$ ist durch $e_{ij}=\begin{cases} 1, & \text{falls } i=j, \\ 0 & \text{sonst} \end{cases}$

definiert, sie hat die Eigenschaft, daß $A \cdot I = I \cdot A = A$ für jede Matrix A gilt.

Wie üblich definiert man durch $A^0=I$, $A^{i+1}=A \cdot A^i$ Potenzen von Matrizen.

Die Matrizen vom Typ (n,n) bilden mit der komponentenweise definierten Addition und der Matrizenmultiplikation – die aber nicht kommutativ ist! – einen Ring. Allgemein wird ein Vektorraum, in dem noch eine Multiplikation erklärt ist, die zusammen mit der Addition einen Ring definiert, als <u>Algebra</u> bezeichnet. Somit wird also die Menge der quadratischen Matrizen n-ter Ordnung mit der Addition sowie der Skalar- und der Matrizenmultiplikation zu einer Algebra.

Die folgenden Betrachtungen beschränken wir auf quadratische Matrizen über dem Körper GF(2). Solche Matrizen bestehen also nur aus Nullen und Einsen, und es gibt genau 2^{n^2} paarweise voneinander verschiedene Matrizen vom Typ (n,n).

Der <u>Rang</u> einer Matrix A ist die größte Anzahl linear unabhängiger Zeilen oder Spalten von A; die Matrix A vom Typ (n,n) heißt <u>regulär</u>, wenn sie den (maximal möglichen) Rang n hat.

Die <u>Determinante</u> ist eine Abbildung, die jeder quadratischen Matrix A ein Element det(A) aus dem Grundkörper zuordnet; über dem GF(2) gilt einfach $\text{det}(A) = \begin{cases} 1, & \text{falls } A \text{ regulär,} \\ 0 & \text{sonst.} \end{cases}$

Ist eine Matrix A explizit gegeben, so wird ihre Determinante dadurch bezeichnet, daß die Matrixklammern durch senkrechte Striche ersetzt werden. So gilt beispielsweise offensichtlich

$$D = \begin{vmatrix} 1 & 1 & 0 \\ 0 & 1 & 1 \\ 0 & 0 & 1 \end{vmatrix} = 1, \text{ aber } D' = \begin{vmatrix} 1 & 1 & 0 \\ 1 & 1 & 0 \\ 0 & 1 & 1 \end{vmatrix} = 0,$$

da in D' die beiden ersten Zeilen übereinstimmen.

Ist A eine n-reihige quadratische Matrix, und gilt $1 \le i, j \le n$, so bezeichnet $A^{(i,j)}$ diejenige (n-1)-reihige quadratische Matrix, die durch Streichung der i-ten Zeile und der j-ten Spalte von A entsteht. Die zugehörige Determinante $\text{det}(A^{(i,j)})$ heißt dann die zur Position (i,j) gehörende <u>Unterdeterminante</u> von A. Mit Hilfe der Unterdeterminanten kann man den <u>Entwicklungssatz</u> formulieren, der die Berechnung einer

n-reihigen Determinante auf (n-1)-reihige zurückführt (damit hätte man
mit der Anfangsfestlegung $|O|=O$ und $|1|=1$ die Determinante auch induk-
tiv definieren können!):

Ist A eine n-reihige quadratische Matrix, so gilt

   (a) $\det(A)=a_{i1}\det(A^{(i,1)})+a_{i2}\det(A^{(i,2)})+\ldots+a_{in}\det(A^{(i,n)})$
      "Entwicklung nach der i-ten Zeile", $i=1,\ldots,n$;

   (b) $\det(A)=a_{1j}\det(A^{(1,j)})+a_{2j}\det(A^{(2,j)})+\ldots+a_{nj}\det(A^{(n,j)})$
      "Entwicklung nach der j-ten Spalte", $j=1,\ldots,n$.

So liefert die Entwicklung von D' nach der ersten Zeile:

$$D'=\begin{vmatrix}1&1&0\\1&1&0\\0&1&1\end{vmatrix}=1\cdot\begin{vmatrix}1&0\\1&1\end{vmatrix}+1\cdot\begin{vmatrix}1&0\\0&1\end{vmatrix}+0\cdot\begin{vmatrix}1&1\\0&1\end{vmatrix}=1+1=O.$$

Ist die Matrix A regulär, so gibt es eine Matrix X, so daß $AX=XA=I$ die
Einheitsmatrix ist. Die Matrix X ist eindeutig bestimmt; sie wird die
zu A <u>inverse Matrix</u> genannt und mit A^{-1} bezeichnet. Die Elemente a'_{ij}
von A^{-1} werden mit Hilfe der Unterdeterminanten der Matrix A wie folgt
gewonnen: $a'_{ij}=\det(A^{(j,i)})$. Wir weisen ausdrücklich noch einmal darauf
hin, daß diese Beziehung wie auch die vorangegangenen Betrachtungen
speziell für Matrizen über dem GF(2) formuliert wurde. Im allgemeinen
Fall erhält\man die Elemente der zu A inversen Matrix nach der Formel
$a'_{ij}=(-1)^{i+j}\det(A^{(j,i)})/\det(A)$. Der "Ausgleichsfaktor" $(-1)^{i+j}$ tritt
im allgemeinen Fall übrigens auch im Entwicklungssatz auf.

Als <u>charakteristisches Polynom</u> c_A der Matrix A bezeichnen wir die Determinante $c_A(x)=\det(A-xI)$ der <u>charakteristischen Matrix</u>

$$A-xI=\begin{pmatrix}a_{11}-x & a_{12} & \cdots & a_{1n}\\ a_{21} & a_{22}-x & \cdots & a_{2n}\\ \vdots & \vdots & \cdots & \vdots\\ \vdots & \vdots & \cdots & \vdots\\ a_{n1} & a_{n2} & \cdots & a_{nn}-x\end{pmatrix} \quad \text{der Matrix A.}$$

Über dem GF(2) gilt $c_A(x)=\det(A+xI)$. Die zu D gehörende Beispielmatrix
hat das charakteristische Polynom

$$\begin{vmatrix}1+x & 1 & 0\\ 0 & 1+x & 1\\ 0 & 0 & 1+x\end{vmatrix}=(1+x)\cdot\begin{vmatrix}1+x & 1\\ 0 & 1+x\end{vmatrix}=(1+x)(1+x)^2=(1+x)(1+x^2)=1+x+x^2+x^3.$$

Für eine n-reihige quadratische Matrix A hatten wir oben die Potenzen
A^i definiert. Folglich kann man auch "Matrizenpolynome" (vergl. /Ga/,
Kap.4, /Zu/, §20) der Form $a_nA^n+\ldots+a_1A+a_0I$ betrachten, deren Wert für
jede Matrix A vom Typ (n,n) wieder eine (n,n)-Matrix ist .

Der <u>Satz von Cayley-Hamilton</u> besagt nun, daß $c_A(A)=\underline{O}$ ist, daß also das
charakteristische Polynom einer Matrix A für diese Matrix die Null-
matrix ergibt.

Wir benötigen noch zwei weitere Eigenschaften der Determinante, die mit der Multiplikation zusammenhängen, und zwar einmal mit der Matrizen- und zum anderen mit der Skalarmultiplikation: Für n-reihige quadratische Matrizen A,A' und ein beliebiges Körperelement a gilt

det(A·A')=det(A)det(A') und det(aA)=a^{n}det(A)

(vergl. /Gr/, Kap.II, §§ 5 und 6).

Eine wichtige Relation in der Menge der n-reihigen quadratischen Matrizen ist die <u>Ähnlichkeit</u>: zwei Matrizen A und A' heißen <u>ähnlich</u>, wenn es eine reguläre Matrix T gibt, so daß $A'=TAT^{-1}$ gilt. Es ist nicht schwer, nachzuweisen, daß die Ähnlichkeit eine Äquivalenzrelation ist und daß ähnliche Matrizen dieselbe Determinante und dasselbe charakteristische Polynom haben.

1.3. Zur Fehlerdiagnose digitaler Schaltungen

In 1.1. haben wir die Signaturanalyse als Anwendung spezieller Verfahren der Fehlerdiagnose von digitalen Schaltungen charakterisiert. Auf diese Disziplin, die sich im Laufe der letzten zwanzig Jahre stürmisch entwickelt hat und zu der inzwischen zahlreiche zusammenhängende Darstellungen vorliegen (Beispiele: /CMM/,/Gör/,/BF/,/Pac/,/Gei/,/Rei1/, /HS/,/Fu/), wollen wir nun kurz eingehen.

1.3.1. Grundbegriffe

Der Begriff "digitale Schaltung" kann auf vielfältige Weise definiert werden, insbesondere auf verschiedenen Abstraktionsebenen. Im Rahmen der allgemeinen Systemtheorie (vergl./Wu/) kann man eine abstrakte Schaltung beispielsweise als endliches diskretes System ansehen, das über seine Eingänge binäre Informationen aus der Umwelt aufnimmt und seine Reaktionen darauf ebenfalls als binäre Informationen über die Ausgänge abgibt. Abstrakte Schaltungen können strukturell (z.B. durch ein Schaltbild) oder funktionell (z.B. als endlicher Automat) beschrieben werden; nähere Einzelheiten dazu sind u.a. in den Büchern /HS/, /Rei1/ und /Rei2/ zu finden. Weniger abstrakt dagegen sind Schaltungen aus realen Bauelementen bzw. Baugruppen, einen umfassenden Überblick darüber gibt z.B. /Se/.
Auch alle "Zwischenprodukte", die auf dem Weg von der Entwicklung bis zur Produktion eines elektronischen Gerätes oder einer Baugruppe, beispielsweise einer Leiterplatte entstehen, etwa in den Entwicklungsetappen Logikentwurf, Layout-Skizze, Musterplatte und Einzelstück aus

der Serienproduktion, können als Schaltungen bezeichnet werden.

Neben dem Abstraktionsgrad bietet auch die Komplexität ein Klassifikationskriterium für Schaltungen. So ist beispielsweise eine Unterscheidung möglich zwischen

a) "traditionellen" Leiterplatten mit integrierten Schaltkreisen (IC's) geringerer Integration (SSI oder MSI),

b) hochintegrierten (LSI oder VLSI) Schaltkreisen, und

c) Leiterplatten mit hochintegrierten Schaltkreisen und besonders strukturierten Verbindungen zwischen diesen (Bus-Systemen).

Jede vernünftig entworfene digitale Schaltung hat ein fest vorgegebenes Sollverhalten. Durch <u>Fehler</u> in der Schaltung kann eine Abweichung von diesem Sollverhalten verursacht werden. Nähere Ausführungen über Fehler in digitalen Schaltungen, insbesondere verschiedene Arten von Fehlern und Fehlermodelle, findet man z.B. in /HS/, /Rei1/.

Zur <u>Fehlerdiagnose</u> gehören folgende Teilaufgaben: Zunächst kommt es darauf an, festzustellen, ob eine Schaltung überhaupt fehlerhaft ist oder nicht. Dieser Prozeß wird als <u>Prüfung</u> oder <u>Fehlererkennung</u> bezeichnet. Wenn die Reparatur fehlerhafter Schaltungen nicht sinnvoll ist (etwa bei integrierten Schaltkreisen), so erschöpft sich die gesamte Diagnose in dieser Gut-Schlecht-Aussage. Ist jedoch eine Reparatur sinnvoll, so ist als zweite Teilaufgabe der Diagnose die <u>Fehlerlokalisierung</u> durchzuführen, durch die die Fehlerursachen bestimmt und Reparaturhinweise gegeben werden. In jeder der oben genannten Etappen auf dem Weg von der Entwicklung bis zur Produktion kann es vorkommen, daß die jeweils vorliegende Schaltung vom Sollverhalten abweicht, so daß eine Fehlerdiagnose notwendig ist. Diese wird dann jeweils durch eine spezielle Bezeichnung charakterisiert, wie Entwurfsverifikation, Layoutüberprüfung, Mustererprobung oder Produktionstest; zu diesen kommen außerdem noch Diagnosemaßnahmen im Rahmen des Kundendienstes hinzu (die, wie schon kurz erwähnt wurde, einen Ausgangspunkt für die Entwicklung der Signaturanalyse bildeten).

1.3.2. Methoden und Probleme der traditionellen Fehlerdiagnose

Ein zentrales Problem der Fehlerdiagnose ist die <u>Testsatzerstellung</u>. Ihr Ziel ist, für eine gegebene Schaltung einen <u>Testsatz</u> zu finden, das ist eine Folge von Eingangsbelegungen, durch die die Schaltung so "aktiviert" wird, daß sich möglichst jeder Fehler, der überhaupt auftreten kann, an einem Ausgang bemerkbar macht. Ohne näher auf diese Problematik einzugehen (dafür verweisen wir auf die schon zitierten Bücher), wollen wir nur anmerken, daß für sequentielle Schaltungen,

die also Speicherelemente enthalten, die Lösung dieses Problems erheblich schwieriger ist als für kombinatorische Schaltungen. Bei letzteren kommt es wegen des Fehlens von Speichern überdies nicht auf die
Reihenfolge der Eingangsbelegungen an.
Andererseits ist mit Methoden der Komplexitätstheorie gezeigt worden,
daß man nicht erwarten kann, für die Testsatzerstellung selbst nur für
kombinatorische Schaltungen allgemeine effiziente Algorithmen zu finden (/IS/,/FT/). Unter diesem Aspekt kommt der Erarbeitung von Methoden, mit denen Testsätze für Klassen von speziellen Schaltungen mit
möglichst geringem Aufwand entwickelt werden können, besondere Bedeutung zu. Eine wesentliche Richtung solcher Untersuchungen ist der
prüffreundliche Entwurf von Schaltungen, durch den schon in der Ent-
wurfsphase eines Erzeugnisses dessen leichte Testbarkeit angestrebt
wird. Von zahlreichen Überblicksartikeln zu dieser Thematik seien nur
/MK/, /Mu1/, /GrN/ und /WP/ genannt, die Bücher /BF/, /HS/, /Rei2/ und
/Fu/ gehen auch ausführlich darauf ein.
Wir merken an, daß ein prüffreundlicher Entwurf für Schaltungen aus
dem LSI/VLSI-Bereich noch wesentlich dringender erforderlich ist als
für Baugruppen geringerer Komplexität, und nicht zufällig spielen
Überlegungen zur Testfreundlichkeit in allen Arbeiten, die Testprobleme für solche Schaltungen behandeln (Beispiel: /Mu2/, /Be/, /MS/,
/Ro/), eine dominierende Rolle.
Liegen für eine Schaltung ein Testsatz sowie die Sollwerte vor, die an
den Ausgängen eines fehlerfreien Exemplars gemessen werden, wenn über
die Eingänge die Testsatzbelegungen eingegeben werden, so kann eine
rechnergestützte Prüfung wie folgt ablaufen: Das zu testende Schaltungsexemplar wird durch die Eingangsbelegungen des Testsatzes "stimuliert", und die dabei an den Ausgängen auftretenden Istwerte werden
mit den im Steuercomputer gespeicherten Sollwerten verglichen. Bei
voller Übereinstimmung gilt die Schaltung als fehlerfrei; bei einer
Abweichung erfolgt, wenn eine Reparatur sinnvoll ist, die Fehlerlokalisierung. Für diese werden zusätzliche Informationen benötigt. Dies
können einmal die "Fehlerdaten" sein, die an den Ausgängen von Schaltungen mit "modellierten" Fehlern einer bestimmten Fehlerklasse auftreten; die dafür benötigte zusätzliche Datenstruktur wird Fehlerhandbuch (oder Fehlerlexikon) genannt (/CMM/,/MM/). Als Alternative
dazu können zusätzliche Daten aus dem Inneren der Schaltung gewonnen
werden, die mit einer Sonde oder Tastspitze an bestimmten Schaltungs-
punkten "ertastet" werden ("Abtastverfahren", /MM/). Eine spezielle
derartige Methode ist die Fehlerpfadverfolgung. Dabei werden,beginnend
an einem Ausgang mit fehlerhaftem Signal, mehrere Antastungen durchgeführt (entlang eines "Fehlerpfades"), bis ein Bauelement mit einem
falschen Ausgangssignal, aber richtigen Eingangssignalen gefunden ist.

Ein realisiertes Diagnosesystem, das nach diesem Prinzip arbeitet,
wird in /HR/ und /PSW/ vorgestellt.
Für komplizierte Schaltungen werden die Testsätze notwendigerweise
länger, und damit wächst auch der Umfang der im Steuercomputer abzu-
speichernden Diagnosedaten. Dieser Umfang nimmt relativ schnell
Größenordnungen an, die den Speicher eines Klein- bzw. Mikrorechners
überfordern können.
Einen Ausweg aus dieser Situation bieten Kompakt-Testverfahren, auf
die wir im nächsten Abschnitt eingehen werden; zu diesen gehört auch
die Signaturanalyse.

1.3.3. Kompaktverfahren

Kompaktverfahren sind dadurch charakterisiert, daß man die bei traditionellen Verfahren benutzten Soll-, Ist- bzw. Fehlfolgen, die vor
allem bei komplexeren Schaltungen sehr lang sein können, nicht direkt
zur Diagnose heranzieht. Statt dessen werden diese Folgen zunächst auf
einen wesentlich geringeren Umfang **komprimiert**. Zur Gewinnung der
Diagnoseinformationen werden dann, stellvertretend für die Folgen, aus
denen sie erhalten wurden, die Resultate dieser Kompression ausgewertet, die nun erheblich weniger Speicherplatz benötigen. Diese Auswertung erfolgt im allgemeinen mit den Methoden, die wir schon in 1.3.2.
erwähnt haben. Im folgenden wollen wir noch etwas näher auf die zuvor
durchzuführende **Datenkompression** eingehen. Wir beginnen mit einigen
Beispielen.
Eine schon "klassische", vor allem in der Datenverarbeitung angewandte
Kompakt-Testmethode ist die Paritätsprüfung, bei der statt einer binä-
ren Folge $F_l = (x_1, \ldots, x_l)$ deren <u>Parität</u> $P(F_l) = \sum_{i=1}^{l} x_i \,(\mathrm{mod}\,2)$
betrachtet wird. Durch die Abbildung P wird jede Folge mit einer
beliebigen Länge l auf ein einziges Bit, das Paritätsbit, komprimiert.
Für eine Übersicht über allgemeinere Paritätsmethoden verweisen wir
auf /CW/.
In /Sm/ wird eine Kompression R_n diskutiert, die binäre Folgen beliebiger Länge auf n Bit reduziert (n>0 fest!), indem sie ihnen ihr
"Reststück der Länge n" zuordnet:

$$R_n(x_1, \ldots, x_l) = \begin{cases} (x_{l-n+1}, \ldots, x_l), & \text{falls } l \geqslant n, \\[1ex] (0^{n-1}, x_1, \ldots, x_l) & \text{sonst.} \end{cases}$$

Durch die drei folgenden Kompressionen wird einer binären Folge
$F_l = (x_1, \ldots, x_l)$ zunächst eine natürliche Zahl zugeordnet:

a) die Anzahl der Wechsel $W(F_1) = \sum_{i=1}^{l-1} (x_i \oplus x_{i+1})$;
diese ist die Grundlage für das Testverfahren der Übergangszählung
("transition counting"), das von Hayes eingeführt wurde (/Ha1/);

b) die Anzahl der Einsen $E(F_1) = \sum_{i=1}^{l} x_i$
ist die Basis für das "syndrome testing" (/Sav/);

c) auf der "aufsummierten Eins-Anzahl" $A(F_1) = \sum_{i=1}^{l} E(F_i)$
beruht das "accumulator compression testing" (/SaR/).

Weitere Beispiele für Datenkompressionen sind in /Pak/,/FK/,/Ze/ und
/Ka/ zu finden.
Die Resultate der Kompressionen W, E und A können auch binär dargestellt werden; wobei dann $W(F_1)$ höchstens $\lceil \log l \rceil$, $E(F_1)$ maximal
$\lceil \log l+1 \rceil$ und $A(F_1)$ nicht mehr als $2\lceil \log l \rceil$ Bit benötigt.

Jede der fünf Beispiel-Kompressionen (und ebenso auch die in 2.1.
ausführlich betrachtete Kompression einer Folge durch ein Signaturregister mit Einzeleingabe) ordnet also jeder binären Folge F_1 eine
Bildfolge $K(F_1)$ zu, für deren Länge k(1) die Quotientenfolge (k(1)/1)
gegen Null strebt, wenn 1 unbeschränkt wächst. Eine solche <u>einstel-
lige Datenkompression</u> ist zunächst auf Schaltungen mit nur einem Ausgang zugeschnitten, manche Autoren beschränken sich auf diesen Fall.

Es ist aber auch sinnvoll, eine einstellige Kompression K_1 der Kom-
paktdiagnose einer Schaltung mit m Ausgängen (m>1) zugrunde zu legen:

$T = ((x_1^1,\dots,x_m^1),(x_1^2,\dots,x_m^2),\dots,(x_1^l,\dots,x_m^l))$ sei eine Folge von binären
$$m\text{-Tupeln;}$$
$T_1 = (x_1^1,x_1^2,\dots,x_1^l),\dots,T_m = (x_m^1,x_m^2,\dots,x_m^l)$ seien die zugehörigen Komponentenfolgen. Die durch K_1 induzierte m-stellige Datenkompression K_m
ist dann komponentenweise durch $K_m(T) = (K_1(T_1),\dots,K_1(T_m))$ definiert.
Für die Prüfung einer Schaltung mit m Ausgängen ist es z.B. sinnvoll,
eine solche Kompression K_m einzusetzen, wenn für eine anschließende
Lokalisierung durch Fehlerpfadverfolgung bekannt sein muß, an welchen
Ausgängen Soll-Ist-Abweichungen aufgetreten sind.

Andererseits kann vielleicht eine noch bessere Kompression erreicht
werden, wenn die Komponentenfolgen nicht separat komprimiert, sondern
"miteinander vermischt" werden. Musterbeispiel einer solchen Datenkompression ist die Signaturbildung durch ein Signaturregister mit Paralleleingabe, die wir in 2.2. ausführlich behandeln.

Als ein zweites Beispiel kann die folgende Kombination aus der Parität
und der Eins-Anzahl dienen:

$$EP((x_1^1,\ldots,x_m^1),\ldots,(x_1^l,\ldots,x_m^l))=E(P(x_1^1,\ldots,x_m^1),\ldots,P(x_1^l,\ldots,x_m^l)).$$

Allgemein wollen wir als __m-stellige Datenkompression__ eine Abbildung K
bezeichnen, die jeder Folge T aus l binären m-Tupeln eine binäre Folge
K(T) der Länge k(l) zuordnet, so daß die Quotientenfolge (k(l)/l) mit
wachsendem l gegen Null strebt.
Dieser Definition ordnen sich für m=1 auch die oben vor allem an den
Beispielen diskutierten einstelligen Datenkompressionen unter.
Die einstellige Funktion k, die die Länge des K-Bildes für jede Folge
von m-Tupeln beschreibt, nennen wir die zu K gehörende __Verkürzungs-__
__funktion__. Ist k beschränkt, so bezeichnen wir die Kompression K auch
als __beschränkte Datenkompression__.
Wegen $\lim\limits_{l\to\infty} k(l)/l=0$ gibt es immer eine Zahl l_o, so daß $k(l)\leqslant l$ für alle
$l\geqslant l_o$ ist. Die Menge aller Zahlen, die nicht kleiner als dieses l_o
sind, bezeichnen wir als den Verkürzungsbereich von K.

Von den fünf oben als Beispiele betrachteten Datenkompressionen sind P
und R_n (deren konstante Verkürzungsfunktionen die Werte 1 bzw. n
annehmen) beschränkt, die übrigen nicht. Der Verkürzungsbereich von
P,W,E und A ist jeweils die Menge aller (bzw., wenn wir den "patholo-
gischen" Fall leerer Folgen vernachlässigen, die Menge aller positiven) natürlichen Zahlen, während der Verkürzungsbereich von R_n aus den
Zahlen n, n+1, n+2,... besteht.

Sei nun K eine beliebige m-stellige Datenkompression $(m\geqslant 1)$, k die dazugehörige Verkürzungsfunktion und V der Verkürzungsbereich. Wir nennen zwei Folgen T und T', die aus jeweils l m-Tupeln bestehen, __K-__
__äquivalent__, wenn K(T)=K(T') gilt.
Offensichtlich ist diese Relation für jede Länge l eine Äquivalenzrelation auf $\{0,1\}^{ml}$. Zu jeder Bildfolge aus $\{0,1\}^{k(l)}$ gehört folglich
eine Klasse von paarweise K-äquivalenten Folgen aus $\{0,1\}^{ml}$.
Die Datenkompression K heißt __gleichmäßig__, wenn für jede Folgenlänge l,
die zum Verkürzungsbereich gehört, jede Folge aus $\{0,1\}^{k(l)}$ das Bild
von genau $2^{ml-k(l)}$ äquivalenten Folgen ist.
Von unseren fünf Beispielkompressionen sind P und R_n offensichtlich
gleichmäßig; W, E und A dagegen nicht (so gibt es z.B. genau zwei
Folgen F der Länge l mit W(F)=0 (0^l und 1^l), aber schon 2(l-1) Folgen
der Länge l mit W(F)=1 (0^i1^{l-i} und 1^i0^{l-i} für i=1,...,l-1)). In 2.1.
bzw. 2.2. werden wir zeigen, daß auch die durch Signaturregister mit
Einzel- bzw. Paralleleingabe realisierten Datenkompressionen gleichmäßig sind.

Liegt nun die m-stellige Datenkompression K einem Kompakttestverfahren zugrunde, so ist unter den 2^{ml} möglichen Folgen der Länge l von binären m-Tupeln genau eine, sagen wir T_o, als Sollfolge ausgezeichnet; $K_o=K(T_o)$ sei der zugehörige Kompressionswert. Wir sagen (nach /CL/), daß die Abweichung einer Istfolge T von der Sollfolge T_o durch die Datenkompression K <u>maskiert</u> wird, wenn T und T_o K-äquivalent sind, wenn also $K(T)=K(T_o)=K_o$ gilt.

Bei einer ungleichmäßigen Datenkompression, in der die zu T_o gehörige K-Äquivalenzklasse nur T_o enthält, ist eine Maskierung unmöglich. Für kombinatorische Schaltungen, bei denen die Reihenfolge der Testsatzbelegungen beliebig ist, kann eine solche Kompression allein aus W und E konstruiert werden (/FK/). Im allgemeinen Fall und vor allem dann, wenn eine gleichmäßige Kompression benutzt wird, können jedoch Maskierungen prinzipiell nicht vermieden werden. Dann ist es aber für die Anwendung eines Kompaktverfahrens wichtig, die Wahrscheinlichkeit ihres Auftretens nach oben abzuschätzen.

Besonders einfach ist eine solche Abschätzung für gleichmäßige Datenkompressionen unter der Voraussetzung, daß alle durch Fehler verursachten Abweichungen von der Sollfolge gleichverteilt sind.

<u>Satz</u>:   Ist K eine gleichmäßige m-stellige Datenkompression mit der Verkürzungsfunktion k und sind für jede Länge l aus dem Verkürzungsbereich von K die Folgen der Länge l von binären m-Tupeln gleichverteilt, so ist die Wahrscheinlichkeit der Maskierung einer Abweichung von einer beliebigen Sollfolge nicht größer als $2^{-k(l)}$.

Beweis. Sei T_o die Sollfolge. Nach Definition der Gleichmäßigkeit von K besteht die K-Äquivalenzklasse von T_o aus genau $2^{ml-k(l)}$ Folgen. Bei der vorausgesetzten Verteilung ist folglich die Wahrscheinlichkeit, daß eine beliebige Folge T zu T_o K-äquivalent ist, gerade der Quotient $2^{ml-k(l)}/2^{ml}=2^{-k(l)}$. Bei der Ermittlung der Maskierungswahrscheinlichkeit m_k muß nun die Sollfolge T_o unberücksichtigt bleiben, folglich gilt $m_k=(2^{ml-k(l)}-1)/(2^{ml}-1)$. Mit $x=2^{ml-k(l)}$ und $y=2^{ml}$ gilt nun offenbar $x \leqslant y$, folglich $-y \leqslant -x$ und daher $xy-y=y(x-1) \leqslant x(y-1)=xy-x$, und daraus ergibt sich $(x-1)/(y-1) \leqslant x/y$, womit $m_k \leqslant 2^{-kl}$ bewiesen ist.

##

<u>Folgerung</u>: Unter den Voraussetzungen des Satzes ist speziell für eine gleichmäßige Datenkompression mit der konstanten Verkürzungsfunktion $k(l)=n$ die Maskierungswahrscheinlichkeit nicht größer als 2^{-n}.

Die Anwendung der Folgerung auf die beiden gleichmäßigen Beispielkompressionen ergibt für die Paritätsprüfung den erwarteten Wert m_p 1/2, während für größere Zahlen n die Kompressionen R_n unvermutet gut abschneiden. Sie liefern damit eher ein Argument gegen die "unvorsichtige" Annahme der Gleichverteilung aller durch Fehler verursachten Abweichungen von der Sollfolge (/Sm/, vergl. dazu auch /CL/ und /CW/). In 2.1.7.3. und 2.2.2. werden wir die Folgerung auf die serielle bzw. auf die parallele Signaturanalyse anwenden.

Zu Kompaktverfahren wollen wir nur noch bemerken, daß in /Ha2/ ein allgemeiner Ansatz vorgestellt wird. Die Arbeit /Ka/ bietet einen umfassenden Überblick mit zahlreichen Literaturhinweisen. In /SMA/ findet man vergleichende Betrachtungen zur Maskierungswahrscheinlichkeit von Übergangszählung, syndrome testing und Signaturanalyse; in /SaR/ werden diese Verfahren mit dem accumulator compression testing verglichen.

2. Signaturregister: Theorie

Dieses Kapitel ist einer ausführlichen und zusammenhängenden Darstellung von theoretischen Grundlagen und Problemen der Signaturanalyse gewidmet. Obwohl wir von vornherein Signaturregister mit Einzeleingabe und Signaturregister mit paralleler Eingabe getrennt behandeln, verfolgen wir doch für beide Registerarten eine gemeinsame Strategie. Ziel und Höhepunkt der Untersuchungen sind jeweils Resultate über die Maskierung von Abweichungen bei der Kompression von Datenfolgen auf ihre (seriell bzw. parallel gebildeten) Signaturen. Auf dem Weg zu diesem Ziel beginnen wir jeweils mit solchen Ergebnissen, die sich relativ leicht und direkt aus den Definitionen und Grundeigenschaften der Signaturregister ergeben. Um tieferliegende Resultate zu erhalten, werden dann schrittweise nach und nach mathematische Hilfsmittel eingeführt, die wir größtenteils im Abschnitt 1.2. bereitgestellt haben. Da viele Begriffe, Ergebnisse und Methoden, die für Signaturregister mit Einzeleingabe eingeführt, hergeleitet bzw. angewandt werden, ohne großen Aufwand auf Register mit paralleler Eingabe übertragen werden können, wird der Teil 2.2. dieses Kapitels naturgemäß wesentlich kürzer als der Teil 2.1. ausfallen.

2.1. Signaturregister mit Einzeleingabe

In diesem Teil des Kapitels betrachten wir die einstelligen Datenkompressionen, die durch linear rückgekoppelte Schieberegister mit einem Eingang realisiert werden.

2.1.1. Definitionen

Sei n im folgenden stets eine positive natürliche Zahl.
Ein linear rückgekoppeltes Schieberegister der Länge n ist eine synchrone sequentielle Schaltung S, die aus n Speicherelementen $S_1,\ldots,S_n$ und einem Antivalenzgatter A_1 (auch als Exklusiv-Oder bzw. Modulo-2-Adder bezeichnet) besteht und folgende Eigenschaften hat:

1) S hat genau einen Eingang und genau einen Ausgang. Der Eingang
   von S ist Eingang von A_1, der Ausgang von S ist der Ausgang des
   Speicherelementes S_n.

2) Für $i=1,\ldots,n$ ist der Ausgang von S_{i-1} mit dem Signaleingang
   von S_i verbunden ($S_0 = A_1$!).

3) Es gibt eine natürliche Zahl $m \leqslant n$ und m Zahlen $k_1,\ldots,k_m$ mit
   $1 \leqslant k_1 < \ldots < k_m \leqslant n$, so daß A_1 neben dem schon erwähnten noch genau m
   weitere Eingänge hat. Auf diese sind die Ausgänge der Speicher-
   elemente $S_{k_1},\ldots,S_{k_m}$ rückgekoppelt.

Diese Beschreibung veranschaulichen wir durch ein Schaltbild:

(B1)

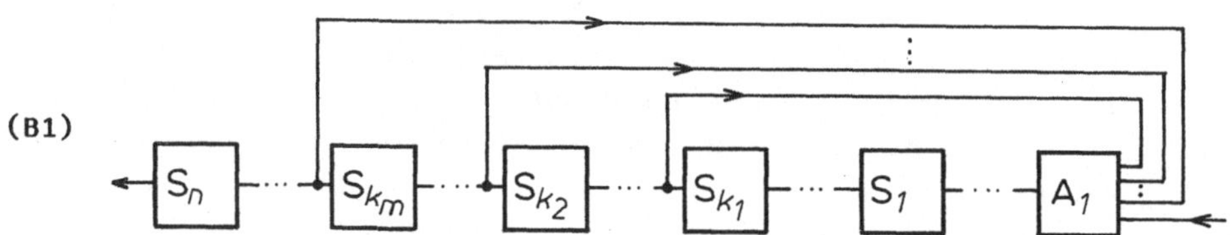

Es sei angemerkt, daß in der Literatur sowohl Registerdarstellungen
mit links als auch solche mit rechts liegendem Eingang zu finden sind.
Wir bevorzugen die "Rechtsvariante", um eine Registerbelegung
$(s_n,\ldots,s_2,s_1)$ einfach als binäre Folge $s_n,\ldots,s_1$ oder noch kürzer als
Oktal- oder Hexadezimalzahl zu schreiben, in der das (wie gewohnt
rechts liegende) niederwertigste Bit der Inhalt des ersten (dem Eingang benachbarten!) Speicherelementes S_1 ist.

In konkreten Realisierungen sind die Speicherelemente meist D-Flip-
flops (vergl. dazu /Gö1/,/Se/), während das Antivalenzgatter A_1,
dessen Eingangszahl in unserer Definition nur durch die Registerlänge
nach oben beschränkt ist, durch mehrere Gatter mit realistischen Ein-
gangszahlen ersetzt wird.

Man kann auch die Ausgänge der Speicherelemente $S_1,\ldots,S_{n-1}$ herausfüh-
ren und somit ein Schieberegister der Länge n auch als Schaltung mit n
Ausgängen ansehen. Diese neuen Ausgänge sind jedoch prinzipiell ent-
behrlich, da die Inhalte der Speicher $S_1,\ldots,S_{n-1}$ über den Ausgang von
S_n "herausgeschoben" werden können.

2.1.1. Definitionen

Ein linear rückgekoppeltes Schieberegister wird auch als <u>Signaturre-</u>
<u>gister</u> bezeichnet. Zur Unterscheidung von einer in Abschnitt 2.1.3.3.
betrachteten anderen Form nennen wir es auch <u>Signaturregister 1.Art</u>.
Außerdem wird in der Literatur oft die Abkürzung <u>LFSR</u> (von "linear
feedback shift register") verwendet.

Sei $s = (s_n, \ldots, s_1)$ eine Belegung der Speicher $S_n, \ldots, S_1$. Nach Eingabe eines binären Signals e über den Eingang von S ergibt sich dann
die im nächsten Takt vorliegende Registerbelegung $s' = (s'_n, \ldots, s'_1)$
unmittelbar aus der Definition von S nach den folgenden <u>Register-</u>
<u>gleichungen</u>:

$$s'_1 = e + \sum_{j=1}^{m} s_{k_j} \ , \qquad s'_{j+1} = s_j \quad \text{für } j=1,\ldots,n-1. \qquad (1')$$

Diese Verarbeitung eines Eingabesignals läßt sich in naheliegender
Weise verallgemeinern. Sei $E = (e_0, e_1, \ldots, e_1)$ eine binäre Eingabefolge
und $A = (a_n, \ldots, a_1)$ eine Anfangsbelegung von S. Dann definieren wir
induktiv eine Folge (s^i) von Registerbelegungen, $i=0,\ldots,1+1$:

$$s^0 = A. \quad \text{Sei nun } s^i = (s^i_n, \ldots, s^i_1) \quad \text{für } i=0,\ldots,1. \text{ Dann ist}$$

$$s^{i+1}_1 = e_i + \sum_{j=1}^{m} s^i_{k_j} \ , \qquad s^{i+1}_{j+1} = s^i_j \quad \text{für } j=1,\ldots,n-1. \qquad (1)$$

Diese Gleichungen sind nur eine andere Formulierung der Registergleichungen (1').

Die Registerbelegung s, die nach Eingabe der gesamten Folge E vorliegt, nennen wir die <u>S-Signatur</u> der Folge E bezüglich der Anfangsbelegung A; wir bezeichnen sie durch S(E,A). Ist das Schieberegister S
unmißverständlich festgelegt, nennen wir S(E,A) kurz die <u>Signatur</u> von
E bezüglich A.

Mit dieser Schreibweise können wir die Registergleichungen (1) auch
wie folgt rekursiv darstellen:

$$S(E_0, A) = A, \text{ wenn } E_0 \text{ die leere Eingabefolge ist, und}$$

$$S(E_{i+1}, A) = S(e_i, S(E_i, A)) \quad \text{für } E_{i+1} = (e_0, \ldots, e_i) \text{ und } i \geqslant 0. \qquad (1\ )$$

Beispiel 1: Wir betrachten ein Signaturregister S aus vier Speicherelementen (n=4), von denen das zweite und das vierte rückgekoppelt
sind.

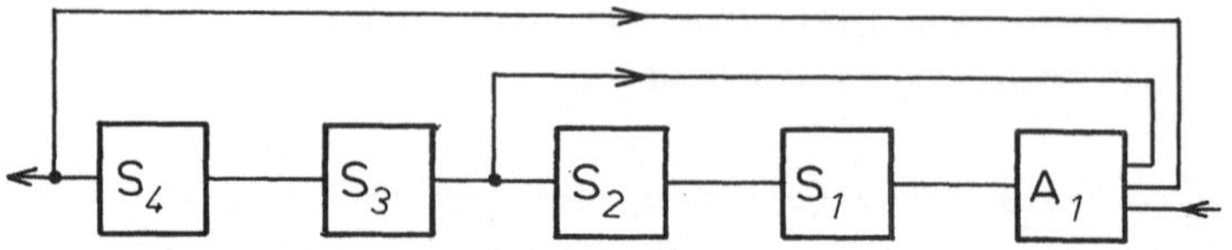

Für dieses Register haben die Gleichungen (1) die Form

$$s_1^{i+1}=e_i+s_2^i+s_4^i, \quad s_2^{i+1}=s_1^i, \quad s_3^{i+1}=s_2^i, \quad s_4^{i+1}=s_3^i.$$

Die Berechnung der Signatur der Eingabefolge $E=(e_0,\ldots,e_4)=01001$
bezüglich der Anfangsbelegung $A=(a_4,\ldots,a_1)=1100$ veranschaulichen wir
wie folgt:

i	s_4^i *	s_3^i	s_2^i *	s_1^i	e_i
0	1	1	0	0	0
1	1	0	0	1	1
2	0	0	1	0	0
3	0	1	0	1	0
4	1	0	1	0	1
5	0	1	0	1	

Damit gilt S(01001,1100) = 0101.

$$\#\#$$

Eine elegantere Darstellung der Registergleichungen für s_1^{i+1} in (1),
die insbesondere den Doppelindex vermeidet, erhalten wir mit der
binären **Registerfolge** $(g_n,\ldots,g_1)$, die wie folgt definiert ist:

$$g_j = \begin{cases} 1, \text{ falls } j\in\{k_1,\ldots,k_m\}, \\ 0 \text{ sonst.} \end{cases}$$

Es ist demnach genau dann $g_j=1$, wenn der Ausgang des zugehörigen Speicherelementes S_j rückgekoppelt, also mit einem Eingang von A_1 verbunden ist.

Damit gehen die Registergleichungen (1) in folgende Form über:

$$s_1^{i+1} = e_i + \sum_{j=1}^{n} g_j s_j^i \quad , \qquad s_{j+1}^{i+1} = s_j^i \quad \text{für } j=1,\ldots,n-1. \tag{2}$$

Über die Registerfolge wird üblicherweise ein Polynom vom Grad k_m definiert, das sogenannte __Registerpolynom__ g_S des Signaturregisters S:

$$g_S(x) = g_n x^n + \ldots + g_1 x + 1. \tag{3}$$

Die nichtverschwindenden Glieder des Polynoms g_S sind also neben dem immer vorhandenen absoluten Glied 1 gerade die Potenzen x^k , $j=1,\ldots,m$.

Diese Darstellung kann man (nach /Fr/, vergl. auch /Pe/, Kap. 7.5.) wie folgt motivieren: Das Verschieben einer Eingabe x durch ein Speicherelement kann durch den "Verzögerungsoperator" D beschrieben werden; allgemein bezeichnet $D^k x$ eine k-fache Verzögerung des Signals x. Zu einem beliebigen Eingabesignal x sind auch die früheren Eingaben $D^{k_m} x,\ldots,D^{k_1} x$, die über die Rückkopplungen wieder am Eingang von A_1 erscheinen, zu addieren. Mit den Vereinbarungen, zunächst $D^0 x$ für x zu schreiben und dann $D^k x$ einfach durch x^k zu ersetzen, kommt man dann von der Summe $D^{k_m} x + \ldots + D^{k_1} x + x$ zum Registerpolynom

$$g_S(x) = x^{k_m} + \ldots + x^{k_1} + 1 = g_n x^n + \ldots + g_1 x + 1.$$

Die binäre Folge $(r_0,\ldots,r_{n-1})$, die aus der Registerfolge $(g_n,\ldots,g_1)$ durch die "Spiegelung"

$$r_j = g_{n-j} \quad \text{für } j=0,\ldots,n-1 \tag{4}$$

hervorgeht und in den folgenden Betrachtungen eine wesentliche Rolle spielt, wollen wir als die __Rückführungsfolge__ des Signaturregisters S bezeichnen.
Auch dieser Folge kann ein Polynom zugeordnet werden, das wir (nach Leisengang, vergl. /Le1/,/Le3/) das __Rückführungspolynom__ des Signaturregisters nennen und durch r_S bezeichnen werden:

$$r_S(x) = x^n + r_{n-1} x^{n-1} + \ldots + r_1 x + r_0. \tag{5}$$

Gegenüber dem durch (3) definierten Registerpolynom hat das Rückführungspolynom die Vorteile, daß einmal sein Grad immer die Länge des Signaturregisters S angibt und daß es zum anderen mit dem charakteristischen Polynom (vergl. Abschnitt 1.2.6.) der Systemmatrix von S zusammenfällt, die wir in 2.1.3. einführen werden.

Aus den Definitionen (3) und (5) und dem Zusammenhang (4) zwischen den
Koeffizientenfolgen ergibt sich, daß das Register- und das Rückführungspolynom eines Signaturregisters zueinander reziprok sind
(vergl. 1.2.5.).
Das bedeutet insbesondere, daß sie genau dann übereinstimmen, wenn die
Koeffizientenfolgen symmetrisch sind. Unser im Beispiel 1 betrachtetes
Signaturregister S erfüllt diese Bedingung, das zugehörige Polynom
x^4+x^2+1 ist sowohl Register- als auch Rückführungspolynom von S. Dagegen gehört zu dem (in Beispiel 6, S. 70 betrachteten) Signaturregister
mit dem Registerpolynom x^3+x^2+1 das Rückführungspolynom x^3+x+1.

Unter Verwendung der Rückführungsfolge können wir die erste der
Registergleichungen (2) auch durch

$$s_1^{i+1} = e_i + r_{n-1} s_1^i + \ldots + r_0 s_n^i$$

ausdrücken und das Schaltbild (B1) von Seite 32 in der folgenden Form
darstellen, die in der Literatur (z. B. /Pe/,/Gi/) häufig anzutreffen
ist:

(B2)

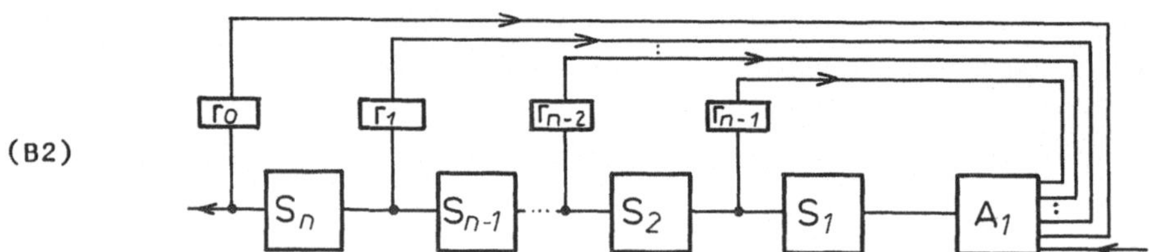

Das "Bauelement" r_j wird dabei so interpretiert, daß es genau dann
eine Verbindung zwischen dem Ausgang von S_{n-j} und einem Eingang von A_1
herstellt, wenn $r_j=1$ gilt. Ein entsprechendes Schaltbild kann unter
Verwendung der Registerfolge $(g_n,\ldots,g_1)$ aufgestellt werden. Dabei ist
nach (4) r_j durch g_{n-j} zu ersetzen, $j=0,\ldots,n-1$; wir verzichten hier
auf die Ausführung. Wir wollen aber bemerken, daß die Numerierung der
Speicherelemente und (damit) die der Glieder der Register- bzw.
Rückführungsfolge in der Literatur nicht einheitlich erfolgt. So sind
z.B. auch "umgekehrte", vom Eingang zum Ausgang hin absteigende Nume-
rierungen der Speicherelemente anzutreffen, und zwar von n bis 1 (z.B.
/Gös1/,/Fey/) oder von n-1 bis 0 (z.B. /Gi/).
Wir folgen weitgehend dem Vorgehen der Gruppe um Leisengang
(/Le3/,/He/), ohne jedoch die dort dominierende Numerierung der Spei-
cherelemente von 0 bis n-1 zu übernehmen.

Es ist leicht einzusehen, daß ein Signaturregister durch seine Rück-
führungs- oder seine Registerfolge, aber auch durch sein Rückführungspolynom eindeutig bestimmt ist. Für das Registerpolynom gilt dies
jedoch nur dann, wenn man außerdem die Registerlänge kennt oder zu-
sätzlich darüber informiert ist, daß auch das letzte Speicherelement
rückgekoppelt ist. Auf den (Ausartungs-)Fall, in dem dies nicht zu-
trifft, kommen wir gleich noch zurück.
Die Aufstellung eines Schaltbildes der Form (B1) aus der gegebenen
Rückführungs- oder Registerfolge aus n Gliedern besteht dann einfach
darin, daß man mit dem Speicherelement S_1 und dem Folgeglied r_{n-1} bzw.
g_1 beginnend, jeder Eins aus der Folge ein rückgekoppeltes, jeder Null
dagegen ein nicht rückgekoppeltes Speicherelement zuordnet. Geht man
dagegen von einem der beiden Polynome aus, die jeweils n+1 Koeffizienten haben, so ist beim Rückführungspolynom der höchste und beim Registerpolynom der niedrigste Koeffizient (beide sind nach den Definitionen (5) bzw. (3) immer vorhanden !) zu streichen. Die Zuordnung der
"Rückkopplungs-Koeffizienten" zu den Speicherelementen erfolgt dann,
wieder rechts mit S_1 beginnend, beim Registerpolynom nach aufsteigen-
den, beim Rückführungspolynom jedoch nach absteigenden Potenzen von x.

Ein Signaturregister S der Länge n, dessen letztes Speicherelement S_n
nicht rückgekoppelt ist, nennen wir <u>ausgeartet</u>. Offensichtlich ist S
genau dann ausgeartet, wenn der Grad seines Registerpolynoms g_S echt
kleiner als n ist, und dies gilt genau dann, wenn das Rückführungspolynom r_S kein absolutes Glied enthält. In diesem Fall gibt es eine
natürliche Zahl a mit $1 \leq a \leq n$ und $r_a = 1$, so daß $r_S(x) = x^a r'(x)$ gilt, wobei
$r'(x) = x^{n-a} + r_{n-1}x^{n-a-1} + \ldots + r_{a+1}x + 1$ offenbar das reziproke Polynom des
Registerpolynoms von S ist. Die Zahl a, die gerade die Anzahl der
letzten nicht rückgekoppelten Speicherelemente $S_n, S_{n-1}, \ldots, S_{n-a+1}$ von
S angibt, nennen wir den <u>Ausartungsgrad</u> von S.

Ein Signaturregister, das so extrem ausgeartet ist, daß es gar keine
Rückkopplungen mehr enthält, bezeichnen wir als <u>triviales</u> Register.
Ein triviales Register der Länge n hat offenbar den Ausartungsgrad n,
das Rückführungspolynom x^n und das Registerpolynom 1.
Wir weisen darauf hin, daß der Trivialfall von unserer Definition
eines Signaturregisters auf Seite 32 mit erfaßt wird, nämlich bei m=0.

Durch ein triviales Signaturregister der Länge n, das die Anfangsbelegung $A = 0^n$ hat, wird gerade die im Abschnitt 1.3.4. betrachtete Datenkompression R_n realisiert, die einer Eingabefolge $E = (e_0, \ldots, e_1)$ die
letzten n Glieder zuordnet.

Es ist leicht zu sehen, daß tatsächlich gilt:

$$S(E,A) = \begin{cases} 0^{n-(l+1)} e_0 \ldots e_l, & \text{falls } n>l+1, \\ e_{l-n+1} \ldots e_l & \text{sonst.} \end{cases}$$

Das kürzeste triviale Signaturregister besteht aus einem nicht rückgekoppelten Speicherelement, sein Rückführungspolynom ist x. Demgegenüber ist das kürzeste nichttriviale Signaturregister S aus einem
Speicherelement S_1 und einem Anti-
valenzgatter A_1 so zusammengesetzt,
wie durch das rechts angegebene
Schaltbild illustriert wird, es hat
das Rückführungspolynom x+1.

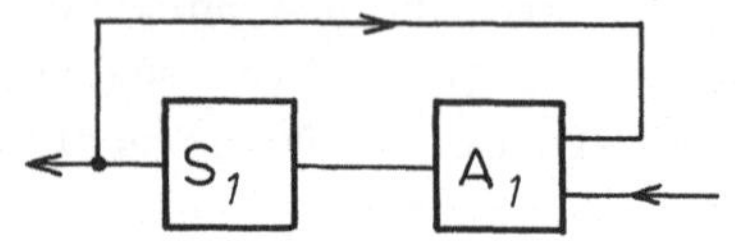

Man sieht leicht, daß dieses Signaturregister mit der Anfangsbelegung
A=O einer Eingabefolge E gerade ihre Parität P(E) zuordnet: Eine
eingegebene Null ändert den Speicherinhalt nicht, während eine eingegebene Eins einen Wechsel (von Null auf Eins bzw. umgekehrt) bewirkt.
Folglich gilt S(E,A) = P(E).

Für eine beliebige Registerlänge n wollen wir noch zwei spezielle
Signaturregister erwähnen: Das einfach rückgekoppelte Register hat das
Rückführungspolynom x^n+1, es ist das (vom Hardwareaufwand) einfachste
nicht ausgeartete Register der Länge n und kann als Verallgemeinerung
des Paritätsregisters (das sich für n=1 ergibt) angesehen werden.

Als anderes Extrem betrachten wir das maximal rückgekoppelte Signaturregister der Länge n, das das Rückführungspolynom $x^n+x^{n-1}+\ldots+x+1$ hat
und daher das (vom Hardwareaufwand) komplizierteste Register der Länge
n ist. Auf seine besonderen Fehlererkennungseigenschaften werden wir
in 2.1.7.2. und 2.1.7.4. ausführlich eingehen.

Wir merken noch an, daß wegen der Symmetrie der Rückkopplungspolynome
für diese beiden Registerarten die Rückführungs- und Registerpolynome
zusammenfallen.

2.1.2. Linearität und Superposition

Nachdem wir am Ende des vorigen Abschnitts zwei der in 1.3.4. behandelten gleichmäßigen Datenkompressionen durch spezielle Signaturregister realisiert haben, wollen wir nun zeigen, daß die Signaturbildung durch ein beliebiges Signaturregister stets eine gleichmäßige Datenkompression ist.

Beim Beweis dieser Eigenschaft wird wesentlich die Linearität der "Rückkopplungsfunktion" ausgenutzt; nämlich die Tatsache, daß in der ersten der Registergleichungen (1) bzw. (2) die Speicherinhalte s_j^i mit der neuen Eingabe e_i durch die lineare Funktion $e_i + r_{n-1} s_1^i + \ldots + r_o s_n^i$ verknüpft sind.

Satz 1: Ist S ein Signaturregister der Länge n, so gibt es zu beliebigen Folgen $A = (a_n, \ldots, a_1)$ und $X = (x_n, \ldots, x_1)$ genau eine Eingabefolge E der Länge n mit $S(E,A) = X$.

Beweis. Aus den Registergleichungen (1) bzw. (2) für $s_2^{i+1}, \ldots, s_n^{i+1}$ ist zu ersehen, daß eine Folge $E = (e_o, \ldots, e_{n-1})$ die Forderung $S(E,A) = X$ dann und nur dann erfüllt, wenn für $i = 0, \ldots, n-1$ gilt:

$$S((e_o, \ldots, e_i), A) = (a_{n-(i+1)}, \ldots, a_1, x_n, \ldots, x_{n-i}). \tag{6}$$

Tatsächlich werden die Anfangswerte $a_n, \ldots, a_1$ in jedem Takt um eine Position nach links verschoben, während es auf der anderen Seite wegen der Beschränkung auf eine Eingabefolge der Länge n auch notwendig ist, daß die "Zielwerte" $x_n, \ldots, x_1$ in dieser Reihenfolge den Anfangswerten unmittelbar folgen.

Wegen (6) gilt nun

$$s_j^i = \begin{cases} a_{j-(i+1)} & , \text{ falls } j\ i+1, \\[2ex] x_{n-(i+1-j)} & \text{ sonst.} \end{cases}$$

Damit erhalten wir aus der ersten der Registergleichungen (2) für $i = 0, \ldots, n-1$ unsere Eingabefolge:

$$\begin{aligned} e_o &= g_n a_n + g_{n-1} a_{n-1} + \ldots + g_1 a_1 + x_n, \\ e_1 &= g_n a_{n-1} + g_{n-1} a_{n-2} + \ldots + g_1 x_n + x_{n-1}, \\ &\;\vdots \qquad \vdots \qquad \vdots \qquad\qquad \vdots \quad \vdots \\ e_{n-1} &= g_n a_1 + g_{n-1} x_n + \ldots + g_1 x_2 + x_1. \end{aligned} \tag{7}$$

##

Beispiel 2: Für das in Beispiel 1 betrachtete Signaturregister der Länge n=4 mit dem Registerpolynom $r(x)=x^4+x^2+1$ soll die Eingabefolge E=(uvwx) angegeben werden, die eine Anfangsbelegung A=(dcba) wiederherstellt, also die Bedingung S(uvwx,dcba)=dcba erfüllt.

Für das gegebene Registerpolynom gilt $g_4=g_2=1$ und $g_3=g_1=0$. Die nach (6) ermittelten "Zwischenbelegungen" des Registers sind (für i=0,1,2) cbad, badc und adcb.

Das Gleichungssystem (7), aus dem wir sofort die Lösung ablesen können, nimmt damit die folgende Gestalt an:

$$u = 1d+0c+1b+0a+d = d+b+d = b,$$
$$v = 1c+0b+1a+0d+c = c+a+c = a,$$
$$w = 1b+0a+1d+0c+b = b+d+b = d,$$
$$x = 1a+0d+1c+0b+a = a+c+a = c.$$

##

Der nächste Satz ist eine Verallgemeinerung des ersten.

Satz 2: Zu beliebigen Folgen A und X der Länge n und jeder natürlichen Zahl $l \geq n$ gibt es genau 2^{l-n} Eingabefolgen E der Länge l mit S(E,A) = X.

Der Beweis wird durch vollständige Induktion über die Länge l der Eingabefolge geführt. Es sei wieder $A=(a_n,\ldots,a_1)$ und $X=(x_n,\ldots,x_1)$. Satz 1 liefert gerade den Induktionsanfang l=n.

Wir nehmen nun an, daß der Satz für eine beliebige Folgenlänge $l \geq n$ richtig ist. Dann gibt es zu jeder der beiden Anfangsbelegungen $A_0=(a_{n-1},\ldots,a_1,0)$ und $A_1=(a_{n-1},\ldots,a_1,1)$ genau 2^{l-n} Eingabefolgen, zu denen bezüglich A_0 bzw. A_1 die Signatur X gehört.

Da wir für das Eingabesignal $e_0^0=g_1a_1+\ldots+g_na_n$ aus der ersten der Registergleichungen (2) erhalten, daß $S(e_0^0,A)=A_0$ ist, liefert uns jede Eingabefolge $E=(e_1,\ldots,e_n)$ mit $S(E,A_0)=X$ durch das Voranstellen des "nullerzeugenden" Signals e_0^0 eine Folge $E'=(e_0^0,e_1,\ldots,e_1)$ der Länge l+1 mit S(E',A)=X. Nach Voraussetzung gibt es aber genau 2^{l-n} solcher Folgen E und daher genau so viele mit e_0^0 beginnende Folgen E' der Länge l+1.

Wenn wir andererseits das "einserzeugende" Signal $e_0^1=e_0^0+1$ einführen, für das nach Definition von e_0^0 nun $S(e_0^1,A)=A_1$ gilt, so erhalten wir in analoger Weise genau 2^{l-n} verschiedene Folgen E" der Länge l+1, die alle mit e_0^1 beginnen, und für die S(E",A)=X gilt.

Damit haben wir insgesamt $2 \cdot 2^{l-n}=2^{l+1-n}$ Folgen der Länge l+1 mit der verlangten Eigenschaft gefunden.

Da andererseits in jeder S-Signatur mit der Anfangsbelegung A nach der
Verarbeitung des ersten Eigabesymbols eine der beiden Belegungen A_0
oder A_1 als "Zwischen-Signatur" auftreten muß, gibt es auch keine
anders aufgebauten Eingabefolgen E^* der Länge $l+1$ mit $S(E^*,A)=X$, also
tatsächlich genau 2^{l+1-n} solcher Folgen.
Damit ist der Satz bewiesen.

$$\#\#$$

Sei A eine beliebige Anfangsbelegung. Zu jeder der 2^n unterschiedlichen Signaturen X gibt es von den 2^l möglichen Eingabefolgen der Länge
l dann genau 2^{l-n} Folgen E mit $S(E,A)=X$. Damit erhalten wir in Übereinstimmung mit unserer Definition in 1.3.4.:

Folgerung 2.1: Die Signaturbildung mit einem linear rückgekoppelten
         Schieberegister ist für jede Anfangsbelegung eine gleich-
         mäßige Datenkompression.

Wir beweisen noch ein zweites Korollar aus Satz 2 und dem Beweis von
Satz 1, das weitreichende Konsequenzen für die Fehlererkennung mit
Signaturregistern hat.

Folgerung 2.2: Zu jedem Signaturregister S der Länge n gibt es genau
         zwei Folgen der Länge n+1, deren Signatur bezüglich der
         Anfangsbelegung 0^n wieder die Nullsignatur" 0^n ist, und zwar
         die "Nullfolge" 0^n und die Folge $F=(r_n,\ldots,r_1,r_0)$ der Koeffi-
         zienten des Rückführungspolynoms r_S.

Beweis. Die Nullfolge hat trivialerweise die behauptete Eigenschaft.
Nach der Definition des Rückführungspolynoms beginnt die Folge F mit
einer Eins, nach deren Eingabe in S die "Eins-Belegung" $0^{n-1}1$ vorliegt.
Wir zeigen nun, daß die Rückführungsfolge $F'=(r_{n-1},\ldots,r_1,r_0)$ gerade
die Folge der Länge n ist, die aus dieser Belegung die Nullsignatur
erzeugt. Wir nehmen wieder an, daß in unserem Register S genau die
Speicherelemente mit den Nummern $k_m,\ldots,k_1$ rückgekoppelt sind, wobei
$n \geqslant k_m > \ldots > k_1 \geqslant 1$ gilt. Nach Definition der Rückführungsfolge sind dann
$r_{n-k_1},\ldots,r_{n-k_m}$ schon alle Einsen in der Eingabe F', die übrigen
Glieder der Folge sind Nullen.

Zum Beweis unserer Behauptung zeigen wir durch vollständige Induktion,
daß für $j=1,\ldots,n$ genau dann das Eingabesymbol r_{n-j} am Registereingang
erscheint, wenn die Registerbelegung $0^{n-j}10^{j-1}$ vorliegt, also alle

Speicherelemente bis auf S_j die Null enthalten. Für j=1 ist dies
gerade unsere Ausgangssituation.

Sei nun diese Situation auch noch nach j≤n Schritten erhalten geblie-
ben. Um zu zeigen, daß auch der nächste Schritt diese Lage entweder
nicht verändert, nämlich für j n, oder aber auf unsere erwünschte
Nullbelegung führt (für j=n), unterscheiden wir zwei Fälle:

(a) S_j ist nicht rückgekoppelt. Dann steht also keine Eins in einem
    rückgekoppelten Speicher, und nach den Registergleichungen ergibt
    sich der neue Inhalt s_1^{j+1} von S_1 dann allein aus der Eingabe. Dies
    ist aber $r_{n-j}=0$, so daß die Eins in S_j im Fall j<n nach S_{j+1} wei-
    tergeschoben wird, bei j=n aber herausfällt.

(b) S_j ist rückgekoppelt. Aus den Registergleichungen ergibt sich dann
    für $s_1^{j+1} = e_j+1 = r_{n-j}+1 = 0$, da nun $r_{n-j}=1$ ist. Wie im Fall (a)
    kommt also eine weitere Null in das Register, so daß für j<n die
    Eins um eine Position nach links verschoben wird, für j=n aber
    verschwindet.

Insgesamt wird also nach der Eingabe der Folge F die Nullbelegung erreicht, und unsere Behauptung ist bewiesen.

##

Der nächste Satz und vor allem seine Folgerungen haben ebenfalls große
Bedeutung für die Herleitung von Fehlererkennungseigenschaften von
Signaturregistern.

Satz 3: Für beliebige gleichlange Eingabefolgen E_1, E_2 und beliebige
         Anfangsbelegungen A_1, A_2 gilt

$$S(E_1+E_2, A_1+A_2) = S(E_1, A_1) + S(E_2, A_2). \qquad (8)$$

Diese Linearität der Signatur in beiden Argumenten beweisen wir wieder
durch Induktion über die Länge l der Eingabefolgen. Sei S ein Register
der Länge n und A_1, A_2 beliebige Anfangsbelegungen.

Für l=0, d.h. leere Eingabefolgen, ist die Behauptung trivialerweise
erfüllt.

Seien nun

$$E_1 = (e_1^1, \ldots, e_l^1) \text{ mit } S(E_1, A_1) = X_1 = (x_n^1, \ldots, x_1^1)$$

und

$$E_2 = (e_1^2, \ldots, e_l^2) \text{ mit } S(E_2, A_2) = X_2 = (x_n^2, \ldots, x_1^2)$$

beliebige Eingabefolgen der Länge l. Als Induktionsvoraussetzung gelte

$$S(E_1 + E_2, A_1 + A_2) = X = (x_n, \ldots, x_1) = (x_n^1 + x_n^2, \ldots, x_1^1 + x_1^2) = X_1 + X_2$$

$$= S(E_1, A_1) + S(E_2, A_2).$$

Für beliebige Eingabefolgen $E_1' = (e_1^1, \ldots, e_l^1, e^1)$ und $E_2' = (e_1^2, \ldots, e_l^2, e^2)$ der Länge l+1 beweisen wir, daß dann auch gilt:

$$S(E_1' + E_2', A_1 + A_2) = S(E_1', A_1) + S(E_2', A_2).$$

Es ist $E_1' + E_2' = (e_1^1 + e_1^2, \ldots, e_l^1 + e_l^2, e^1 + e^2)$. Aus den Registergleichungen (1), (1^*) und der Induktionsvoraussetzung ergibt sich:

$$S(E_1' + E_2', A_1 + A_2) = S(e^1 + e^2, S(E_1 + E_2, A_1 + A_2))$$

$$= S(e^1 + e^2, X) = S(e^1 + e^2, (x_n, \ldots, x_1))$$

$$= (x_{n-1}, \ldots, x_1, e^1 + e^2 + \sum_{j=1}^{n} g_j x_j)$$

$$= (x_{n-1}^1 + x_{n-1}^2, \ldots, x_1^1 + x_1^2, (e^1 + \sum_{j=1}^{n} g_j x_j^1) + (e^2 + \sum_{j=1}^{n} g_j x_j^2))$$

$$= (x_{n-1}^1, \ldots, x_1^1, e^1 + \sum_{j=1}^{n} g_j x_j^1) + (x_{n-1}^2, \ldots, x_1^2, e^2 + \sum_{j=1}^{n} g_j x_j^2)$$

$$= S(e^1, X_1) + S(e^2, X_2) = S(e^1, S(E_1, A_1)) + S(e^2, S(E_2, A_2))$$

$$= S(E_1', A_1) + S(E_2', A_2).$$

##

Folgerung 3.1: Haben zwei gleich lange Eingabefolgen bezüglich irgendeiner Anfangsbelegung dieselbe Signatur, so stimmen ihre Signaturen auch bezüglich jeder anderen Anfangsbelegung überein.

Der Beweis ergibt sich einfach aus Satz 3 durch den Schluß

$$S(E, A) = S(E', A) \Longleftrightarrow S(E + E', 0^n) = 0^n \Longleftrightarrow S(E, A') = S(E', A').$$

##

Diese Folgerung hat die Konsequenz, daß für die Fehlererkennung mit Signaturregistern alle Anfangsbelegungen gleichberechtigt sind.
Um die Abweichung einer Ist- von einer Sollfolge durch den Vergleich ihrer Signaturen zu erkennen, genügt es also, sich auf eine "ausgezeichnete" Anfangsbelegung zu beschränken. In der Literatur ist das meist die Null-Belegung, die auch bei praktischen Realisierungen dominiert, da sie über Rücksetz-Eingänge der Speicherelemente leicht einzustellen ist.

Wir wollen uns im folgenden ebenfalls auf diese Null-Anfangsbelegung stützen. Für ein Signaturregister S und eine Eingabefolge E schreiben wir dann kurz $S(E)$ statt $S(E,0^n)$ und nennen diese Registerbelegung die S-Signatur von E. Ist das Register S aus dem Zusammenhang unmißverständlich festgelegt, so bezeichnen wir $S(E)$ noch kürzer als die Signatur der Folge E.

Als unmittelbare Konsequenz aus Satz 3 ergibt sich ein Resultat, das in der Literatur als "Superpositionsprinzip" bekannt ist, vergl. /Gi/, /Gös1/,/GoN/,/ Le1/.

Folgerung 3.2: Sind E und E gleich lange Eingabefolgen, so gilt
$$S(E+E') = S(E)+S(E'). \tag{9}$$

Einen Spezialfall dieses Superpositionsprinzips wollen wir noch ausdrücklich formulieren:

Folgerung 3.3: Für gleich lange Eingabefolgen E und E' gilt genau dann
$$S(E)=S(E'), \text{ wenn } S(E+E')=0^n. \tag{10}$$

Die Aussage (10) ist von großer Bedeutung für die Fehlererkennung (vergl. /He/,/Le3/): Für die Untersuchung, ob die Abweichung einer Istfolge E' von der zugehörigen Sollfolge E sich durch verschiedene Signaturen $S(E')\neq S(E)$ bemerkbar macht, braucht man sich nicht für die spezielle Gestalt von E' bzw. E zu interessieren! Es genügt, statt dessen die modulo-2-Summe $F=E+E'$ zu betrachten, die also in genau den Positionen eine Eins enthält, in denen sich die Istfolge E' von der Sollfolge E unterscheidet. Eine solche Folge wollen wir als Fehlfolge bezeichnen. Aus dem Superpositionsprinzip ergibt sich damit, daß genau dann $S(F)\neq 0^n$ ist, wenn $S(E)\neq S(E')$ gilt, also die Soll- und die Istsignatur voneinander verschieden sind.
Unter Verwendung des in 1.3.3. eingeführten Begriffs der Maskierung von Abweichungen kann die Aussage der Folgerung 3.3 auch so formuliert werden, daß die (durch einen Fehler verursachte) Abweichung einer

Istfolge E' von einer Sollfolge E genau dann durch die Signaturbildung
maskiert wird, wenn die zugehörige Fehlfolge die Nullsignatur hat.
Auf die Maskierung von Abweichungen werden wir in 2.1.7. noch ausführlich eingehen.

Beispiel 3: Im ersten Beispiel zeigten wir, daß für das Signaturregister, dessen Register- und Rückführungspolynom x^4+x^2+1 ist,
S(01001,1100) = 0101 gilt. Als zweite Eingabefolge betrachten wir nun
11100. Die Berechnung der Signatur S(11100,1100) illustrieren wir nun
durch eine etwas kompaktere Darstellung wie folgt. Dabei bezeichnen
die Sterne die rückgekoppelten Speicherelemente.

	4	3	2	1	
	*		*		
s^0:	1	1	0	0	1 :e_0
s^1:	1	0	0	0	1 :e_1
s^2:	0	0	0	0	1 :e_2
s^3:	0	0	0	1	0 :e_3
s^4:	0	0	1	0	0 :e_4
s^5:	0	1	0	1	

Da diese Signatur mit der in Beispiel 1 berechneten übereinstimmt, muß
die Fehlfolge 01001+11100=10101 nach Satz 3 aus der Anfangsbelegung
0000 (=1100+1100) wieder die Nullsignatur erzeugen.
In der Tat gilt S(10101)=0000, denn die Folge 10101 besteht gerade aus
den Koeffizienten des Rückführungspolynoms. Wir wollen auch für diese
Signaturberechnung wieder die Einzelschritte angeben, weil dadurch
noch einmal die Idee des Beweises von Folgerung 2.2 veranschaulicht
wird.

	4	3	2	1	
	*		*		
s^0:	0	0	0	0	1 :e_0
s^1:	0	0	0	1	0 :e_1
s^2:	0	0	1	0	1 :e_2
s^3:	0	1	0	0	0 :e_3
s^4:	1	0	0	0	1 :e_4
s^5:	0	0	0	0	

##

2.1.3. Signaturregister als lineare Automaten

Bisher haben wir alle Eigenschaften von Signaturregistern direkt aus den Registergleichungen abgeleitet. In diesem Abschnitt wollen wir nun die Tatsache ausnutzen, daß Signaturregister lineare Automaten sind, und auf diese Weise zusätzliche Beschreibungsmittel und Beweistechniken für die Herleitung weiterer Fehlererkennungseigenschaften gewinnen.
Lineare Automaten sind in den letzten Jahren ausführlich untersucht worden. Aus der Fülle an Literatur zu diesem Gegenstand nennen wir als Beispiele /Gi/,/Gös1/,/Gös3/,/Reu/,/SR/.

2.1.3.1. Definitionen und grundlegende Eigenschaften

Wir führen zunächst den allgemeinen Begriff des abstrakten Automaten ein. Seien X und Y höchstens abzählbare Mengen. Da sie als Mengen von Symbolen interpretiert werden, wird von vielen Autoren von vornherein ihre Endlichkeit vorausgesetzt.

Ein <u>deterministischer abstrakter Automat</u> mit der Eingabemenge X und der Ausgabemenge Y ist eine Struktur $\mathcal{A} = (X, Y, Z, \delta, \lambda)$.
Dabei ist Z eine weitere höchstens abzählbare Menge, die die Zustandsmenge von genannt wird. δ und λ sind Abbildungen, die für jedes Paar aus einem Zustand und einem Eingabesymbol definiert sind.
$\delta: Z \times X \rightarrow Z$ heißt die Überführungsfunktion, und
$\lambda: Z \times X - Y$ die Ausgabe- oder Ergebnisfunktion von
Sind X, Y und Z endlich, so wird $\mathcal{A}$ als <u>endlicher Automat</u> bezeichnet.
Näheres über abstrakte Automaten ist in /Gös1/ und /Boc/ zu finden; eine ausführliche Darstellung der Automatentheorie gibt das Buch /St/.

Ein <u>linearer Automat</u> ist ein spezieller deterministischer abstrakter Automat $L = (X, Y, Z, \delta, \lambda)$, in dem X,Y,Z Vektorräume und δ, λ in beiden Argumenten lineare Abbildungen sind.
Sind der Eingaberaum X, der Ausgaberaum Y und der Zustandsraum Z sogar endlichdimensionale Vektorräume über einem endlichen Körper F, so ist ein linearer Automat über diesen Räumen ein spezieller endlicher Automat. Wenn l, m und n die Dimensionen dieser Räume sind und wenn man, wie es in der Literatur oft praktiziert wird, die Vektorräume X,Y und Z mit den Räumen F^l, F^m und F^n der Koordinaten ihrer Vektoren bezüglich fester "ausgezeichneter" Basen identifiziert, so können die

linearen Abbildungen   und   in recht kompakter Weise mit Hilfe von
Matrizen A,B,C,D dargestellt werden:

$$\delta(z,x)^\cdot = Az + Bx \ , \qquad \lambda(z,x) = Cz + Dx. \tag{11}$$

Dabei sind z und $\delta(z,x)$ n-dimensionale Zustandsvektoren, x ist ein
l-dimensionaler Eingabe- und $\lambda(z,x)$ ein m-dimensionaler Ausgabevektor.

Alle Vektoren denken wir uns (damit die Linksmultiplikation mit einer
Matrix möglich ist!) als Spaltenvektoren geschrieben. Die Matrizen
A,B,C und D haben damit jeweils den Typ (n,n), (n,1), (m,n) und
(m,1). Wir bezeichnen A als die Systemmatrix, B als die Eingangs-
matrix, C als die Ausgangsmatrix und D als die Ein-Ausgangsmatrix des
Automaten L (nach /Le3/).

Der lineare Automat L, dessen Überführungsfunktion   und Ausgabefunktion   durch die Matrizen A,B,C,D nach (11) realisiert werden, wird
dadurch auch (bis auf Isomorphie, vergl. 1.2.2. und 2.1.3.2.) eindeutig bestimmt. Damit ist die kürzere Bezeichnung L = (A,B,C,D) gerechtfertigt, die wir im weiteren oft verwenden werden. Die Matrizen
A,B,C,D nennen wir zusammenfassend (nach /Reu/) auch die L charakterisierenden Matrizen.

Wir betrachten nun den zweielementigen Körper GF(2) = ($\{0,1\}$;+,· ;0,1)
mit den neutralen Elementen 0 und 1 für die (modulo-2-) Addition bzw.
Multiplikation. Als ausgezeichnete Basis für den Vektorraum V^n der
n-dimensionalen Spaltenvektoren über dem GF(2) wählen wir   die
kanonische Basis K = $\{v_1,...,v_n\}$, bezüglich der das Koordinaten-n-
Tupel jedes Vektors gerade mit diesem Vektor zusammenfällt (vergl.
Abschnitt 1.2.6.).

Wir zeigen im folgenden, daß ein linear rückgekoppeltes Schieberegister S der Länge n, wie wir es im Abschnitt 2.1.1. eingeführt haben,
ein linearer Automat mit dem eindimensionalen Raum V^1 als Ein- und
Ausgaberaum (d.h. l=m=1) und dem Zustandsraum V^n ist.

Sei $(g_n,...,g_1)$ die Registerfolge von S. Die Registergleichungen (2),
die den Übergang von einem Zustand $s^i \in V^n$ zu seinem Folgezustand
$s^{i+1}=\delta(s^i,e_i)$ beschreiben, können auch noch etwas ausführlicher und
übersichtlicher dargestellt werden:

$$s_1^{i+1} = g_1 s_1^i + g_2 s_2^i + \cdots + g_{n-1} s_{n-1}^i + g_n s_n^i + e_i$$

$$s_2^{i+1} = s_1^i$$

$$\vdots$$

$$s_n^{i+1} = s_{n-1}^i$$

Diese n Gleichungen lassen sich nun aber, wie man sofort sieht, mit der Systemmatrix A und der Eingangsmatrix B, die wie folgt definiert sind,

$$A = \begin{pmatrix} g_1 & g_2 & \cdots & g_{n-1} & g_n \\ 1 & 0 & & 0 & 0 \\ 0 & 1 & & 0 & 0 \\ \vdots & \vdots & & \vdots & \vdots \\ 0 & 0 & \cdots & 1 & 0 \end{pmatrix} \quad \text{und } B = \begin{pmatrix} 1 \\ 0 \\ \vdots \\ \vdots \\ 0 \end{pmatrix} , \qquad (12)$$

als eine Vektorgleichung schreiben:

$$\delta(s^i, e_i) = s^{i+1} = A s^i + B e_i . \qquad (13)$$

Damit haben wir die erste der beiden "linearen Realisierungen" (11) erhalten, die für die Überführungsfunktion. Die zweite, für die Ausgabefunktion, ergibt sich aus unseren Festlegungen über den Ausgang des Signaturregisters S, der ja (vergl. Seite 32) gerade der Ausgang des letzten Speicherelementes S_n ist. Daraus ergibt sich als Ausgangsmatrix C=(0...01). Da ein Eingabesignal nicht sofort am Ausgang anliegt (es muß auf dem Weg dorthin erst alle Speicherelemente durchlaufen), gehört zum Signaturregister S die auf den Typ (1,1) "degenerierte" Nullmatrix D=(0) als Ein-Ausgangsmatrix. Mit diesen Matrizen gibt nun die zweite der Darstellungen (11), nämlich

$$\lambda(s^i, e_i) = C s^i + D e_i ,$$

das Ausgabeverhalten von S an.
Wegen dieser Eigenschaften erfüllen auch die Typen (n,n), (n,1), (1,n) und (1,1) der zum Signaturregister S gehörenden Matrizen A,B,C,D die in der Definition eines linearen Automaten gestellten Bedingungen.

Der durch (12) gegebenen Systemmatrix eines Signaturregisters sieht man unmittelbar an, daß ihre ersten n-1 Spalten linear unabhängig sind. Die letzte Spalte dagegen enthält nur Nullen, wenn g_n=0, ist jedoch im Fall g_n=1 offensichtlich von den übrigen linear unabhängig.

Das Verschwinden von g_n bedeutet aber gerade die Ausartung von S, so daß am Rang der Systemmatrix eines Signaturregisters abgelesen werden kann, ob es ausgeartet ist oder nicht.
Wir haben damit das folgende Resultat bewiesen:

Satz 4:   Ein Signaturregister der Länge n ist ein linearer Automat L=(A,B,C,D) mit dem Zustandsraum V^n und dem Ein- und Ausgaberaum V. Die Systemmatrix A und die Eingangsmatrix B werden durch (12) gegeben, während C=(0...01) die Ausgangsmatrix und D=(0) die Ein-Ausgangsmatrix ist.
Die Systemmatrix A ist genau dann regulär, wenn S nicht ausgeartet ist.

Von den vier Matrizen, die ein Signaturregister als linearen Automaten beschreiben, kommt der Systemmatrix (schon wegen der Größe!) die größte Bedeutung zu. Wir wollen, bevor wir im nächsten Teilabschnitt auf weitere Eigenschaften der Systemmatrix eingehen, zu ihrem Aufbau und zur Handhabung der Vektorgleichung (13) noch einige Anmerkungen machen.
Zunächst bemerken wir, daß wir aus der Darstellung (13) mit den (typographisch schwerfälligen!) Spaltenvektoren für die Zustände unserer Zeilen-Veranschaulichung mit dem rechts liegenden Registereingang kommen, wenn wir die Spaltenvektoren um neunzig Grad im Uhrzeigersinn drehen. (Das in der Literatur oft anzutreffende Transponieren von Spaltenvektoren bewirkt demgegenüber eine entsprechende Drehung im entgegengesetzten Sinne.)

Aus der Vektorgleichung (13) ergibt sich unmittelbar, daß man den Folgezustand s^{i+1} eines Zustands s^i bei Nulleingabe durch $s^{i+1}=As^i$ erhält. Ist nun auch die nächste Eingabe Null, so haben wir $s^{i+2}=As^{i+1}=A(As^i)=A^2s^i$. Werden allgemein von einem Anfangszustand s^o an nur Nullen eingegeben, so erhält man die Folgezustände mit Hilfe von Potenzen der Systemmatrix

$$s^j = A^j s^o \ , \ j=0,1,... \tag{14}$$

Auf diese "autonome" Arbeitsweise von linearen Automaten, insbesondere Signaturregistern, werden wir in 2.1.5. näher eingehen.

Die Verschiebung der Speicherinhalte von S, die durch die Registergleichungen $s^{i+1}_{j+1}=s^i_j$ dargestellt wird, findet in der Systemmatrix durch die Einsen unterhalb der Hauptdiagonalen ihren Ausdruck.

Die Ursache dafür, daß die Einsen gerade dort stehen, liegt in unserer Numerierung der Speicherelemente mit S_1 am Eingang. In der Literatur finden sich, den anderen Numerierungen entsprechend, andere Darstellungen der Systemmatrizen von Schieberegistern, überwiegend mit den "Verschiebungs"-Einsen oberhalb der Hauptdiagonalen, und der Registerfolge in der letzten Zeile (z.B. bei /Pe/,/Gi/,/Reu/,/Fey/,/Gös1/, /Gös3/) oder in der ersten Spalte (/Go/).

Die zuletzt genannte Form hat die Konsequenz, daß die Registerzustände als Zeilenvektoren dargestellt werden und folglich als Faktoren links von der Systemmatrix erscheinen müssen. In diesem Fall ist dann die Eingangsmatrix B ein Zeilenvektor, und die Gleichung (13) nimmt die Form $s^{i+1}=s^i A+e_i B$ an. Im anderen Fall bleibt die Form (13) erhalten, liefert aber die entgegengesetzt gerichtete Verschiebung $s_j^{i+1}=s_{j+1}^i$ für $j=1,\ldots,n-1$ nebst $s_n^{i+1} = h_1 s_1^i+\ldots+h_n s_n^i+e_i$ mit $h_i=g_i$ oder $h_i=g_{i-1}$, je nach der vorgenommenen Numerierung der Registerfolge. Wie schon in 2.1.1. erwähnt, folgt unsere Darstellung der von Leisengang (die außer in den schon erwähnten Arbeiten /Le3/ und /He/ auch in /Le1/,/Q/,/Scm/ sowie in den "klassischen" Artikeln /El/ und /Me/ verwendet wird).

Wir wollen noch bemerken, daß zu den beiden in 2.1.1. vorgestellten Signaturregistern mit der minimalen Länge 1 und den Registerpolynomen 1 und x+1 die (1,1)- Systemmatrizen (0) und (1) gehören. Das erste dieser beiden Register ist trivial; allgemein enthält die Systemmatrix eines trivialen Signaturregisters der Länge n nur die n-1 Verschiebungseinsen unterhalb der Hauptdiagonalen, während die übrigen Matrixelemente Nullen sind.

In unserem nächsten Beispiel wollen wir einen weniger trivialen Fall illustrieren:

Beispiel 4: Das in den bisherigen Beispielen betrachtete Signaturregister mit dem Registerpolynom x^4+x^2+1 ist ein linearer Automat, dessen charakterisierende Matrizen

$$A = \begin{bmatrix} 0 & 1 & 0 & 1 \\ 1 & 0 & 0 & 0 \\ 0 & 1 & 0 & 0 \\ 0 & 0 & 1 & 0 \end{bmatrix}, \quad B = \begin{bmatrix} 1 \\ 0 \\ 0 \\ 0 \end{bmatrix}, \quad C = (0001) \text{ und } D=(0) \text{ sind.}$$

Die ersten beiden Schritte der in Beispiel 1 durchgeführten Signaturberechnung können dann unter Verwendung der Matrixdarstellung (13) der

Registergleichungen in folgender Weise dargestellt werden (man beachte die rechts beginnende Zustandsdarstellung $s=s_4s_3s_2s_1$!)

$$S(0,1100) = \begin{pmatrix} 0 & 1 & 0 & 1 \\ 1 & 0 & 0 & 0 \\ 0 & 1 & 0 & 0 \\ 0 & 0 & 1 & 0 \end{pmatrix} \cdot \begin{pmatrix} 0 \\ 0 \\ 1 \\ 1 \end{pmatrix} + \begin{pmatrix} 1 \\ 0 \\ 0 \\ 0 \end{pmatrix} \cdot 0 = \begin{pmatrix} 1 \\ 0 \\ 0 \\ 1 \end{pmatrix} \, ,$$

$$S(01,1100) = S(1,1001) = \begin{pmatrix} 0 & 1 & 0 & 1 \\ 1 & 0 & 0 & 0 \\ 0 & 1 & 0 & 0 \\ 0 & 0 & 1 & 0 \end{pmatrix} \cdot \begin{pmatrix} 1 \\ 0 \\ 0 \\ 1 \end{pmatrix} + \begin{pmatrix} 1 \\ 0 \\ 0 \\ 0 \end{pmatrix} \cdot 1 = \begin{pmatrix} 1 \\ 1 \\ 0 \\ 0 \end{pmatrix} + \begin{pmatrix} 1 \\ 0 \\ 0 \\ 0 \end{pmatrix} = \begin{pmatrix} 0 \\ 1 \\ 0 \\ 0 \end{pmatrix} \, .$$

##

2.1.3.2. Systemmatrix eines Signaturregisters

Einige fundamentale Eigenschaften der Systemmatrizen von linearen Automaten, insbesondere von Signaturregistern, wurden schon im vorigen Teilabschnitt behandelt. Nun wollen wir auf weitere Eigenschaften sowie auf Begriffe und Beziehungen für lineare Automaten eingehen, die maßgeblich durch die Systemmatrizen bestimmt werden.

In 1.2.6. hatten wir das charakteristische Polynom c_A einer n-reihigen quadratischen Matrix A als die Determinante der charakteristischen Matrix A-xI definiert, wobei I die n-reihige Einheitsmatrix ist.

Wir erinnern außerdem noch daran, daß die Koeffizienten des Rückführungspolynoms r_S eines Signaturregisters S der Länge n gerade durch die Spiegelung $r_j=g_{n-j}$ für $j=0,\ldots,n-1$ aus denen des Registerpolynoms g_S entstehen. Damit kann die Systemmatrix von S auch in folgender Form geschrieben werden:

$$A = \begin{pmatrix} r_{n-1} & r_{n-2} & \cdots & r_1 & r_0 \\ 1 & 0 & & 0 & 0 \\ \vdots & \vdots & & \vdots & \vdots \\ 0 & 0 & & 0 & 0 \\ 0 & 0 & & 1 & 0 \end{pmatrix} \tag{15}$$

Satz 5: Das charakteristische Polynom der Systemmatrix eines Signaturregisters ist gerade dessen Rückführungspolynom.

Der Beweis wird durch vollständige Induktion über die Registerlänge n geführt. Unter Beachtung der Tatsache, daß wir über dem Körper GF(2) das charakteristische Polynom c_A in der Form $c_A(x)=\det(A+xI)$ erhalten, ergibt sich für n=1 der erwünschte Ausdruck $c_A(x)=x+r_o=r_S(x)$.

Wir setzen nun voraus, daß für n-1 schon $c_A=r_S$ bewiesen ist, $n \geqslant 1$.
Für ein Signaturregister S der Länge n ergibt sich aus (15), daß das Polynom c_A gerade der Wert der folgenden Determinante ist:

$$D = \begin{vmatrix} r_{n-1}+x & r_{n-2} & \cdots & r_1 & r_o \\ 1 & x & \cdots & 0 & 0 \\ \vdots & \vdots & & \vdots & \vdots \\ 0 & 0 & \cdots & x & 0 \\ 0 & 0 & \cdots & 1 & x \end{vmatrix}.$$

Durch Entwicklung nach der letzten Spalte erhalten wir $D=xD_1+r_oD_2$. Dabei ist

$$D_2 = \begin{vmatrix} 1 & x & 0 & \cdots & 0 \\ 0 & 1 & x & \cdots & 0 \\ \vdots & \vdots & \vdots & \cdots & \vdots \\ 0 & 0 & 0 & \cdots & 1 \end{vmatrix} = 1$$

was man ohne Schwierigkeiten durch vollständige Induktion über die Ordnung der Determinante beweist. Für D_1 erhalten wir hingegen

$$D_1 = \begin{vmatrix} r_{n-1}+x & r_{n-2} & \cdots & r_2 & r_1 \\ 1 & x & \cdots & 0 & 0 \\ \vdots & \vdots & \cdots & \vdots & \vdots \\ 0 & 0 & \cdots & x & 0 \\ 0 & 0 & \cdots & 1 & x \end{vmatrix} = \det(A'+xI) \text{ mit } A' = \begin{pmatrix} r_{n-1} & r_{n-2} & \cdots & r_2 & r_1 \\ 1 & 0 & \cdots & 0 & 0 \\ \vdots & \vdots & \cdots & \vdots & \vdots \\ 0 & 0 & \cdots & 0 & 0 \\ 0 & 0 & \cdots & 1 & 0 \end{pmatrix}$$

A' ist offenbar die Systemmatrix des Signaturregisters der Länge n-1, zu dem die Rückführungsfolge $(r_{n-1},\ldots,r_2,r_1)$ und folglich das Rückführungspolynom $x^{n-1}+r_{n-1}x^{n-2}+\ldots+r_2x+r_1$ gehört. Nach Induktionsvoraussetzung gilt dann aber

$$D_1 = x^{n-1}+r_{n-1}x^{n-2}+\ldots+r_2x+r_1$$

Wegen $D=D_1x+r_o$ folgt daraus nun

$$D = x^n+r_{n-1}x^{n-1}+\ldots+r_1x+r_o$$

womit der Satz bewiesen ist.   ##

Damit können im folgenden die Begriffe Rückführungspolynom und charakteristisches Polynom synonym verwendet werden, und es ist auch gerechtfertigt, vom charakteristischen Polynom eines Signaturregisters zu sprechen (vergl.z.B. /Fr/).

Wir hatten in 1.2.6. kurz erwähnt, daß das charakteristische Polynom c_A einer quadratischen Matrix A die bemerkenswerte Eigenschaft hat, daß $c_A(A)=\underline{0}$ gilt (Satz von Cayley - Hamilton). Offensichtlich gibt es dann unendlich viele solcher "annullierender" Polynome mit $p(A)=\underline{0}$ für A. Das eindeutig bestimmte Polynom kleinsten Grades, das annullierendes Polynom für A ist, wird Minimalpolynom von A genannt (vergl. z.B. /Gr/,/Zu/).

Das charakteristische Polynom c_A einer Matrix A ist nun stets ein Vielfaches ihres Minimalpolynoms m_A. Hat A den Typ (n,n), so ist der Quotient $c_A(x)/m_A(x)$ gerade der größte gemeinsame Teiler der n^2 (n-1)-reihigen Unterdeterminanten der charakteristischen Matrix A-xI (/Gr/, S.150/151).

Das bedeutet, daß c_A und m_A genau dann zusammenfallen, wenn dieser größte gemeinsame Teiler gerade Eins wird. Dafür genügt es nun aber, eine (n-1)-reihige Unterdeterminante zu finden, die den Wert Eins annimmt. Genau dies ist uns aber im Beweis von Satz 5 schon gelungen, und zwar mit der zur Position (1,n) gehörenden Unterdeterminante D_2. Damit haben wir:

Folgerung 5.1: Für die Systemmatrix eines Signaturregisters fallen das charakteristische und das Minimalpolynom zusammen.

Nun wollen wir eine wichtige Relation zwischen linearen Automaten einführen, die wesentlich durch die Systemmatrizen bestimmt wird.
In 1.2.6. hatten wir die Ähnlichkeit von Matrizen definiert. Die Ähnlichkeit von linearen Automaten wird nun gerade eine Verschärfung der Ähnlichkeit ihrer Systemmatrizen. Seien nun L=(A,B,C,D) und L'=(A',B',C',D') lineare Automaten mit denselben Zustands-, Ein- und Ausgaberäumen. L und L' heißen <u>ähnlich</u>, wenn es eine reguläre quadratische Matrix T gibt, so daß folgendes gilt (vergl. /Reu/,/Le3/):

$$A'=TAT^{-1} \ , \ B'=TB \ , \ C'=CT^{-1} \ \text{und} \ D'=D. \tag{16}$$

Die Matrix T, die die Ähnlichkeitstransformation zwischen den System-matrizen vermittelt, wollen wir auch als <u>Transformationsmatrix</u> von L auf L' bezeichnen.
Man kann ohne Schwierigkeiten nachweisen, daß die Ähnlichkeit von linearen Automaten eine Äquivalenzrelation ist.

Eine andere Äquivalenzrelation zwischen linearen Automaten ist die Isomorphie. Die in 1.2.2. allgemein definierte Strukturisomorphie kann speziell für lineare Automaten $L=(X,Y,Z,\delta,\lambda)$ und $L'=(X,Y,Z',\delta',\lambda')$ mit übereinstimmenden Ein- und Ausgangsräumen wie folgt ausgedrückt werden:

L und L' sind genau dann isomorph, wenn es eine eineindeutige Abbildung f von Z auf Z' gibt, so daß für beliebige Zustände $z \in Z$ und Eingaben $x \in X$ gilt: $\delta'(f(z),x)=f(\delta(z,x))$ und $\lambda'(f(z),x)=\lambda(z,x)$. Isomorphe Automaten haben also dasselbe Ein-Ausgangsverhalten, sie unterscheiden sich nur "intern" hinsichtlich ihrer Zustände voneinander.

Wir zeigen nun (nach /Reu/), daß die Ähnlichkeit von linearen Automaten ihre Isomorphie zur Folge hat.

<u>Satz 6</u>: Ähnliche lineare Automaten sind isomorph.

Beweis. Die Automaten $L=(A,B,C,D)$ und $L'=(A',B',C',D')$ seien ähnlich; T sei die zugehörige Transformationsmatrix, so daß (16) erfüllt ist. Sei $f(z)=Tz$ die durch T realisierte Zustandstransformation. Dann gilt wegen (16) und (11):

$$\delta'(f(z),x)=A'f(z)+B'x=A'Tz+B'x=TAT^{-1}Tz+TBx=T(Az+Bx)=T\delta(z,x)=$$
$$=f(\delta(z,x)), \text{ und}$$
$$\lambda'(f(z),x)=C'f(z)+Dx=C'Tz+Dx=CT^{-1}Tz+Dx=Cz+Dx=\lambda(z,x).$$

##

Als Konsequenz dieses Satzes werden wir in späteren Abschnitten ausnutzen, daß ähnliche lineare Automaten isomorphe Automatengraphen haben.

2.1.3.3. **Signaturregister zweiter Art**

Für die Untersuchung weiterer Eigenschaften von Signaturregistern ist
es nützlich, spezielle lineare Automaten anzugeben, die ihnen einerseits ähnlich (und daher nach Satz 6 auch isomorph) sind, für die aber
andererseits die gewünschten Eigenschaften aus den verschiedensten
Gründen leichter nachzuweisen sind.

Die ersten Automaten dieser Art, die wir betrachten wollen, sind
einerseits aus der Literatur gut bekannt als Divisionsschaltungen
(z.B. /Pe/,/Gi/), kommen andererseits aber auch in mehreren Arbeiten
zu theoretischen Problemen zur Signaturanalyse vor (z.B. /Sm/,/BM/,
/Ya3/,/HL/,/Q/,/Le3/). In Abwandlung der in den zuletzt genannten Arbeiten verwendeten Bezeichnung wollen wir diese Automaten im folgenden
Signaturregister zweiter Art nennen.

Die Realisierung Q eines solchen Automaten mit einem n-dimensionalen
Zustandsraum ist aus jeweils n Speicherelementen S_j und Antivalenzgattern A_j (j=1,...,n) in einer Weise zusammengesetzt, die durch das
folgende Schaltbild beschrieben wird:

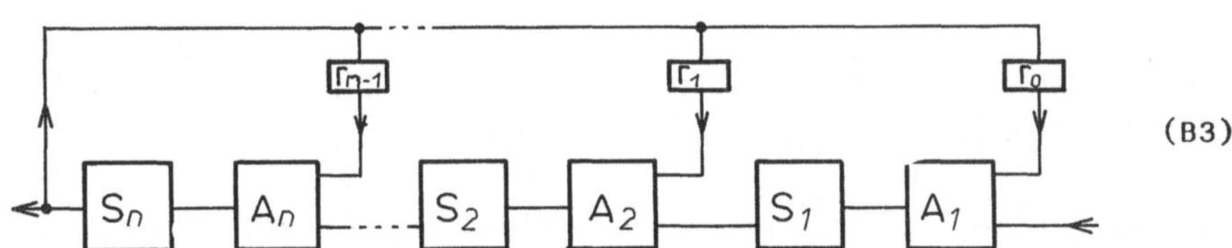

(B3)

Wie in der Darstellung (B2) aus 2.1.1. für ein Signaturregister 1.Art
bedeutet $r_{j-1}=1$, daß eine Verbindung vorhanden ist, in diesem Fall
zwischen dem Ausgang von S_n und einem zweiten Eingang von A_j,
j=1,...,n. Wir wollen die Folge $(r_{n-1},...,r_1,r_0)$ wieder als Rückführungsfolge von Q und das durch

$$r_Q(x) = x^n + r_{n-1}x^{n-1} + ... + r_1 x + r_0$$

definierte Polynom r_Q als Rückführungspolynom von Q bezeichnen.

Wir weisen ausdrücklich darauf hin, daß im Gegensatz zum
Signaturregister 1.Art hier die Koeffizienten des Rückführungspolynoms
nicht entgegengesetzt zu den Speicherelementen, sondern monoton
wachsend mit diesen numeriert werden: r_j gehört zu S_{j+1}, j=0,...,n-1.

Über die Spiegelung (4) können wir auch zu einem Signaturregister
2.Art die Registerfolge $(g_1,\ldots,g_n)$ und das zugehörige Registerpolynom
$g_Q(x) = g_n x^n+\ldots+g_1 x+1$ einführen. Wir werden auf diese gleich im
nächsten Teilabschnitt bei der Behandlung der Übertragungsfunktion
zurückkommen. Erwähnt sei aber noch, daß auch ein Signaturregister
2.Art durch die Rückführungs- oder Registerfolge oder durch das Rückführungspolynom eindeutig bestimmt ist, durch das Registerpolynom
dagegen im allgemeinen noch nicht.

In Analogie zur Definition aus 2.1.1. für ein Signaturregister 1.Art
nennen wir ein Signaturregister 2.Art ausgeartet, wenn $r_o=0$ gilt. Das
ist offensichtlich genau dann der Fall, wenn im Schaltbild (B3) der
Ausgang des letzten Speicherelementes nicht (über das Gatter A_1) mit
dem Eingang des ersten Speicherelementes S_1 verbunden ist. In diesem
Fall könnte in der Darstellung (B3) das Gatter A_1 auch entfallen.
Ebenso sind natürlich auch alle anderen Gatter A_j mit $r_{j-1}=0$
überflüssig.
Daraus ergibt sich insbesondere, daß für jede Registerlänge n sowohl
die beiden einfach rückgekoppelten als auch die (gar nicht rückgekoppelten!) trivialen Register erster und zweiter Art der Länge n
identisch sind.

Ist dagegen $r_j=1$ für $j=0,\ldots,n-1$, so sprechen wir wie bei den Signaturregistern 1.Art von einem maximal rückgekoppelten Register.

Aus der Definition eines Signaturregisters 2.Art ergeben sich unmittelbar die "Registergleichungen 2.Art"

$$s_1^{i+1} = r_o s_n^i + e_i \ , \qquad s_{j+1}^{i+1} = s_j^i + r_j s_n^i \quad \text{für } j=1,\ldots,n-1. \tag{17}$$

Als (abstrakter) linearer Automat $Q=(A,B,C,D)$ angesehen, für den die
Registergleichungen (17) wieder als eine Vektorgleichung (13) geschrieben werden können, hat ein Signaturregister 2.Art die folgenden
charakterisierenden Matrizen.
Die Eingangsmatrix $B=(10\ldots0)^T$, die Ausgangsmatrix $C=(0\ldots01)$ und die
Ein-Ausgangsmatrix $D=(0)$ sind dieselben wie beim Signaturregister
1.Art. Demgegenüber liegt die Systemmatrix nun aber in folgender Form
vor:

$$A = \begin{pmatrix} 0 & 0 & \ldots & 0 & r_0 \\ 1 & 0 & \ldots & 0 & r_1 \\ 0 & 1 & \ldots & 0 & r_2 \\ \vdots & \vdots & \ldots & \vdots & \vdots \\ 0 & 0 & \ldots & 1 & r_{n-1} \end{pmatrix} \tag{18}$$

Eine sehr nützliche Eigenschaft dieser Matrix, die wir später oft ausnutzen werden, besteht darin, daß sie die Zustände aus der kanonischen Basis $K=\{v_1,\ldots,v_n\}$ der Spalten-Einheitsvektoren $v_j=(0^{j-1}10^{n-j})^T$ ineinander überführt: Für $j=1,\ldots,n-1$ ist aus der Darstellung (18) der Systemmatrix A sofort die Gültigkeit der ersten der folgenden Gleichungen zu sehen, aus der sich dann durch wiederholte Anwendung auch gleich die zweite ergibt:

$$v_{j+1}=Av_j=A^j v_1. \tag{19}$$

Wir merken an, daß demgegenüber für die Systemmatrix A eines Signaturregisters 1.Art gilt: $Av_j=g_j v_1+v_{j+1}=r_{n-j}v_1+v_{j+1}$, wobei die Wahl der rechten Seite dadurch bestimmt wird, ob man von der Darstellung (12) oder (15) für A ausgeht. Um auch für diese Systemmatrix eine Beziehung der Form (19) zu erhalten, muß man von der kanonischen zu einer anderen Basis des V^n übergehen; wir werden darauf in der Bemerkung nach dem Beweis von Satz 7 zurückkommen.

Aus der Darstellung (18) der Systemmatrix ist unmittelbar ersichtlich, daß die letzte Aussage von Satz 4 auch für Signaturregister 2.Art gilt: Ein solches ist genau dann nicht ausgeartet, wenn seine Systemmatrix regulär ist.
Im Fall $r_o=0$ besteht nämlich die erste Zeile nur aus Nullen, wenn aber $r_o=1$, so ist die erste Zeile offenbar von den übrigen linear unabhängig.

Die oben erwähnte Übereinstimmung der trivialen sowie der einfach rückgekoppelten Register erster und zweiter Art einer festen Länge hat natürlich die Konsequenz, daß die Systemmatrizen (15) und (18) in diesen Fällen identisch sind.

Wenn man die Darstellungen (15) und (18) für Systemmatrizen von Signaturregistern erster und zweiter Art mit demselben Rückführungspolynom vergleicht, so fällt auf, daß beide Matrizen durch Spiegelung an der Nebendiagonalen auseinander hervorgehen. Dies ist durch die von uns gewählte Numerierung der Speicherelemente und der Rückführungskoeffizienten r_j bedingt. Bei einer anderen Darstellung, wie sie z.B. in /Gi/ verwendet wird, erfolgt der Übergang zwischen diesen beiden Matrizen durch Transposition, also durch eine Spiegelung an der Hauptdiagonalen.
Unabhängig von solchen Numerierungsfragen kann man nun aber jede der beiden Matrizen (15) und (18) aus der anderen durch eine Ähnlichkeitstransformation erhalten:

Satz 7: Für jede Registerlänge n und jedes Polynom r vom Grad n sind
die beiden Signaturregister erster und zweiter Art mit dem
Rückführungspolynom r einander ähnlich.

Beweis. Das Polynom $r(x) = x^n + r_{n-1} x^{n-1} + \ldots + r_1 x + r_0$ sei das Rückführungspolynom eines Signaturregisters S erster und auch eines Signaturregisters Q zweiter Art. Für den Beweis des Satzes müssen wir eine
reguläre quadratische Matrix T und ihre Inverse T^{-1} finden, so daß die
Bedingungen (16) für die Ähnlichkeit von linearen Automaten erfüllt
sind. Für unseren Fall bedeutet dies

(a) $A_Q = T A_S T^{-1}$, wobei A_S und A_Q die durch (15) bzw. (18) gegebenen
Systemmatrizen der Signaturregister S bzw. Q sind,

(b) $TB = B$ und

(c) $CT^{-1} = C$.

Die Transformationsmatrix T geben wir gleich explizit an. Auf die
Frage, **wie** wir sie erhalten, kommen wir später zurück. Um den Beweis,
daß sie zunächst (a) erfüllt, übersichtlich zu gestalten, stellen wir
daneben noch einmal die Systemmatrix A_S dar.

$$
T=\begin{pmatrix}
1 & r_{n-1} & r_{n-2} & \cdots & r_{n-(i-1)} & \cdots & r_1 \\
0 & 1 & r_{n-1} & \cdots & r_{n-i} & & r_2 \\
\vdots & \vdots & \vdots & & \vdots & & \vdots \\
0 & 0 & 0 & \cdots & 1 & \cdots & r_i \\
\vdots & \vdots & \vdots & \cdots & \vdots & \cdots & \vdots \\
0 & 0 & 0 & \cdots & 0 & \cdots & r_{n-1} \\
0 & 0 & 0 & \cdots & 0 & \cdots & 1
\end{pmatrix}, \quad
A_S=\begin{pmatrix}
r_{n-1} & r_{n-2} & \cdots & r_{n-j} & \cdots & r_1 & r_0 \\
1 & 0 & \cdots & 0 & \cdots & 0 & 0 \\
\vdots & \vdots & & \vdots & & \vdots & \vdots \\
0 & 0 & \cdots & 0 & \cdots & 0 & 0 \\
0 & 0 & \cdots & 1 & \cdots & 0 & 0 \\
\vdots & \vdots & \cdots & \vdots & \cdots & \vdots & \vdots \\
0 & 0 & \cdots & 0 & \cdots & 1 & 0
\end{pmatrix}
$$

Für $i,j = 1,\ldots,n$ ist nun die i-te Zeile von T gerade $0^{i-1} 1 r_{n-1} \ldots r_i$,
während die j-te Spalte von A_S als $r_{n-j} 0^{j-1} 1 0^{n-j-1}$ geschrieben werden
kann. (Hier wie auch bei folgenden Betrachtungen kommt es nur auf die
Reihenfolge der Elemente an, und wir wählen auch für die Spalten die
bequemere, nun wie üblich links beginnende Zeilendarstellung.) Die
Elemente p_{ij} der Produktmatrix $T A_S$ ermittelt man am besten durch die
Untersuchung verschiedener Fälle:

1) $j=n \Rightarrow p_{1n} = r_0$ und $p_{in} = 0$ für $i > 1$;
2) $j < n$: a) $i=1 \Rightarrow p_{1j} = r_{n-j} + r_{n-j} = 0$;
   b) $i = j+1 \Rightarrow p_{ij} = 1$;
   c) $i\ j+1 \Rightarrow p_{ij} = 0$.

Der Fall 2d), $1 < i \leq j$, ist nicht ganz so einfach. Sei $j = i + d$, $d \geq 0$.

Dann trifft die 1 in der j-ten Spalte von A_S, die auf der Position j+1 steht, gerade auf das (i+1+d)-te Element in der i-ten Zeile von T, und das ist r_{n-1-d}. Damit haben wir

$$TA_S = \begin{pmatrix} 0 & 0 & 0 & \cdots & 0 & r_0 \\ 1 & r_{n-1} & r_{n-2} & \cdots & r_2 & 0 \\ 0 & 1 & r_{n-1} & \cdots & r_3 & 0 \\ \vdots & \vdots & \vdots & \cdots & \vdots & \vdots \\ 0 & 0 & 0 & \cdots & r_{n-1} & 0 \\ 0 & 0 & 0 & \cdots & 1 & 0 \end{pmatrix}.$$

Um zur inversen Transformationsmatrix T^{-1} zu gelangen, betrachten wir nun die Spaltenvektoren $w_0, w_1, \ldots, w_{n-1}$, die aus dem ersten Einheitsvektor v_1 wie folgt erzeugt werden:

$$w_j = A_S^j v_1 \quad \text{für } j=0, \ldots, n-1. \tag{20}$$

Als Zustand des Signaturregisters S interpretiert, entsteht w_j aus $0^{n-1}1$ gerade nach j Schritten mit Nulleingabe. Insbesondere haben wir für j=0,1,2 die Zustände

$$0^{n-1}1; \quad 0^{n-2}1r_{n-1}; \quad (0^{n-3}1, r_{n-1}, r_{n-1}+r_{n-2}) \quad (\text{da } r_{n-1} \cdot r_{n-1} = r_{n-1}!).$$

Wir behaupten nun, daß die Zusammenfassung $(w_0, w_1, \ldots, w_{n-1})$ dieser Spaltenvektoren gerade die inverse Transformationsmatrix ist. Anders als für die Matrix T können wir hier keine übersichtliche explizite Darstellung geben (ein Versuch, dies zu tun, führt schon für w_4 und w_5 zu unangenehm langen Ausdrücken!). Der Beweis gelingt aber mit Hilfe der folgenden impliziten Beschreibung, die aus (20) erhalten wird:

$$\text{Sei } W = \begin{pmatrix} 1 & x_1 & x_2 & \cdots & x_{j-1} & \cdots & x_{n-1} \\ 0 & 1 & x_1 & \cdots & & & \vdots \\ \vdots & \vdots & \vdots & & \vdots & & \vdots \\ 0 & \cdots & & 1 & x_1 & \cdots & x_{n-j} \\ 0 & \cdots & & 0 & 1 & & \vdots \\ \vdots & \cdots & & \vdots & \vdots & & \vdots \\ 0 & \cdots & & 0 & 0 & \cdots & 1 \end{pmatrix}, \text{ wobei für } j=1, \ldots, n-1 \text{ gilt:}$$

$$x_j = \sum_{k=1}^{i-1} r_{n-k} x_{j-k} + r_{n-j}. \tag{21}$$

Wir zeigen zunächst, daß W tatsächlich die Inverse der Transformationsmatrix T ist, indem wir TW=I beweisen. Es bezeichne nun p_{ij} das Element auf der Position (i,j) dieser Produktmatrix.

Die i-te Zeile von T ist $0^{i-1}1r_{n-j}\ldots r_i$, wie wir schon bei der Berechnung von TA_S gesehen haben. Demgegenüber hat die j-te Spalte w_{j-1} von W, die wir in der Darstellung (21) schon hervorgehoben haben, die Form $x_{j-1}\ldots x_1 10^{n-j}$. Daraus ergibt sich sofort $p_{ii}=1$ und $p_{ij}=0$ für $i>j$.

Sei nun $j>i$, also $i=j-d$ mit $d>0$. Auf der i-ten Position von w_{j-1} steht dann x_d, somit gilt $p_{ij}=x_d+r_{n-1}x_{d-1}+\ldots+r_{n-d-1}x_1+x_1+r_{n-d}$. Mit $j=d$ ergibt sich hierfür aber aus (21) $p_{ij}=0$. Damit sind alle Fälle erfaßt, es ist $TW=I$ und somit $W=T^{-1}$.

Der Nachweis, daß $TA_S T^{-1}=A_Q$ ist, womit wir dann (a) bewiesen haben, läuft ganz ähnlich ab. Um ihn zu erleichtern, schreiben wir die "Zielmatrix" A_Q noch einmal auf:

$$A_Q = \begin{pmatrix} 0 & 0 & \ldots & 0 & r_0 \\ 1 & 0 & \ldots & 0 & r_1 \\ \vdots & \vdots & \ldots & \vdots & \vdots \\ 0 & 0 & \ldots & 1 & r_{n-1} \end{pmatrix}$$

Es fällt auf, daß die erste Zeile von TA_S schon die gewünschte Form hat, und T^{-1} ist sofort anzusehen (bis auf die letzte enden alle Spalten mit 0), daß dies auch im Produkt $TA_S T^{-1}$ der Fall ist.

Sei nun $i>1$. Die i-te Zeile von TA_S ist dann $0^{i-2}1r_{n-1}\ldots r_i 0$. Hieraus und aus der j-ten Spalte w_{j-1} von T^{-1} deren Form $x_{j-1}\ldots x_1 10^{n-j}$ wir nun zum zweitenmal verwenden, berechnen wir das Element q_{ij} der Produktmatrix $TA_S T^{-1}$ und zwar wieder durch Fallunterscheidung.

Der einfachste Fall $j\leqslant i-2$ liefert uns sogleich $q_{ij}=0$, und ebenso schnell sehen wir, daß sich für $j=i-1$ die beiden Einsen treffen, also $q_{i,i-1}=1$. Damit ist unterhalb der Hauptdiagonalen alles in Ordnung.

Für $i\leqslant j<n$, also $j=i+d$ mit $0\leqslant d<n-j$ trifft die Eins auf der Position j in w_{j-1} gerade auf r_{n-1-d}, während die Eins an der (i-1)-ten Stelle in der i-ten Zeile von TA_S auf $x_{j-(i-1)}=x_{d+1}$ trifft. Damit haben wir

$$q_{ij}=x_{d+1}+r_{n-1}x_d+\ldots+r_{n-d}x_1+r_{n-(d+1)}, \tag{22}$$

und mit $j=d+1$ ergibt sich wiederum aus (21), daß $q_{ij}=0$ gilt.

Damit bleibt für den Beweis von (a) nur noch zu zeigen, daß für $i=2,\ldots,n-1$ auch noch $q_{in}=r_{i-1}$ gilt.

Um dies zu zeigen, können wir fast die Beziehung (22) mit $d=n-i$ verwenden. Die letzte Eins in der j-ten Spalte von T^{-1}, die im zuletzt betrachteten Fall gerade auf $r_{n-(d+1)}$ traf, steht für $j=n$ am Ende und ist "Partner" der End-Null in der i-ten Zeile von TA_S. Sie kann daher keinen Beitrag zur Summe (22) leisten. Damit ergibt sich

$$q_{in}=x_{n-i+1}+r_{n-1}x_{n-i}+\ldots+r_ix_1. \tag{23}$$

Da aber nach (22) (für einen Moment auf $(n+1)$-reihige Matrizen ausgedehnt!) die Summe $x_{n-i+1}+r_{n-1}x_{n-i}+\ldots+r_ix_1+r_{i-1}$ verschwindet, muß tatsächlich $q_{in}=r_{i-1}$ gelten. Damit ist (a) bewiesen.

Aus der Gestalt der ersten Spalte von T erhält man sofort $TB=B$, und ebenso leicht ist auch der letzten Zeile von T^{-1} anzusehen, daß $CT^{-1}=C$ ist. Damit sind auch (b) und (c) bewiesen.

##

Bemerkung: Wie wir schon oben festgestellt haben, blieb im Beweis offen, auf welche Weise die Transformationsmatrix T erhalten wurde. Sie wird z.B. auch in /Gi/, Kap. 1.18 und in etwas anderem Zusammenhang in /Ya3/ (jeweils in modifizierter Form!) angegeben, während in anderen Arbeiten (z.B. /He/,/Le3/) die Ähnlichkeit von A_S und A_Q ohne Angabe der Transformationsmatrix konstatiert wird.
Da wir im folgenden weitere Ähnlichkeitsbeweise führen werden, wollen wir am Beispiel des Satzes etwas näher auf die Gewinnung der Transformationsmatrix eingehen. Das hier angewandte Konstruktionsprinzip kann auf andere Fälle übertragen werden.

Wir betrachten nun die linearen Operatoren $\mathcal{S}$ und $\mathcal{Q}$ auf dem Vektorraum V^n, die durch unsere Matrizen $A_S=(a_{ij}^S)$ und $A_Q=(a_{ij}^Q)$ bezüglich der kanonischen Basis $K=\{v_1,\ldots,v_n\}$ in dem Sinne repräsentiert werden, daß für $j=1,\ldots,n$ gilt:

$$\mathcal{S}(v_j)=\sum_{i=1}^n a_{ij}^S v_i \quad \text{und} \quad \mathcal{Q}(v_j)=\sum_{i=1}^n a_{ij}^Q v_i.$$

Die im Beweis betrachteten Vektoren $w_0=v_1,\ w_1=A_S v_1,\ldots,w_{n-1}=A_S^{n-1}v_1$ bilden nun eine zweite Basis des V^n, die wir wieder W nennen wollen (im Beweis wurde diese Bezeichnung nur zeitweilig für T^{-1} genutzt, so daß die – nur geringfügig – andersartige Verwendung des Buchstaben W hier nicht zu Konfusionen führen sollte). Die Vektoren $w_0,\ldots,w_{n-1}$ sind wegen der Wahl von v_1 als "Startvektor" und wegen der schon einmal erwähnten linearen Unabhängigkeit der ersten n-1 Spalten von A_S auch tatsächlich linear unabhängig.

Der Übergang von der Basis K zur Basis W wird nun aber gerade durch die Transformationsmatrix $T^{-1}=(t'_{ij})$ realisiert, denn T^{-1} ist durch (21) so definiert, daß

$$w_{j-1}=\sum_{i=1}^{n} t'_{ij}v_i=\sum_{k=1}^{j-1} x_{j-k}v_k + v_j \quad \text{für } j=1,\ldots,n.$$

Aus der linearen Algebra (vergl. z.B. /Bos/,§11 oder /Zu/,§5) ist nun folgendes bekannt:

1) Der (umgekehrte) Übergang von der Basis W zur kanonischen Basis K wird durch die inverse Transformationsmatrix $(T^{-1})^{-1}=T=(t_{ij})$ realisiert, es gilt also

$$v_{j+1}=\sum_{i=1}^{n} t_{ij+1}w_j=\sum_{k=1}^{j-1} r_{n-j+k}w_k + w_j \quad \text{für } j=0,\ldots,n-1.$$

2) Bezüglich der Basis W wird der lineare Operator $\mathcal{S}$ durch die Matrix A_Q repräsentiert, d.h., es gilt

$$\mathcal{S}(w_j)=A_S w_j=\sum_{i=1}^{n} a^Q_{i,j+1}w_j = \begin{cases} w_{j+1}, & \text{falls } j<n-1, \\ r_o w_o+\ldots+r_{n-1}w_{n-1} & \text{sonst.} \end{cases}$$

Die Zeile $A_S w_j=w_{j+1}$ ist ein Analogon der für Register 2.Art gültigen Beziehung (19) für Register 1.Art; W ist also die oben erwähnte Basis. In analoger Weise wird der Operator $\mathcal{Q}$ bezüglich der Basis W durch die Matrix A_S repräsentiert.

3) Die Übergänge von A_S zu A_Q und umgekehrt werden durch die Ähnlichkeitstransformationen

$$A_Q=TA_S T^{-1} \quad \text{und} \quad A_S=T^{-1}A_Q T$$

realisiert.

##

Beispiel 5: Für das Rückführungspolynom $r(x)=x^4+x^2+1$ des Signaturregisters S 1.Art, das wir in den bisherigen Beispielen betrachtet haben, gilt $r_o=r_2=1$ und $r_1=r_3=0$, die Systemmatrix A_S geben wir etwas weiter unten noch einmal an. Die Basis W besteht aus den Zuständen $w_o=v_1=0001$, $w_1=A_S v_1=0010$, $w_2=A_S w_1=A_S^2 v_1=0101$ und $w_3=A_S w_2=A_S^3 v_1=1010$.

Als Spaltenvektoren nebeneinandergesetzt, ergeben die Zustände der Basis W gerade die inverse Transformationsmatrix T^{-1}, der wir noch einmal die Systemmatrix A_S zur Seite stellen:

$$T^{-1} = \begin{pmatrix} 1 & 0 & 1 & 0 \\ 0 & 1 & 0 & 1 \\ 0 & 0 & 1 & 0 \\ 0 & 0 & 0 & 1 \end{pmatrix}, \qquad A_S = \begin{pmatrix} 0 & 1 & 0 & 1 \\ 1 & 0 & 0 & 0 \\ 0 & 1 & 0 & 0 \\ 0 & 0 & 1 & 0 \end{pmatrix}.$$

Offensichtlich ist nun $v_1=w_0$, $v_2=w_1$, $v_3=w_0+w_2$ und $v_4=w_1+w_3$, so daß wir für unser Beispiel den (praktisch vorteilhaften, doch methodisch ungünstigen!) Fall $T=T^{-1}$ erhalten. Das Dreieck oberhalb der Hauptdiagonalen von T hat tatsächlich die zu Beginn des Beweises von Satz allgemein vorgestellte Form

$$\begin{array}{ccc} r_3 & r_2 & r_1 \\ & r_3 & r_2 \\ & & r_3. \end{array}$$

Man überprüft leicht, daß

$$TA_S = \begin{pmatrix} 0 & 0 & 0 & 1 \\ 1 & 0 & 1 & 0 \\ 0 & 1 & 0 & 0 \\ 0 & 0 & 1 & 0 \end{pmatrix} \text{ und } TA_S T = \begin{pmatrix} 0 & 0 & 0 & 1 \\ 1 & 0 & 0 & 0 \\ 0 & 1 & 0 & 1 \\ 0 & 0 & 1 & 0 \end{pmatrix} = A_Q \text{ gilt.}$$

Um auch den (Normal-)Fall $T \neq T^{-1}$ an einem Beispiel zu diskutieren, betrachten wir das Rückführungspolynom $x^4+x^3+x^2+x+1$, zu dem die maximal rückgekoppelten Signaturregister erster und zweiter Art gehören; auf diese werden wir in späteren Beispielen noch mehrfach zurückkommen. In den zugehörigen Systemmatrizen A_S und A_Q besteht offensichtlich die erste Zeile bzw. die letzte Spalte nur aus Einsen.

Man überlegt sich leicht, daß die Basis W durch die Zustände $w_0=0001$, $w_1=0011$, $w_2=0110$ und $w_3=1100$ gebildet wird. Andererseits ist offenbar $v_1=w_0$, $v_2=w_0+w_1$, $v_3=w_0+w_1+w_2$ und $v_4=w_0+w_1+w_2+w_3$, so daß wir als Transformationsmatrizen erhalten:

$$T = \begin{pmatrix} 1 & 1 & 1 & 1 \\ 0 & 1 & 1 & 1 \\ 0 & 0 & 1 & 1 \\ 0 & 0 & 0 & 1 \end{pmatrix}, \qquad T^{-1} = \begin{pmatrix} 1 & 1 & 0 & 0 \\ 0 & 1 & 1 & 0 \\ 0 & 0 & 1 & 1 \\ 0 & 0 & 0 & 1 \end{pmatrix}$$

Den Nachweis, daß $A_Q = TA_S T^{-1}$ ist, überlassen wir dem Leser.

$$\#\#$$

Aus Satz 7 folgt unmittelbar, daß die im Abschnitt 2.1.2. hergeleite-
ten Sätze 1, 2, 3 und ihre Folgerungen auch für Signaturregister 2.Art
gelten.

Wir wollen noch einmal die Schaltbilder (B2) von Seite 36 und (B3) von
Seite 55 für Signaturregister erster bzw. zweiter Art einander gegenüberstellen, jedoch in leicht abgewandelter Form. Dazu ersetzen wir
einmal das Antivalenzgatter A1 aus (B2) durch mehrere Gatter mit je
zwei Eingängen (was schon in einer Bemerkung zum Bild (B1) auf Seite
32 angedeutet wurde), und zum anderen symbolisieren wir alle Antivalenzgatter durch das Zeichen $\oplus$. $r(x)=x^n+r_{n-1}x^{n-1}+\ldots+r_1x+r_0$ sei wieder das Rückführungspolynom für beide Register.

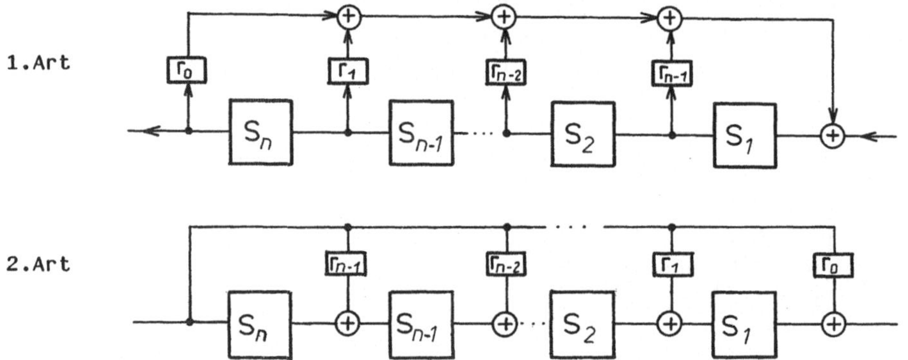

Diese Gegenüberstellung zeigt, daß Signaturregister 1.Art durch
"externe" und Signaturregister 2.Art durch "interne" Antivalenzgatter
charakterisiert werden (vergl. /SHP/ und /Ya3/).

Wegen der Ähnlichkeit haben Signaturregister erster und zweiter Art
mit demselben Rückführungspolynom weitgehend dieselben Eigenschaften,
so daß in vielen Fällen eine Festlegung auf die Art nicht nötig ist.

Wenn wir im folgenden einfach von Signaturregistern sprechen und dazu,
falls möglich, statt der bisher verwendeten Symbole S (1.Art) bzw. Q
(2.Art) einen "neutralen" Buchstaben (etwa das zwischen Q und S liegende R) verwenden, so kann dafür wahlweise ein Register der beiden
Arten eingesetzt werden. Wird eine Beziehung zwischen mehreren Registern diskutiert, so wird stillschweigend vorausgesetzt, daß alle
beteiligten Signaturregister von derselben Art sind.

2.1.3.4. Ausgabeverhalten von Signaturregistern, Polynomdivision

Wie schon bei der Einführung der Isomorphie betont, haben isomorphe
lineare Automaten, nach Satz 6 insbesondere auch ähnliche, dasselbe
Ein-Ausgabeverhalten, sie unterscheiden sich nur hinsichtlich ihrer
"internen" Zustände. Im Fall der Ähnlichkeit wird diese Zustandsunter-
scheidung gerade durch den Isomorphismus $s \to Ts$ präzisiert, wenn T die
Transformationsmatrix ist.

Wie schon bei ihrer Einführung erwähnt, sind Signaturregister 2.Art
als Divisionsschaltungen bekannt, die die Division mit Rest eines
Eingabepolynoms durch das Rückführungspolynom realisieren (vergl./Pe/,
Kap.7). Nach Satz 7 muß dann auch durch Signaturregister 1.Art eine
Division zumindest so weit durchgeführt werden, daß das Quotientenpolynom am Ausgang erhalten wird. Demgegenüber liefert die Signatur,
die nach der Verarbeitung des Eingabepolynoms im Register verbleibt,
im allgemeinen nicht den Divisionsrest, was z.B. bei /Pe/,/Sm/,/BM/,
/Ku/,/Le3/,/Wi/ ausdrücklich betont wird. Von dieser Signatur s kommt
man aber gerade durch die oben genannte Multiplikation mit der Transformationsmatrix auf die zugehörige "Signatur 2.Art" Ts, die den Divisionsrest repräsentiert.

Um diese inhaltlichen Ausführungen zu präzisieren, wollen wir einige
Bemerkungen zum Ausgabeverhalten von linearen Automaten machen.

Sei $L=(A,B,C,D)$ ein linearer Automat, $E=(e^0,e^1,\ldots,e^{t+1})$ eine Folge
von Eingabevektoren für L und s^0 ein Anfangszustand von L.
Die Matrixdarstellungen (11) für die Überführungs- und Ausgabefunktion
schreiben wir nun in folgender Form:

$$y^0 = Cs^0, \text{ und für } i \geq 0: \quad s^{i+1} = As^i + Be^i \text{ und } y^{i+1} = Cs^{i+1} + De^{i+1}. \tag{24}$$

Damit erhält man dann aus dem Anfangszustand s^0 und den Eingabevektoren $e^0,\ldots,e^{t+1}$ den Zustand s^{t+1} und die Ausgabe y^{t+1} wie folgt:

$$s^{t+1} = A^{t+1}s^0 + \sum_{i=0}^{t} A^{t-i}Be^i,$$

$$y^{t+1} = CA^{t+1}s^0 + \sum_{i=0}^{t} CA^{t-i}Be^i + De^{t+1}. \tag{25}$$

Auf den Beweis, der wieder durch vollständige Induktion geführt wird,
wollen wir verzichten, er ist z.B. in /Gi/, Kap. 2.9. ausgeführt.
Die Beziehung (25) wird auch als "allgemeine Response-Formel" von L
bezeichnet (vergl. /Gös1/,/Gös3/).

Ist nun L ein spezieller linearer Automat mit dem Zustandsraum V^n dem Ein- und Ausgaberaum V^1 und der Ein-Ausgangsmatrix $D=(0)$, und beschränken wir uns auf den Anfangszustand $s^o=0^n$, so ist auch $y_o=0$, und wir erhalten den "Endzustand" $s^{t+1}\in V^n$ und das Ausgabesymbol y_{t+1} aus der binären Eingabefolge $(e_o,\ldots,e_t)$ nach den Formeln

$$s^{t+1}=\sum_{i=0}^{t} A^{t-i}Be_i \quad \text{und} \quad y_{t+1}=\sum_{i=0}^{t} CA^{t-i}Be_i. \qquad (26)$$

Wegen der Beschränkung auf eindimensionale Ein- und Ausgaben haben die Produktmatrizen CA^jB den Typ $(1,1)$, sind also Null oder Eins. Speziell für Signaturregister ist dann wegen $C=(0\ldots01)$ und $B=(10\ldots0)^T$ gerade $CA^jB=a_{n1}^{(j)}$ das Element aus der linken unteren Ecke der j-ten Potenz der Systemmatrix.

Für den allgemeineren Fall definieren wir:

$$h_j=\begin{cases} 0, & \text{falls } j=0, \\ CA^{j-1}B & \text{für } j>0. \end{cases}$$

Mit dieser Symbolik schreiben wir die zweite der Gleichungen (26) nun so:

$$y_{t+1}=\sum_{i=0}^{t+1} h_{t+1-i}e_i = h_{t+1}e_o+h_t e_1+\ldots+h_1 e_t+h_o e_{t+1} \qquad (27)$$

wir werden gleich wieder darauf zurückkommen.

Eine Möglichkeit, spezielle Folgen durch Polynome zu repräsentieren, bietet sich durch die sogenannte <u>D-Transformation</u>, auf die wir nun kurz eingehen wollen. Näheres dazu findet man z.B. in /Gi/,Kap.4 und in /Gös3/. Es sei angemerkt, daß auch in /Gös1/ ausführlich darauf eingegangen wird, jedoch unter der Bezeichnung Z-Transformation (diese wiederum wird im Handbuch /Wu/ für eine andere Operation benutzt).

Sei $F=(f_o,f_1,\ldots)$ eine binäre Folge. Als <u>D-Transformierte</u> von F wird dann die formale Potenzreihe $\mathcal{D}(F)=f_o+f_1 x+f_2 x^2+\ldots$ bezeichnet.
Eine endliche Folge $F=(f_o,\ldots,f_{v-1})$ können wir auch als "Abkürzung" einer unendlichen Folge $F'=(f_o,\ldots,f_{v-1},0,0,\ldots)$ auffassen, die von einer bestimmten Stelle v an nur noch Nullen enthält.
Dann ist $\mathcal{D}(F)=\mathcal{D}(F')=f_o+f_1 x+\ldots+f_{v-1}x^{v-1}$ offensichtlich ein Polynom mit einem Grad $m\leq v-1$.

Ist allgemeiner die Folge F von einer Stelle an periodisch, d.h., gibt
es Zahlen $v, p \geq 0$ (die "Vorperiode" und "Periode"), so daß für alle $i \geq v$
$f_{i+p} = f_i$ gilt (dann ist $F = (f_0, \ldots, f_{v-1}, f_v, \ldots, f_{v+p-1}, f_v, \ldots, f_{v+p-1} \ldots))$,
so kann die D-Transformierte von F als Quotient zweier Polynome ge-
schrieben werden:

$$\mathcal{D}(F) = f_0 + f_1 x + \ldots + f_v x^v + \ldots + f_{v+p-1} x^{v+p-1} + f_{v+p} x^{v+p} + \ldots + f_{v+p-1} x^{v+2p-1} + \ldots$$

$$= f_0 + f_1 x + \ldots + f_{v-1} x^{v-1} + x^v (f_v + f_{v+1} x + \ldots + f_{v+p-1} x^{p-1})(1 + x^p + x^{2p} + \ldots).$$

Die rechts stehende Reihe ist nun aber das Resultat der formalen
Division $1/(1+x^p)$ (bzw. im Konvergenzbereich ist die Gleichung
$1 + x^p + x^{2p} + \ldots = 1/(1+x^p)$ erfüllt), so daß wir damit erhalten

$$\mathcal{D}(F) = (f_0 + f_1 x + \ldots + f_{v-1} x^{v-1}) + x^v (f_v + f_{v+1} x + \ldots + f_{v+p-1} x^{p-1})/(1+x^p).$$

Eine weitere Eigenschaft der D-Transformation wird im folgenden
benötigt: Ist $F = (0, f_1, f_2, \ldots)$ und $F' = (f_1, f_2, \ldots)$, so gilt offenbar

$$\mathcal{D}(F) = f_1 x + f_2 x^2 + \ldots = x \, \mathcal{D}(F').$$

Wir wollen nun für einen linearen Automaten L mit dem Zustandsraum V^n
und dem Ein- und Ausgaberaum V^1 die D-Transformierte seiner Ausgabefolge durch die D-Transformierte seiner Eingabefolge darstellen. Dazu
betrachten wir zunächst die Gleichung (27) vor dem Hintergrund der D-
Transformation. Der Ausdruck auf der rechten Seite (der auch als
Faltung bzw. Faltungsprodukt (/Gi/,/Gös1/,/Gös3/) bezeichnet wird),
stellt gerade das Cauchy-Produkt der beiden Polynome bzw. für den Fall
$t \rightarrow \infty$ der beiden Potenzreihen dar, deren Koeffizienten durch die e_i und
h_j gegeben werden.

Wenn wir nun die Folgen $E = (e_0, e_1, \ldots)$, $H = (h_0, h_1, \ldots)$ und $Y = (y_0, y_1, \ldots)$
betrachten, so erhalten wir demnach aus (27):

$$\mathcal{D}(Y) = \mathcal{D}(E) \cdot \mathcal{D}(H). \tag{27D}$$

Die D-Transformierte der Ausgabefolge ist also das Produkt der D-
Transformierten der Eingabefolge mit einer Reihe $U = \mathcal{D}(H)$, die als
<u>Übertragungsfunktion</u> des Automaten L bekannt ist (z.B. /Gös3/; in
/Pe/, Kap. 7.5. findet man die Bezeichnung Übergangsfunktion).

Aus (27) ist ersichtlich, daß die Folge H selbst als Ausgabefolge von
L auftritt, und zwar bei einer speziellen Eingabefolge $J=(1,0,0,\ldots)$.
Diese Folge wird als <u>Impulsfolge</u>, und die zugehörige Ausgabe als
<u>Impulsantwort</u> bezeichnet (/Gös3/). Offensichtlich ist $\mathcal{D}(J)=1$.
Da der Zustandsraum V^n von L endlich ist, muß H von einer Stelle an
periodisch sein, folglich ist U der Quotient zweier Polynome. Für
nähere Einzelheiten zur Übertragungsfunktion allgemeinerer linearer
Automaten verweisen wir auf die Bücher /Gi/ und /Gös1/. Wir beschränken uns im folgenden auf Signaturregister.

<u>Satz 8</u>: Ein Signaturregister der Länge n mit dem Registerpolynom g hat
die Übertragungsfunktion $U(x)=x^n/g(x)$.

Beweis. Wir gehen aus von den Gleichungen (24) in der speziellen Form

$$s^{i+1}=As^i+Be_i \quad , \quad y^{i+1}=Cs^{i+1}, \tag{28}$$

und betrachten nun die Folgen $S'=(s^1,s^2,\ldots)$, $S=(0^n,s^1,s^2,\ldots)$,
$J=(j_0,j_1,\ldots)=100\ldots$ sowie $H'=(h_1,h_2,\ldots)$.
Die D-Transformierten der Zustandsfolgen seien komponentenweise defi-
niert, z.B. ist $\mathcal{D}(S')=(\mathcal{D}(s_1^1,s_1^2,\ldots),\ldots, \mathcal{D}(s_n^1,s_n^2,\ldots))$. Sie sind also
n-Tupel von Funktionen, für die die Produkte mit den Matrizen A und C
erklärt sind.
Durch den Übergang zu den D-Transformierten erhalten wir aus (28):

$$\mathcal{D}(S')=A\mathcal{D}(S)+B\mathcal{D}(J)=xA\,\mathcal{D}(S')+B \text{ und folglich } (xA+I)\,\mathcal{D}(S')=B.$$

Da für $x=0$ die Matrix $xA+I$ gerade die Einheitsmatrix I wird, ist die
Determinante $\det(xA+I)$ ein Polynom mit dem absoluten Glied 1, also vom
Nullpolynom verschieden. Daher existiert die inverse Matrix $(xA+I)^{-1}$,
und wir können fortsetzen $\mathcal{D}(S')=(xA+I)^{-1}B$.
Daraus ergibt sich durch Einsetzen in die "D-Transformierte" der
zweiten der Gleichungen (28): $\mathcal{D}(H')=C\,(xA+I)^{-1}\,B$, und hieraus folgt

$$U(x)=\mathcal{D}(H)=xC(xA+I)^{-1}B. \tag{29}$$

Damit brauchen wir nur noch das Element u_{n1} in der linken unteren Ecke
der inversen Matrix $(xA+I)^{-1}$ zu berechnen (das, wie schon bei der
Diskussion der Gleichungen (26) erwähnt, durch die Linksmultiplikation
mit $C=(0\ldots01)$ und die Rechtsmultiplikation mit $B=(10\ldots0)^T$ "herausge-
filtert" wird).

Für ein Signaturregister 1.Art hat die Matrix (xA+I) die folgende Gestalt:

$$xA+I = \begin{pmatrix} xr_{n-1}+1 & xr_{n-2} & \cdots & xr_1 & xr_0 \\ x & 1 & \cdots & 0 & 0 \\ 0 & x & \cdots & 0 & 0 \\ \vdots & \vdots & \cdots & \vdots & \vdots \\ 0 & 0 & \cdots & x & 1 \end{pmatrix} \; .$$

Wir merken an, daß die folgenden Betrachtungen nach Satz 7 wegen der Ähnlichkeitsinvarianz des charakteristischen Polynoms auch auf Register 2.Art übertragbar sind. Sie können aber auch ebensogut direkt mit der Systemmatrix eines Registers 2.Art geführt werden.

Nach Definition der inversen Matrix (vergl. 1.2.6.) gilt dann

$$u_{n1}=d_{1n}/\det(xA+I), \text{ wobei } d_{1n}=\det \begin{pmatrix} x & 1 & \cdots & 0 \\ 0 & x & \cdots & 0 \\ \vdots & \vdots & \cdots & \vdots \\ 0 & 0 & \cdots & 1 \\ 0 & 0 & \cdots & x \end{pmatrix} \text{ die zur Position } (1,n)$$

gehörende (n-1)-reihige Unterdeterminante ist. Offensichtlich ist nun $d_{1n}=x^{n-1}$, so daß wir nach (29) damit schon $U(x)=x^n/\det(xA+I)$ haben. Nun ist aber offenbar $\det(xA+I)=x^n \det(A+x^{-1}I)$ (vergl. 1.2.6.).

Der Beweis von Satz 5 bleibt aber auch mit dem Exponenten -1 statt 1 richtig, so daß wir weiter erhalten:

$$\det(xA+I)=x^n \det(A+x^{-1}I)=x^n r(x^{-1})=r^*(x),$$

nach Definition des reziproken Polynoms r^*, vergl. 1.2.5.

Da das Rückführungs- und das Registerpolynom zueinander reziprok sind, also $r^*=g$ ist (vergl.2.1.1.), haben wir $U(x)=x^n/g(x)$, und der Satz ist bewiesen.

##

Wenn wir im Sinne der D-Transformation einer endlichen Eingabefolge $(e_0,\ldots,e_m)$ ein Polynom $p(x)=e_0+e_1 x+\ldots+e_m x^m$ zuordnen, so ergibt sich aus dem Satz, daß die Ausgabefolge genau dann endlich ist (und damit auch ein Polynom als D-Transformierte hat), wenn p ein Vielfaches des Registerpolynoms ist. In diesem Fall werden dann auch nach n Anfangs-

nullen (die aus der Anfangsbelegung 0^n resultieren) die Koeffizienten
des Quotientenpolynoms ausgegeben.

In der Regel wird aber die Polynomdivision gerade mit der umgedrehten
Zuordnung realisiert, bei der der Folge $(e_o,...,e_m)$ das reziproke
Polynom $p^*(x)=e_o x^m+...+e_{m-1}x+e_m$ zugeordnet wird (/Pe/,/Sm/,/Fr/,/BM/).
Da r genau dann ein Teiler von p ist, wenn $r^*=g$ das Polynom p^* teilt
(nähere Ausführungen dazu in 2.1.5.1.), erfolgt hier nun eine Division
durch das Rückführungspolynom. Sowohl das Signaturregister erster als
auch zweiter Art liefern neben dem Quotientenpolynom folglich genau
dann die Nullsignatur, wenn das Eingabepolynom ein Vielfaches des
Rückführungspolynoms ist. Anderenfalls repräsentiert bei einem Register 2.Art die Endsignatur $(q_{n-1},...,q_o)$ den Divisionsrest der Form
$q_{n-1}x^{n-1}+...+q_1x+q_o$. Demgegenüber würden die Elemente s_{n-j} der Endsignatur $(s_{n-1},...,s_o)$ bei einem Register 1.Art als absolute Glieder der
Division der Eingabepolynome $x^j p(x)$ durch $r(x)$ erscheinen, und zwar
auf Grund der Schieberegister-Eigenschaft, $j=1,..,n$. Damit sind also
$s_{n-1},s_{n-2},...,s_1,s_o$ gerade die Koeffizienten der bei der fortgesetzten
Division von p durch q auftretenden Glieder mit negativen Exponenten
$x^{-1},x^{-2},...,x^{-n+1}$ und x^{-n} (vergl. /Le3/,/Wi/).

Beispiel 6: Die Signaturregister erster Art S und zweiter Art Q mit
dem Rückführungspolynom x^3+x+1 haben (wegen (4)) das Registerpolynom
x^3+x^2+1. Daraus ergibt sich nach Satz 8 sofort die Übertragungsfunktion $x^3/(x^3+x^2+1)$ für S und Q.
Wir wollen aber diese Funktion noch einmal direkt aus den Impulsantworten und zum anderen - zur Illustration des Beweises von Satz 8 -
auch aus den Systemmatrizen der Register herleiten.
In der schon im Beispiel 3 benutzten Schreibweise können wir die
Zustände s^j von S und q^j von Q, die bei der Eingabe der Impulsfolge
aus dem Nullzustand entstehen, wie folgt darstellen:

S	* *			e
s^0:	0	0	0	1
s^1:	0	0	1	0
s^2:	0	1	0	0
s^3:	1	0	1	0
s^4:	0	1	1	0
s^5:	1	1	1	0
s^6:	1	1	0	0
s^7:	1	0	0	0
$s^1=s^8$:	0	0	1	0
:	:	:	:	:

Q	* *			e
q^0:	0	0	0	1
q^1:	0	0	1	0
q^2:	0	1	0	0
q^3:	1	0	0	0
q^4:	0	1	1	0
q^5:	1	1	0	0
q^6:	1	1	1	0
q^7:	1	0	1	0
$q^1=q^8$:	0	0	1	0
:	:	:	:	:

Damit erhalten wir nun für beide Register die Impulsantwort $H=0.0010111.001011...$, die offensichtlich von der Stelle 1 an ($v=1$) periodisch ist, und zwar mit der Periode $p=7$. Daraus ergibt sich

$$U(x)=x^3+x^5+x^6+x^7+x^{10}+x^{12}+x^{13}+x^{14}+...=x^3+x^5+x^6+x^7(1+x^7+x^{14}+...)$$

$$=x^3(1+x^2+x^3+x^4)(1+x^7+x^{14}+...)=x^3(1+x^2+x^3+x^4)/(1+x^7).$$

Man überprüft nun leicht, daß gilt:

$$x^4+x^3+x^2+1=(x^3+x+1)(x+1),$$

$$x^7+1=(x^3+x^2+1)(x^3+x+1)(x+1).$$

Damit können wir durch $(x^3+x+1)(x+1)$ kürzen und bekommen auch auf diesem Wege $U(x)=x^3/(x^3+x^2+1)$.

Über die Systemmatrizen kommt man schließlich wie folgt zum Ziel:

$$A_S=\begin{bmatrix}0&1&1\\1&0&0\\0&1&0\end{bmatrix}\Rightarrow xA_S+I=\begin{bmatrix}1&x&x\\x&1&0\\0&x&1\end{bmatrix}\ ,\quad A_Q=\begin{bmatrix}0&0&1\\1&0&1\\0&1&0\end{bmatrix}\Rightarrow xA_Q+I=\begin{bmatrix}1&0&x\\x&1&x\\0&x&1\end{bmatrix};$$

$$\det(xA_S+I)=\begin{bmatrix}1&x&x\\x&1&0\\0&x&1\end{bmatrix}=x^3+x^2+1=\begin{bmatrix}1&0&x\\x&1&x\\0&x&1\end{bmatrix}=\det(xA_Q+I),$$

und für beide Matrizen gilt

$$d_{13}=\begin{vmatrix}x&1\\0&x\end{vmatrix}=x^2.$$

Die Formel (29) liefert uns dann $U(x)=x^3/(x^3+x^2+1)$.

Die oben gegebene Illustration zur Ermittlung der Impulsantwort dient uns zugleich als Beispiel für eine nicht abbrechende Division. Wenn wir etwa mit s^5 bzw. q^5 aufhören, haben wir in der Polynomdarstellung mit fallendem Exponenten:

$$\begin{array}{l}
x^5\qquad\qquad :x^3+x+1=x^2+1\\
\underline{x^5+x^3+x^2}\\
\quad\ x^3+x^2\\
\quad\ \underline{x^3\qquad +x+1}\\
\qquad\ x^2+x+1\ ,
\end{array}$$

und dieser Divisionsrest wird durch q^6 dargestellt, während die

Koeffizienten des Quotientenpolynoms nun durch die binäre Folge
$000101=(s_3^0,\dots,s_3^5)=(q_3^0,\dots,q_3^5)$ repräsentiert werden.
Eine Fortsetzung der Division um drei Schritte ergibt das folgende
Bild:

```
x²+x+1        :x³+x+1=x⁻¹+x⁻²+x⁻⁵+...
x²    +1+x⁻¹
────────────
    x    +x⁻¹
    x    +x⁻¹+x⁻²
    ────────────
              x⁻²

              :
```

Damit liefert $s^6=110$ tatsächlich die Koeffizienten der Potenzen x^{-1}, x^{-2} und x^{-3}.

Bei der Darstellung der Polynome mit steigendem Exponenten muß man
beachten, daß wegen des Faktors x^3 in der Übertragungsfunktion das
Quotientenpolynom erst mit einer Verzögerung von drei Schritten repräsentiert wird. Ansonsten ist die Entwicklung der Impulsantwort ein
Spiegelbild der folgenden Division

```
1             :1+x²+x³=1+x²+x³+x⁴+x⁷+x⁹+x¹⁰+x¹¹+...
1+x²+x³
───────
  x²+x³
  x²      +x⁴+x⁵
  ─────────────
    x³+x⁴+x⁵
    x³      +x⁵+x⁶
    ──────────────
      x⁴      +x⁶
      x⁴      +x⁶+x⁷
      ──────────────
              x⁷
              x⁷      +x⁹+x¹⁰
              ──────────────
                x⁹+x¹⁰
                x⁹      +x¹¹+x¹²
                ────────────────
                  x¹⁰+x¹¹+x¹²
                  x¹⁰      +x¹²+x¹³
                  ────────────────
                    x¹¹      +x¹³
                    x¹¹      +x¹³+x¹⁴
                    ────────────────
                          ...
```

##

2.1.3.5. Zustandsraum eines Signaturregisters

Wie wir oben in 2.1.3.1. gesehen haben, ist der Zustandsraum eines Signaturregisters S der Länge n gerade der n-dimensionale Vektorraum V^n über dem Grundkörper GF(2). Für zwei Zustände s und s' ist also auch die (komponentenweise ohne Übertrag gebildete) Summe s+s' als Zustand von S vorhanden, und auch $0 \cdot s = 0^n$ (der Nullvektor) und $1 \cdot s = s$ treten als Zustände von S auf.

Wie allgemein der Zustandsmenge eines beliebigen abstrakten Automaten können wir auch dem Zustandsraum V^n eines linearen Automaten mit dem Ein- und Ausgaberaum V^1 eine Graphenstruktur aufprägen: Der <u>Automaten-graph</u> eines linearen Automaten L=(A,B,C,D) ist ein kantenbewerteter Graph $G_L = (V^n; K^0, K^1)$, für den folgendes gilt: Es führt genau dann eine "0-Kante" aus K^0 von einem Zustand s zu einem Zustand s', wenn s'=As=As+B0 ist; s' wird dann der <u>0-Nachfolger</u> von s genannt. Analog führt eine "1-Kante" aus K^1 genau dann von s zu s', wenn s'=As+B1 ist, und s' nennen wir den <u>1-Nachfolger</u> von s.

Wenn s' der 0- bzw. 1-Nachfolger von s ist, so wird s auch als ein <u>0-Vorgänger</u> bzw. <u>1-Vorgänger</u> von s' bezeichnet. Während der 0- und auch der 1-Nachfolger eines Zustandes stets eindeutig bestimmt sind (denn die linearen Automaten sind deterministisch), kann ein Zustand mehrere 0- bzw. 1-Vorgänger haben.

Offenbar ist der Null-Zustand 0^n stets 0-Nachfolger (und damit auch 0-Vorgänger) von sich selbst.

Man überlegt sich leicht, daß zwei isomorphe lineare Automaten (vergl.2.1.3.2.) auch isomorphe Automatengraphen haben. Der Automaten-Isomorphismus ist in diesem Fall zugleich ein Graph-Isomorphismus, der überdies die Kantenbewertung erhält.

Ist S ein Signaturregister, so nennen wir den Automatengraphen G_S auch den <u>Registergraphen</u> oder kurz den <u>Graphen</u> von S. In der Terminologie aus 2.1.1. wird der 0-Nachfolger $s^{(0)}$ einer Registerbelegung s durch die Beziehung $s^{(0)} = S(0,s)$ charakterisiert, analog der 1-Nachfolger $s^{(1)}$ von s durch $s^{(1)} = S(1,s)$.

<u>**Beispiel 7**</u>: Wir betrachten vier Signaturregister der Länge 3: P und S seien von erster Art und haben die Rückführungspolynome $x^3 + x^2 + x + 1$ und $x^3 + x + 1$. Demgegenüber seien Q und R Signaturregister 2.Art mit den Rückführungspolynomen $x^3 + x^2 + x + 1$ und $x^3 + x^2 + x$; R ist also ausgeartet, und P und Q haben dasselbe Rückführungspolynom.

Wenn wir die Zustände durch Oktalzahlen darstellen und außerdem die
0-Kanten durchgehend, die 1-Kanten dagegen gestrichelt zeichnen, so
können wir die Graphen G_P, G_S, G_Q und G_R der Register wie folgt
veranschaulichen:

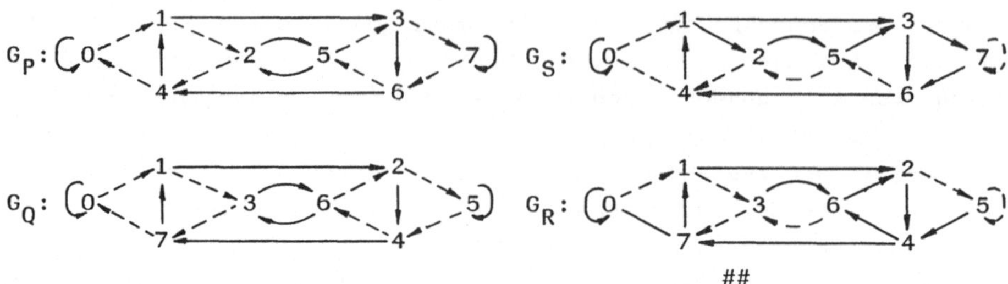

Die folgenden Eigenschaften der Graphen von Signaturregistern ergeben
sich aus früheren Resultaten.

Satz 9: (a) Sind S und Q Signaturregister erster und zweiter Art mit
demselben Rückführungspolynom, so sind ihre Graphen G_S und G_Q
isomorph.

(b) Der Graph eines Signaturregisters ist stets stark zusammenhängend.

(c) Jeder Zustand hat genau einen 0-Nachfolger und genau
einen 1-Nachfolger, der von diesem verschieden ist.

(d) Ist das Register R nicht ausgeartet, so hat jeder Zustand
auch genau einen 0-Vorgänger und genau einen 1-Vorgänger, der
von diesem verschieden ist.

(e) Ist R ein ausgeartetes Signaturregister der Länge n, so
zerfällt der Zustandsraum von R in zwei Klassen aus je 2^{n-1}
Zuständen: Die Zustände der ersten Klasse haben jeweils zwei
0-Vorgänger, aber keinen 1-Vorgänger, während die Zustände aus
der zweiten Klasse genau zwei 1-Vorgänger, aber keinen 0-Vor-
gänger haben.

Zum Beweis: Die Aussage (a) folgt unmittelbar aus den Sätzen 6 und 7
über die Ähnlichkeit und Isomorphie der Register S und Q als lineare
Automaten, die, wie oben angemerkt, die Graph-Isomorphie von G_S und G_Q
impliziert.
Wegen (a) brauchten die übrigen Aussagen nur für jeweils eine
Registerart nachgewiesen zu werden. Demnach ist (b) eine unmittelbare
Konsequenz von Satz 1.
Die Aussage (c) ist eine triviale Folgerung aus der Definition der
Nachfolger, und (d) folgt aus Satz 4: Weil die Systemmatrix A regulär
ist, existiert A^{-1}, und <u>der</u> 0-Vorgänger eines Zustandes s ist $A^{-1}s$.

Wenn wir die Abkürzung $e=0^{n-1}1$ für den "Einszustand" einführen, so ist $A^{-1}s+e$ <u>der</u> 1-Vorgänger von s, und wegen $A^{-1}s+A^{-1}s+e=e$ sind beide Vorgänger voneinander verschieden.

Im Ausartungsfall ist A nicht regulär. Dann hat A nach Definition den Rang n-1. Folglich ist nun n-1 auch die Dimension des Bildraumes $AV^n=\{As:s\in V^n\}$. Damit gibt es genau 2^{n-1} Zustände, die überhaupt 0-Vorgänger besitzen, und jeder von diesen hat dann genau zwei.

Da R ausgeartet ist, kann e keinen 0-Vorgänger haben. Ist R von zweiter Art, so ist dies unmittelbar an der Form (18) der Systemmatrix A zu ersehen, deren erste Zeile im Ausartungsfall nur Nullen enthält: aus As=s' folgt $s'=(x_n,\ldots,x_2,0)$.

Daraus ergibt sich nun, daß der Nullzustand 0^n keinen 1-Vorgänger haben kann, denn es ist genau dann As=e, wenn $As+e=0^n$ gilt. Hieraus folgt wegen der Linearität der durch A repräsentierten Zustandsraum-Abbildung sofort, daß keiner der Zustände aus AV^n einen 1-Vorgänger besitzt: Angenommen, es ist s=Ax=Ay+e. Dann gilt $0^n=Ax+Ay+e=A(x+y)+e$, was aber zu einem Widerspruch führt.

Damit ist die Behauptung (e) für die 0-Vorgänger vollständig bewiesen. Auf analoge Weise kann der Beweis für die 1-Vorgänger geführt werden.

$$\#\#$$

Wir merken an, daß der Beweis von (a) konstruktiv ist, der Isomorphismus $f:G_P\to G_Q$ ist als f(s)=Ts, der inverse Isomorphismus $f^{-1}:G_Q\to G_P$ als $f^{-1}(q)=T^{-1}q$ definiert; T ist die Transformationsmatrix von P auf Q.

Beim Register 1.Art P aus Beispiel 7 bilden die Zustände 1,3 und 6 die Basis W (vergl. S.61), so daß

$$T^{-1}=\begin{bmatrix}1 & 1 & 0\\ 0 & 1 & 1\\ 0 & 0 & 1\end{bmatrix} \text{ und } T=\begin{bmatrix}1 & 1 & 1\\ 0 & 1 & 1\\ 0 & 0 & 1\end{bmatrix}.$$

Damit erhalten wir die Isomorphismen $f:G_P\to G_Q$ und $g:G_Q\to G_P$ durch die Tabellen

s :	0	1	2	3	4	5	6	7
f(s):	0	1	3	2	7	6	4	5

q :	0	1	2	3	4	5	6	7
g(q):	0	1	3	2	6	7	5	4

In die Darstellung der Graphen auf Seite 74 sind die Isomorphismen f und g schon dadurch eingegangen, daß die Knoten und ihre Bildknoten jeweils dieselbe Position in den Graphen einnehmen.

Zur Aussage (e) von Satz 9 bemerken wir noch, daß die ungeraden Knoten des Graphen G_R aus Beispiel 7 keinen 0-Vorgänger, die geraden Knoten dagegen keinen 1-Vorgänger besitzen.

Es ist leicht zu sehen, daß mit wachsender Registerlänge der Graph eines Signaturregisters schnell unübersichtlich wird. Das ist übrigens auch der Grund, warum wir im Beispiel 7 vom bisher betrachteten Fall n=4 auf n=3 herabgestiegen sind.

Es sei angemerkt, daß Registergraphen für n=4 und auch noch für n=5,
jedoch ohne Unterscheidung zwischen 0- und 1-Kanten, in /Go/, S.15 und
S.16 dargestellt sind; in /Jo/ findet sich als Beispiel - sogar mit
dieser Unterscheidung - der Graph eines Registers der Länge 4 (Rückführungspolynom x^4+x^3+1).

Geht man aber vom "vollen" Graphen G_R zu den Teilgraphen G_R^o, den wir
den <u>autonomen Graphen</u> von R nennen, und G_R^1 über, deren Knoten wieder
alle Zustände des Registers R sind, die nun aber nur die 0- bzw. nur
die 1-Kanten enthalten, so erhöht sich die Übersichtlichkeit.

Im übernächsten Abschnitt werden wir ausführlich die Struktur des
Graphen G_R^o in Abhängigkeit vom Aufbau des Rückführungspolynoms des
Registers R untersuchen. Zuvor wollen wir aber noch auf einige leicht
zu erschließende graphentheoretische Eigenschaften des Zustandsraumes
eingehen.

<u>Satz 10</u>: (a) Sind S und Q Signaturregister erster bzw. zweiter Art mit
demselben Rückführungspolynom, so sind die beiden Graphen G_S^o
und G_Q^o sowie G_S^1 und G_Q^1 isomorph.
(b) Die Graphen G_R^o und G_R^1 eines Signaturregisters R sind
genau dann zueinander isomorph, wenn das Polynom ersten
Grades x+1 kein Teiler des Rückführungspolynoms r(x) von R
ist.

Beweis. Die Aussage (a) haben wir eigentlich schon im Beweis des Satzes 9a bewiesen. G_S und G_Q sind kantenbewertete Graphen, und der in
jenem Beweis angegebene Isomorphismus kann in einen "G^o-Isomorphismus"
und einen "G^1-Isomorphismus" aufgespalten werden.

Den Beweis für (b) führen wir nun, wie durch (a) gerechtfertigt nur
für Register 1.Art. Sei S ein solches Register der Länge n. Sein
Rückführungspolynom r(x) ist offenbar genau dann als Produkt
r(x)=(x+1)q(x) darstellbar, wenn r(1)=0 gilt. (Wenn x+1 Teiler von
r(x) ist, gilt trivialerweise r(1)=0; andererseits muß im Fall r(1)=0
unter den irreduziblen Faktoren von r ein Polynom p mit p(1)=0
vorkommen - aber x+1 ist das einzige irreduzible Polynom mit dieser
Eigenschaft.) Dies ist dann und nur dann der Fall, wenn die Anzahl der
nicht verschwindenden Koeffizienten von r gerade ist. Da zu jedem
Koeffizienten mit Ausnahme des höchsten in S genau eine Rückkopplung
gehört, ist r(x) folglich genau dann durch x+1 teilbar, wenn die Anzahl der Rückkopplungen in S ungerade ist.

Sei zunächst $x+1$ kein Teiler von $r(x)$. Wir behaupten, daß in diesem Fall die Abbildung $s \to \bar{s}$, die jedem Zustand s sein Komplement zuordnet, das komponentenweise zu bilden ist ($\bar{0}=1$ und $\bar{1}=0$!), das Verlangte leistet, also einen Isomorphismus von G_S^0 auf G_S^1 definiert. Offensichtlich ist diese Abbildung eineindeutig, und jeder Zustand aus V^n tritt dabei als Bild auf.

Wir müssen noch zeigen, daß der Zustand s' genau dann 0-Nachfolger eines Zustandes s ist, wenn $\bar{s}'$ der 1-Nachfolger von $\bar{s}$ ist.

Sei $s=(s_n, s_{n-1}, \ldots, s_2, s_1)$. Der 0-Nachfolger von s ist dann der Zustand $s'=(s_{n-1}, \ldots, s_1, s_0)$, wobei $s_0 = r_0 s_n + \ldots + r_{n-1} s_1$.
Da von den Koeffizienten r_j der Rückführungsfolge nach Voraussetzung nur eine gerade Anzahl (etwa $r_{j_1}, \ldots, r_{j_{2k}}$) nicht verschwindet, gilt auch $s_0 = r_0 \bar{s}_n + \ldots + r_{n-1} \bar{s}_1$. Ist die Anzahl e_s der Einsen in der Folge $(s_{j_1}, \ldots, s_{j_{2k}})$ gerade (bzw. ungerade), so gilt $s_0=0$ (bzw. $s_0=1$). Mit e_s ist aber auch die Anzahl $n_s = 2k - e_s$ der Nullen in dieser Folge gerade (ungerade).
Da n_s nun aber nach Definition genau die Anzahl der Einsen in der Folge $(\bar{s}_{j_1}, \ldots, \bar{s}_{j_{2k}})$ ist, haben wir tatsächlich $(\bar{s}_{n-1}, \ldots, \bar{s}_1, s_0)$ als 0-Nachfolger von $\bar{s}$. Dann ist aber $\bar{s}' = (\bar{s}_{n-1}, \ldots, \bar{s}_1, \bar{s}_0)$ offensichtlich der 1-Nachfolger von $\bar{s}$. Ganz analog verläuft die Betrachtung des 1-Nachfolgers.

Um den Beweis zu vervollständigen, müssen wir noch zeigen, daß G_S^0 und G_S^1 nicht isomorph sein können, wenn $x+1$ ein Teiler von $r(x)$ ist, das Register S also eine ungerade Anzahl von Rückkopplungen hat. Man sieht leicht, daß in diesem Fall kein Zustand der 1-Nachfolger von sich selbst ist: Die einzigen "Kandidaten" für Zustände mit $s=s^{(1)}$ sind 0^n und 1^n, denn ein "Wechsel" $s_i \neq s_{i+1}$ für $i=1,2,\ldots,n-1$ hat stets $s \neq s^{(1)}$ (auch $s \neq s^{(0)}$!) zur Folge. Der Zustand 0^n hat nun aber, wie schon oben erwähnt, den 1-Nachfolger $0^{n-1}1$, und der Zustand 1^n, der also auf allen rückgekoppelten Positionen (deren Anzahl ist nach Voraussetzung ungerade !) Einsen hat, geht bei Eingabe einer Eins in $1^{n-1}0$ über. Da andererseits nun der Nullzustand stets 0-Nachfolger von sich selbst ist, können G_S^0 und G_S^1 nicht isomorph sein.

$$\#\#$$

Wir merken an, daß in den Graphen aus Beispiel 7 beide Fälle vertreten sind. Wir wollen noch darauf hinweisen, daß für ein beliebiges Signaturregister R von den in Satz 9 aufgezählten Eigenschaften des Graphen G_R beim Übergang zu den Teilgraphen G_R^0 bzw. G_R^1 der starke Zusammenhang

im allgemeinen verlorengeht: G_R^0 ist niemals stark zusammenhängend, da
vom Nullzustand aus kein anderer Knoten erreichbar ist. Andererseits
hat von allen Registern R, für die G_R^0 und G_R^1 nicht isomorph sind, nur
das Paritätsregister P (Rückführungspolynom x+1, vergl. 2.1.1.) einen
stark zusammenhängenden "1-Graphen" G_P^1, in allen anderen Fällen ist
auch G_R^1 nicht stark zusammenhängend.

Wir wollen noch bemerken, daß natürlich auch allgemeiner für einen
linearen Automaten mit eindimensionalem Eingaberaum der Automatengraph
G_L in einen O-Graphen G_L^0 und einen 1-Graphen G_L^1 aufgespalten werden
kann. Offensichtlich läßt sich Satz 10a dann zu folgender Aussage
verallgemeinern, auf die wir in 2.1.6. noch zurückkommen werden:

Sind die kantenbewerteten Graphen G_L und $G_{L'}$ zweier linearer
Automaten L und L' isomorph, so gilt auch $G_L^0 \cong G_{L'}^0$ und $G_L^1 \cong G_{L'}^1$.

Im folgenden wollen wir zeigen, daß dem Zustandsraum eines Signaturregisters auch eine Ringstruktur aufgeprägt werden kann, die ihn in
bestimmten Fällen sogar zu einem Körper macht. Dabei machen wir
Gebrauch vom Restklassenring $\mathscr{R}_r$ aller Polynome in einer Unbestimmten x
mit Koeffizienten aus dem GF(2) nach einem Polynom r(x), den wir im
Abschnitt 1.2.5. betrachtet haben.

Sei R ein Signaturregister der Länge n mit dem Rückführungspolynom r.
Offensichtlich bestehen der Zustandsraum V^n von R und der Restklassenring $\mathscr{R}_r$ jeweils aus 2^n Elementen. Beide sind n-dimensionale Vektorräume über dem GF(2). Im Restklassenring $\mathscr{R}_r$ bilden offenbar die Restklassen, die von den Polynomen $1,x,x^2,\ldots,x^{n-1}$ repräsentiert werden,
eine Basis P. Auf der anderen Seite betrachten wir im Zustandsraum
von R die Basis $B=\{b_0,\ldots,b_{n-1}\}$, die wie folgt definiert ist:

$$b_0 = 0^{n-1}1, \quad b_j = A^j b_0 \quad \text{für } j=1,\ldots,n-1 \; ;$$

dabei ist A die Systemmatrix von R. Bezüglich dieser Basis wird die
durch das Register R realisierte lineare Abbildung des V^n auf sich
durch eine Matrix der Form (18) dargestellt. Ist R ein Signaturregister 2.Art, so ist B gerade die kanonische Basis, und A selbst liegt
in der Form (18) vor. Für ein Register 1.Art haben wir die Konstruktion von B schon in der Bemerkung zu Satz 7 ausgeführt, hier gilt
$b_i = w_i$ für $i=0,\ldots,n-1$ (vergl. S. 61).
Dort hatten wir als Eigenschaft 2 neben $Aw_j = w_{j+1}$ für $j=0,\ldots,n-2$ auch
$Aw_{n-1} = r_0 w_0 + \ldots + r_{n-1} w_{n-1}$ erwähnt. Diese Gleichung, die für ein Register

2.Art hinsichtlich der kanonischen Basis offensichtlich ist, gilt demnach allgemein für unsere Basis B. Da wir sie später mehrfach benötigen werden, wollen wir die Beziehungen zwischen den Vektoren dieser Basis und der Systemmatrix A noch einmal aufschreiben:

$$A^j b_0 = A b_{j-1} = b_j \text{ für } j=1,\ldots,n-1, \text{ und } A b_{n-1} = r_0 b_0 + r_1 b_1 + \ldots + r_{n-1} b_{n-1}. \quad (30)$$

Sei nun C eine Restklasse aus $\mathcal{R}_r$. Dann kann C durch ein Polynom p_C repräsentiert werden, dessen Grad nicht größer als n-1 ist:

$$p_C(x) = c_0 + c_1 x + \ldots + c_{n-1} x^{n-1}.$$

Wir führen nun eine Abbildung $z: \mathcal{R}_r \to K^n$ ein, die jeder Restklasse C den Zustand von R zuordnet, dessen Koordinaten bezüglich der Basis B gerade die Koeffizienten von p_C sind:

$$z(C) = c_0 b_0 + c_1 b_1 + \ldots + c_{n-1} b_{n-1}.$$

Da die Koeffizienten von p_C aber gerade die Koordinaten von C hinsichtlich der Basis P sind, werden durch die Abbildung z insbesondere die Basisvektoren aus P in die entsprechenden Vektoren der Basis B überführt. Folglich ist z eine lineare Abbildung, ein Vektorraum-Isomorphismus von $\mathcal{R}_r$ auf V^n.

In $\mathcal{R}_r$ ist neben der Vektorraumstruktur noch das Produkt von Restklassen erklärt, wodurch $\mathcal{R}_r$ zu einer kommutativen Algebra wird. Wenn wir die Multiplikation mit den beiden Körperelementen einmal ausklammern (sie läßt sich als Spezialfall der Restklassenmultiplikation für die Klassen ansehen, die durch die Polynome 0 und 1 repräsentiert werden), so ist $\mathcal{R}_r$ mit seiner Addition und Multiplikation ein kommutativer Ring.
Diese Struktur übertragen wir auf den Zustandsraum von R, indem wir die Abbildung z einfach zu einem Ring-Isomorphismus machen.
Wir erinnern daran, daß das Produkt $C' \cdot C$ zweier Restklassen aus $\mathcal{R}_r$ durch das Produkt zweier Repräsentantenpolynome repräsentiert wird:
Seien

$$p_{C'}(x) = c_0' + c_1' x + \ldots + c_{n-1}' x^{n-1} \quad \text{und} \quad p_C(x) = c_0 + c_1 x + \ldots + c_{n-1} x^{n-1}$$

solche Repräsentanten. Das Produkt $p_C \cdot p_{C'}$ kann dann (durch "Spezialisierung" von $p_{C'}$ zum "Multiplikanden" und p_C zum "Multiplikator") auch in folgender Form geschrieben werden:

$$p_{C'}(x) \cdot p_C(x) = c_0 p_{C'}(x) + c_1 x p_{C'}(x) + \ldots + c_{n-1} x^{n-1} p_{C'}(x). \quad (31)$$

Seien nun

$$s'=z(C')=c'_0b_0+c'_1b_1+\ldots+c'_{n-1}b_{n-1} \quad \text{und} \quad s=z(C)=c_0b_0+c_1b_1+\ldots+c_{n-1}b_{n-1},$$

die zu C' und C gehörenden Zustände von R. Damit erhalten wir aus (31) durch Anwendung der Abbildung z

$$z(C') \; z(C)=c_0b_0s'+c_1b_1s'+\ldots+c_{n-1}b_{n-1}s'$$

$$=c_0b_0s'+c_1Ab_0s'+\ldots+c_{n-1}A^{n-1}b_0s' \quad \text{wegen (30)}.$$

Das Einselement im Ring $\mathcal{R}_r$ ist $C_1=z^{-1}(b_0)$, folglich ist b_0 auch das Einselement in der soeben definierten Multiplikation im Zustandsraum. Durch Weglassen von b_0 schreiben wir diese Definition noch einmal in etwas übersichtlicherer Weise:

$$s' \cdot s=c_0s'+c_1As'+\ldots+c_{n-1}A^{n-1}s'. \tag{32}$$

Dies ist nun ein Zustand unseres Registers, der seinerseits durch seine Koordinaten $p_0,p_1,\ldots,p_{n-1}$ bezüglich der Basis B ausgedrückt werden kann. Wenn wir darauf die inverse Abbildung z^{-1} anwenden, kommen wir zu einer Restklasse C_p, die durch das Polynom

$$p(x)=p_0+p_1x+\ldots+p_{n-1}x^{n-1}$$

repräsentiert wird. Damit unsere Produktdefinition (32) korrekt ist, muß noch gezeigt werden, daß diese Klasse mit der Restklasse C'·C, die von dem durch (31) beschriebenen Produktpolynom (dessen Grad nicht größer als $2(n-1)$ ist) repräsentiert wird, zusammenfällt.

Ein wesentlicher Schritt dieses Korrektheitsbeweises ist getan, wenn wir ihn für $s=b_1$ führen. Für diesen speziellen Fall haben wir $c_0=c_2=\ldots=c_{n-1}=0$ und $c_1=1$, und nach (32) gilt $s'b_1=As'$. Das Produktpolynom (31) nimmt in diesem Fall die folgende Form an, wenn wir beachten, daß b_1 gerade das z-Bild der durch das Polynom x repräsentierten Restklasse C mit $p_C(x)=x$ ist:

$$p_{C'}(x) \cdot p_C(x)=p_{C'}(x) \; x=c'_0x+c'_1x^2+\ldots+c'_{n-1}x^n.$$

Aus dem Zusammenhang (30) zwischen unserer Basis B und der System-matrix A folgt nun aber:

$$s'b_1 = As' = A(c_0'b_0 + c_1'b_1 + \ldots + c_{n-2}'b_{n-2} + c_{n-1}'b_{n-1})$$

$$= c_0'Ab_0 + c_1'Ab_1 + \ldots + c_{n-2}'Ab_{n-2} + c_{n-1}'Ab_{n-1}$$

$$= c_0'b_1 + c_1'b_2 + \ldots + c_{n-2}'b_{n-1} + c_{n-1}'(r_0b_0 + r_1b_1 + \ldots + r_{n-1}b_{n-1}).$$

Durch Anwendung von z^{-1} kommen wir von diesem Zustand zur Restklasse C_p, die durch folgendes Polynom repräsentiert wird:

$$p(x) = c_0'x + c_1'x^2 + \ldots + c_{n-2}'x^{n-1} + c_{n-1}'(r_0 + r_1x + \ldots + r_{n-1}x^{n-1})$$

$$= c_0'x + c_1'x^2 + \ldots + c_{n-2}'x^{n-1} + c_{n-1}'x^n + c_{n-1}'(r_0 + r_1x + \ldots + r_{n-1}x^{n-1} + x^n)$$

$$= xp_C'(x) + c_{n-1}'r(x).$$

Das bedeutet aber, daß die Polynome $p(x)$ und $xp_C'(x)$ sich nur durch ein Vielfaches des Polynoms r unterscheiden und folglich dieselbe Restklasse in $\mathcal{R}_r$ repräsentieren, was gerade zu zeigen war.

Durch vollständige Induktion kann nun der Korrektheitsbeweis auf ein beliebiges Produkt (32) übertragen werden, auf die explizite Ausführung wollen wir verzichten.

Damit ist durch (32) unabhängig von den Repräsentanten der Restklassen aus $\mathcal{R}_r$ ein Produkt für Zustände erklärt. Da wir $z(C' \cdot C) = z(C') \cdot z(C)$ bewiesen haben, ist diese Abbildung ein Ring-Isomorphismus von $\mathcal{R}_r$ auf den Zustandsraum. Folglich bildet dieser bezüglich der komponentenweise definierten Summe und des Zustandsproduktes einen kommutativen Ring.

Wie üblich führen wir über das Zustandsprodukt auch eine Zustandspotenz ein:

$$s^0 = b_0 = 0^{n-1}1, \qquad s^{k+1} = s^k \cdot s.$$

Insbesondere gilt dann $b_1^0 = b_0$, $b_1^1 = b_1 = Ab_0$, $b_1^2 = b_1b_1 = Ab_1 = A^2b_0$ und allgemein $b_1^j = A^jb_0$ für $j \geq 0$.

Einige wichtige Eigenschaften des Zustandsproduktes, die wir teilweise schon erwähnt haben, wollen wir für spätere Anwendungen in dem folgenden Satz zusammenstellen. Außer Ergebnissen der vorrangegangenen Untersuchungen enthält dieser Satz noch Resultate, die sich aus den entsprechenden Eigenschaften des Restklassenringes (vergl. 1.2.5.) ergeben.

Satz 11: (a) Ist R ein Signaturregister der Länge n mit dem Rückführungspolynom r und der Systemmatrix A, so bildet sein Zustandsraum mit der komponentenweise erklärten Addition und
der durch (32) definierten Multiplikation einen kommutativen
Ring, der dem Restklassenring $\mathcal{R}_r$ isomorph ist.

(b) Der Zustand $e = 0^{n-1}1$ ist das Einselement bezüglich dieser
Multiplikation. Auch sein 0-Nachfolger $a = Ae$ ist ein ausgezeichnetes Element im Zustandsraum: Ein beliebiger Zustand s
von R hat den 0-Nachfolger as und den 1-Nachfolger $as+e$.

(c) Ist R nicht ausgeartet, so gibt es eine Zahl l mit $n \leqslant l < 2^n$
und $a^l = e$. Die kleinste Zahl l mit diesen Eigenschaften heißt
die <u>Ordnung</u> von R. Die Zustände $e, a, a^2, \ldots, a^{l-1}$ bilden bezüglich der Zustandsmultiplikation eine Gruppe.

(d) Wenn r irreduzibel ist, so ist der Zustandsraum ein Körper, der dem (bis auf Isomorphie eindeutig bestimmten) $GF(2^n)$
isomorph ist.

(e) Ist r sogar primitiv, so hat R die Ordnung $2^n - 1$, und die
multiplikative Gruppe G dieses Körpers wird von a erzeugt.
Das bedeutet, daß die $2^n - 1$ von Null verschiedenen Zustände in
eindeutiger Weise als Potenzen a^j mit $0 \leqslant j < 2^n - 2$ darstellbar
sind.

(f) Ist $r(x) = x$ und r irreduzibel, aber nicht primitiv, so
ist die Ordnung l von R ein echter Teiler von $2^n - 1$, aber kein
Teiler einer Zahl $2^m - 1$ mit $m < n$. In diesem Fall bilden die
Potenzen $a^0, \ldots, a^{l-1}$ eine Untergruppe G' von G, und G ergibt
sich als Vereinigung der $k = (2^n - 1)/l$ Restklassen bezüglich G',
die ihrerseits jeweils l Elemente enthalten.

Um noch andere Charakterisierungen der Ordnung zu erhalten, weisen wir
darauf hin, daß beim Isomorphismus z^{-1} vom Zustandsraum auf den Restklassenring $\mathcal{R}_r$ gerade die Zustände a^j auf die durch x^j repräsentierten
Klassen abgebildet werden (insbesondere der Einszustand e auf die
Klasse des "unechten" Polynoms 1), während das Bild des Nullzustandes
gerade die Klasse aus allen Vielfachen des Rückführungspolynoms r
bildet. Ist R nicht ausgeartet, so folgt aus der Definition der Ordnung von R, daß diese die kleinste Zahl l mit $a^l + e = 0^n$ ist. Daraus
ergibt sich aber nach den vorher erwähnten Eigenschaften des Isomorphismus z^{-1}, daß l dann auch die kleinste Zahl ist, für die $r(x)$ das
Polynom $x^l + 1$ teilt. Demnach ist die Ordnung von R gerade der Exponent,
zu dem r gehört.
Andererseits folgt aus $A^i e = a^i = e$ auch $A^i s = s$ für jeden Zustand s von R.
Damit haben wir bewiesen:

Satz 12: Die Ordnung eines Signaturregisters R mit dem Rückführungspolynom r und der Systemmatrix A ist die kleinste positive
Zahl l, für die
(a) jeder Zustand s von R die Gleichung $A^l s=s$ erfüllt und
(b) das Polynom x^l+1 durch r(x) ohne Rest teilbar ist.

Zur Aussage (a) bemerken wir noch, daß es durchaus spezielle Zustände s' geben kann, für die ein m<l mit $A^m s'=s'$ existiert. Auf nähere Einzelheiten gehen wir im übernächsten Abschnitt ein.

Wir wollen außerdem noch anmerken, daß man die Ordnung eines Signaturregisters auch auf direktem Wege über die Eigenschaft (a) aus Satz 12 hätte definieren können. Die Gleichwertigkeit der Bedingungen (a) und (b) kann ebenfalls ohne Verwendung der Zustandsmultiplikation (also ohne den Umweg über den Restklassenring) allein mit Hilfsmitteln der linearen Algebra bewiesen werden: Es ist genau dann $A^l s=s$, wenn die Beziehung $A^l s+s=0^n$ erfüllt ist, und das ist dann und nur dann der Fall, wenn $(A^l+I)s=0^n$ gilt. Dies kann aber für beliebige Zustände s nur dann gelten, wenn (A^l+I) die Nullmatrix ist. Das bedeutet nun aber, daß das Polynom x^l+1 ein annullierendes Polynom der Matrix A ist. Weil nach Folgerung 5.1 aber das charakteristische und das Minimalpolynom für die Systemmatrix eines Signaturregisters stets übereinstimmen, so ist x^l+1 ein Vielfaches des charakteristischen Polynoms von A, also (nach Satz 5) des Rückführungspolynoms.

Es ist leicht einzusehen, daß dieser Schluß auch umgekehrt werden kann: Ist das Rückführungspolynom ein Teiler des Polynoms x^l+1, so ist (als Folgerung aus dem Satz von Cayley-Hamilton, vergl.1.2.6.) auch x^l+1 ein annullierendes Polynom für die Systemmatrix A. Das bedeutet aber $A^l+I=\underline{0}$; daher ist $A^l=I$, und folglich gilt auch $A^l s=s$ für jeden Registerzustand. Damit ist auch dieser mit schwächeren Mitteln geführte Beweis von Satz 12 vollständig.

$\underline{2}$.1.4. Dekomposition von Signaturregistern mit reduziblem
Rückführungspolynom

Bis hierher haben wir uns nicht dafür interessiert, ob das Rückführungspolynom eines Signaturregisters reduzibel ist (vergl.1.2.5.),
also in Faktoren zerlegt werden kann, oder nicht. In den nächsten
Abschnitten werden wir sehen, daß die Struktur der Zustandsräume von
Signaturregistern mit irreduziblen Rückführungspolynomen im allgemeinen wesentlich übersichtlicher ist als im reduziblen Fall.

Im folgenden wollen wir uns auf lineare Automaten mit eindimensionaler
Ein- und Ausgabe und der Ein-Ausgangsmatrix $D=(0)$ beschränken. Für
solche Automaten definieren wir zwei Operationen, mit denen aus
(zunächst zwei, dann mehreren) einfacheren Automaten kompliziertere
aufgebaut werden können. Ziel dieses Abschnittes sind "Dekompositionssätze", durch die Signaturregistern mit reduziblem Rückführungspolynom
ähnliche lineare Automaten zugeordnet werden, die aus einfacheren
"Faktorregistern" zusammengesetzt sind. Diese Sätze werden wir dann im
nächsten Abschnitt bei der Betrachtung der Graphen von autonomen
Signaturregistern mit reduziblem Rückführungspolynom anwenden.
Mit ihrer Hilfe kommen wir auf relativ leichte Weise zu Einsichten
über die Zyklenstruktur dieser Graphen, aus denen wir dann in 2.1.7.
Fehlererkennungseigenschaften herleiten können.

Sei R ein Signaturregister der Länge n mit dem Rückführungspolynom r,
und es sei $r=pq$ eine nichttriviale Zerlegung von r in zwei Faktorpolynome, deren Grad echt kleiner als n ist. Die Signaturregister mit den
Rückführungspolynomen p und q nennen wir dann <u>Faktorregister</u> von R. Um
die Abhängigkeit vom Rückführungspolynom stärker zu betonen, sprechen
wir auch von dem durch p bzw. durch q definierten Faktorregister des
Signaturregisters R.

$L_1=(A_1,B_1,C_1,(0))$ und $L_2=(A_2,B_2,C_2,(0))$ seien lineare Automaten mit
dem Ein- und Ausgaberaum V^1 sowie den Zustandsräumen V^1 und V^m.
Wir sagen, daß der lineare Automat $L=(A,B,C,D)$ eine <u>Vereinigung</u> von L_1
und L_2 ist, wenn folgendes gilt:

  1) L hat den Ein- und Ausgaberaum V^1 und den Zustandsraum V^{1+m},
  2) $A=\begin{bmatrix} A_1 & \underline{0} \\ \underline{0} & A_2 \end{bmatrix}$, und $B=\begin{bmatrix} B_1 \\ B_2 \end{bmatrix}$,
     dabei bezeichnet $\underline{0}$ die Nullmatrix des entsprechenden Typs ((1,m)
     bzw. (m,1));
  3) $D=(0)$, und C ist eine beliebige Matrix vom Typ (1,1+m).

Aus der Definition, insbesondere aus dem zweiten Teil der Bedingung 3) ist ersichtlich, daß die Vereinigung von linearen Automaten eine "mehrdeutige Operation" (also streng genommen keine Operation, sondern eine dreistellige Relation) ist. Offensichtlich gibt es genau 2^{1+m} verschiedene Ausgangsmatrizen vom Typ (1,1+m), eingeschlossen die "triviale" Nullmatrix. Folglich existieren zu zwei gegebenen linearen Automaten mit Zustandsräumen der Dimensionen 1 und m genau $2^{1+m}-1$ verschiedene Vereinigungen mit nichttrivialen Ausgangsmatrizen.

Sind die Automaten insbesondere Signaturregister R_1 und R_2, die durch Schaltbilder der Form (B2) oder (B3) (vergl. S. 36 u. 55) dargestellt sind, so kann eine beliebige Vereinigung von R_1 und R_2 wie folgt veranschaulicht werden:

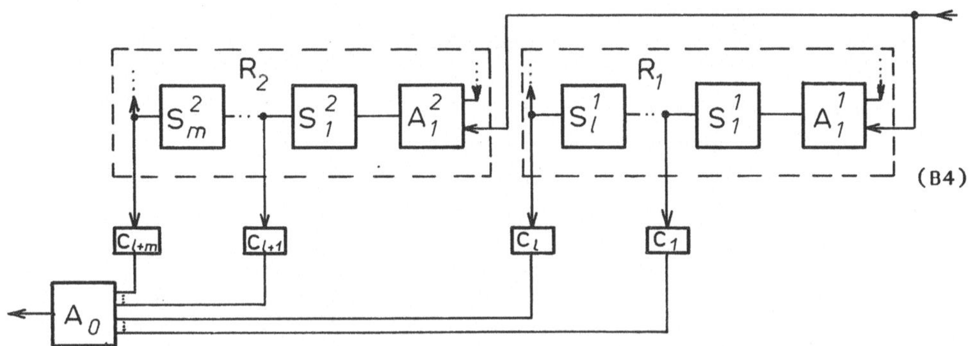

(B4)

Dabei bedeutet $c_j=1$ wieder, daß eine Leitung vom Ausgang des entsprechenden Speicherelementes zu einem Eingang des zusätzlichen Antivalenzgatters A_o vorhanden ist, während $c_j=0$ das Fehlen einer solchen Verbindung anzeigt. Die Ausgangsmatrix der Vereinigung ist dann gerade $C=(c_1,\ldots,c_1,c_{1+1},\ldots,c_{1+m})$.

Satz 13: Zu jedem Signaturregister 2.Art, dessen Rückführungspolynom als Produkt r=pq zweier teilerfremder Polynome darstellbar ist, gibt es eine ähnliche Vereinigung seiner beiden durch p und q definierten Faktorregister.

Den Beweis wollen wir nicht bis in alle Einzelheiten ausführen, sondern nur seine Idee skizzieren. Die gesuchte Ähnlichkeitstransformation erhalten wir wieder durch einen Basisübergang, wie wir ihn schon in der Bemerkung zu Satz 7 beschrieben haben. Im Gegensatz zum Vorgehen bei jenem Satz, wo wir die kanonische Basis als Ziel des Übergangs erhalten hatten, gehen wir nun (weil wir Signaturregister 2.Art haben) von der kanonischen Basis aus.

Sei R ein Signaturregister der Länge $n=l+m$ mit dem Rückführungspolynom

$$r(x)=(x^l+p_{l-1}x^{l-1}+\ldots+p_1x+p_0)(x^m+q_{m-1}x^{m-1}+\ldots+q_1x+q_0).$$

P und Q seien die durch die Polynome p und q definierten Faktorregister, sie haben also die Längen l und m. Wir nehmen ohne Beschränkung der Allgemeinheit an, daß $l\geq m$ gilt.

Die Systemmatrix von R, die durch (18) beschrieben wird, bezeichnen wir mit A. Ferner seien A_1 und A_2 die Systemmatrizen und B_1, B_2 die Eingangsmatrizen der Faktorregister P und Q.

Es wird dann $A_0=\begin{pmatrix} A_1 & \underline{0} \\ \underline{0} & A_2 \end{pmatrix}$ die Systemmatrix und $B_0=(10^{l-1}10^{m-1})^T$ die Eingangsmatrix der zu konstruierenden Vereinigung L_0 von P und Q.

Für $i=0,1,\ldots,n-1$ betrachten wir die Zustandsvektoren $w_i=A_0^iB_0$. Der Zustand w_i wird angenommen, wenn der Automat L_0, beginnend mit dem Anfangszustand B_0, genau i Takte mit der Eingabe 0 abgearbeitet hat. Unter den w_i kommen insbesondere die folgenden Zustände vor:

$$w_0=B_0=\begin{pmatrix}1\\ \vdots\\ 0\\ 0\\ \vdots\\ 0\\ 1\\ \vdots\\ 0\end{pmatrix},\ w_{m-1}=\begin{pmatrix}0\\ \vdots\\ 1\\ 0\\ \vdots\\ 0\\ 0\\ \vdots\\ 1\end{pmatrix},\ w_m=\begin{pmatrix}0\\ \vdots\\ 0\\ 1\\ \vdots\\ 0\\ q_0\\ \vdots\\ q_{m-1}\end{pmatrix},\ w_{l-1}=\begin{pmatrix}0\\ \vdots\\ 0\\ 0\\ \vdots\\ 1\\ \vdots\\ \vdots\\ \vdots\end{pmatrix}\ \text{und}\ w_l=\begin{pmatrix}p_0\\ \vdots\\ p_{m-1}\\ p_m\\ \vdots\\ p_{l-1}\\ \vdots\\ \vdots\\ \vdots\end{pmatrix}.$$

Wir behaupten nun, daß $W=\{w_0,\ldots,w_{n-1}\}$ eine Basis des Zustandsraumes V^n ist. Dabei ist (aus den oberen l Komponenten) unmittelbar ersichtlich, daß die Zustände $w_0,\ldots,w_{l-1}$ linear unabhängig sind. Nicht trivial ist dagegen, daß auch die restlichen m Zustände $w_l,\ldots,w_{n-1}$ hinzugenommen werden können, ohne daß die lineare Unabhängigkeit verlorengeht. Ursache dafür ist gerade die vorausgesetzte Teilerfremdheit von p und q. Auf den Beweis, der beispielsweise durch vollständige Induktion über den Aufbau von p aus irreduziblen Faktoren geführt werden kann, wollen wir verzichten.
Durch Zusammenfassen der (Spalten-)Vektoren aus W erhalten wir dann die Transformationsmatrix $T=(t_{ij})$, mit der W aus der kanonischen Basis $K=\{v_1,\ldots,v_n\}$ gewonnen wird: $w_{j-1}=t_{1j}v_1+\ldots+t_{nj}v_n$ für $j=1,\ldots,n$.

Wir erinnern daran, daß wegen (19) die kanonische Basis auch in der Form $K=\{v_1, Av_1, \ldots, A^{n-1}v_1\}$ dargestellt werden kann. Somit realisiert T zusammen mit der inversen Matrix T^{-1} (die gerade den Übergang von W zu K beschreibt!) die verlangte Ähnlichkeitstransformation $A_o = TAT^{-1}$ der Systemmatrizen.

Da B_o als erste Spalte in der Matrix T auftritt, ist mit der Eingangsmatrix $B=(10^{n-1})^T$ von R auch die Bedingung $B_o = TB$ erfüllt.

Somit ist der Automat $L_o = (A_o, B_o, (0^{n-1}1)T^{-1}, (0))$ die gesuchte Vereinigung von P und Q, die dem Register R ähnlich ist. Da nun jedes Signaturregister der Länge n, insbesondere auch R, die Ausgangsmatrix $C=(0^{n-1}1)$ hat, ist die Ausgangsmatrix $C_o = CT^{-1}$ der Vereinigung L_o gerade die letzte Zeile der inversen Transformationsmatrix T^{-1}.

$$\#\#$$

Beispiel 8: Sei R das Signaturregister 2.Art mit dem reduziblen Rückführungspolynom $r(x)=x^6+x^4+x^3+x^2+1$, das das Produkt der beiden Polynome $p(x)=x^4+x^3+x^2+x+1$ und $q(x)=x^2+x+1$ ist. p und q sind beide irreduzibel und somit teilerfremd.

Das Register R sowie seine beiden durch p und q definierten Faktorregister P und Q werden dann durch die Systemmatrizen A, A_1, A_2 und die Eingangsmatrizen B, B_1, B_2 charakterisiert; eine beliebige Vereinigung L_o von P und Q durch die Matrizen A_o und B_o. Damit gilt:

$$A=\begin{pmatrix} 0&0&0&0&0&1 \\ 1&0&0&0&0&0 \\ 0&1&0&0&0&1 \\ 0&0&1&0&0&1 \\ 0&0&0&1&0&1 \\ 0&0&0&0&1&0 \end{pmatrix} \quad B=\begin{pmatrix} 1 \\ 0 \\ 0 \\ 0 \\ 0 \\ 0 \end{pmatrix} \quad \begin{aligned} A_1 &= \begin{pmatrix} 0&0&0&1 \\ 1&0&0&1 \\ 0&1&0&1 \\ 0&0&1&1 \end{pmatrix} \\[2mm] A_2 &= \begin{pmatrix} 0&1 \\ 1&1 \end{pmatrix} \end{aligned} \quad \begin{aligned} B_1 &= \begin{pmatrix} 1 \\ 0 \\ 0 \\ 0 \end{pmatrix} \\[2mm] B_2 &= \begin{pmatrix} 1 \\ 0 \end{pmatrix} \end{aligned} \quad A_o=\begin{pmatrix} 0&0&0&1&0&0 \\ 1&0&0&1&0&0 \\ 0&1&0&1&0&0 \\ 0&0&1&1&0&0 \\ 0&0&0&0&0&1 \\ 0&0&0&0&1&1 \end{pmatrix} \quad B_o=\begin{pmatrix} 1 \\ 0 \\ 0 \\ 0 \\ 1 \\ 0 \end{pmatrix}$$

Der Automat L_o erzeugt aus B_o bei Nulleingabe der Reihe nach folgende Zustände (wir weisen darauf hin, daß sowohl P als auch Q maximal rückgekoppelte Register sind), die dann als **Spalten** in der Transformationsmatrix T erscheinen:

	Q		P			
$B_o=w_o$:	0	1	0	0	0	1
w_1:	1	0	0	0	1	0
w_2:	1	1	0	1	0	0
w_3:	0	1	1	0	0	0
w_4:	1	0	1	1	1	1
w_5:	1	1	0	0	0	1

$$T=\begin{pmatrix} 1&0&0&0&1&1 \\ 0&1&0&0&1&0 \\ 0&0&1&0&1&0 \\ 0&0&0&1&1&0 \\ 1&0&1&1&0&1 \\ 0&1&1&0&1&1 \end{pmatrix}$$

Die inverse Transformationsmatrix $T^{-1}=(t'_{ij})$ ergibt sich als Lösung der sechs Vektorgleichungen $v_i=t'_{1i}w_0+\ldots+t'_{6i}w_5$, $i=1,\ldots,6$.
Als Beispiele nennen wir, daß $v_6=w_0+w_5$ und $v_2=w_0+w_1+w_5$ gilt, womit die letzte und die zweite Spalte von T^{-1} bestimmt sind. Insgesammt erhalten wir für T^{-1} und die Produktmatrix TA:

$$T^{-1}=\begin{pmatrix} 1 & 1 & 1 & 0 & 0 & 1 \\ 1 & 1 & 1 & 1 & 1 & 0 \\ 1 & 0 & 0 & 1 & 1 & 0 \\ 1 & 0 & 1 & 0 & 1 & 0 \\ 1 & 0 & 1 & 1 & 1 & 0 \\ 1 & 1 & 0 & 1 & 1 & 1 \end{pmatrix} \quad ; \quad TA=\begin{pmatrix} 0 & 0 & 0 & 1 & 1 & 0 \\ 1 & 0 & 0 & 1 & 0 & 1 \\ 0 & 1 & 0 & 1 & 0 & 0 \\ 0 & 0 & 1 & 1 & 0 & 0 \\ 0 & 1 & 1 & 0 & 1 & 1 \\ 1 & 1 & 0 & 1 & 1 & 0 \end{pmatrix}$$

Die Ausgangsmatrix der Vereinigung L_0 wird die letzte Zeile von T^{-1}: $C_0=(110111)$.
Man überprüft leicht, daß tatsächlich $TAT^{-1}=A_0$ gilt.
Zum Abschluß veranschaulichen wir die Konstruktion noch durch Schaltbilder für R und $L_0=(A_0,B_0,C_0,(0))$.

R:

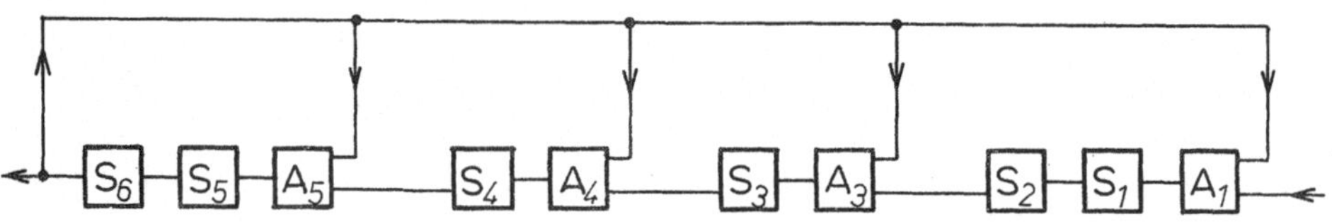

L_0

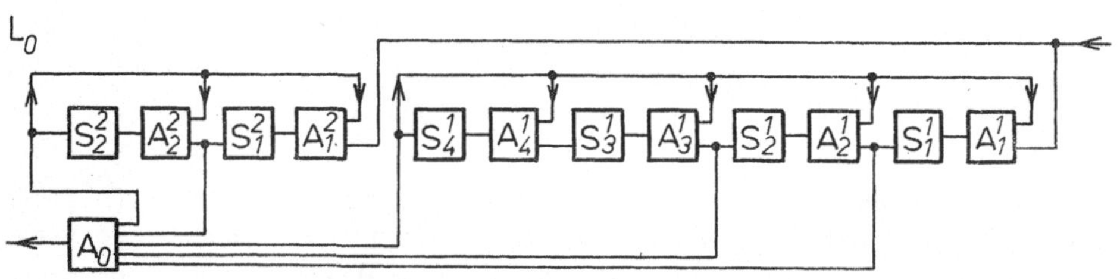

##

Folgerung 13.1: Zu jedem Signaturregister 1.Art, dessen Rückführungspolynom als Produkt $r=pq$ zweier teilerfremder Polynome darstellbar ist, gibt es eine ähnliche Vereinigung seiner beiden durch p und q definierten Faktorregister.

Beweis. Dieses Resultat ergibt sich aus Satz 13 und aus Satz 7 über
die Transitivität der Ähnlichkeit, wir wollen die Konstruktion der
Transformationsmatrix für das Register 1.Art aus den nach diesen
Sätzen existierenden Transformationsmatrizen im folgenden skizzieren.

Das Register 1.Art mit dem Rückführungspolynom r bezeichnen wir mit R,
P und Q seien seine durch p und q definierten Faktorregister. Die
zugehörigen Signaturregister 2.Art, die wiederum r, p und q als Rückführungspolynome haben, wollen wir R', P' und Q' nennen.
Seien nun A_1' und A_2' die Systemmatrizen von P' und Q', $B_1'=(10^{l-1})^T$ und
$B_2'=(10^{m-1})^T$ die Eingangsmatrizen.

$L_0'=(A_0',B_0',C_0',(0))$ mit

$$A_0'=\begin{pmatrix} A_1' & \underline{0} \\ \underline{0} & A_2' \end{pmatrix}\ ,\ B_0'=\begin{pmatrix} B_1 \\ B_2 \end{pmatrix}\ \text{und}\ C_0'=(0^{n-1}1)(T')^{-1}$$

sei die nach dem Beweis von Satz 13 konstruierte Vereinigung von P'
und Q', die zu R' ähnlich ist.
Aus der hierzu gehörenden Transformationsmatrix T', aus den nach Satz 7
existierenden Transformationsmatrizen T_R, T_P und T_Q, die die Ähnlichkeitstransformation von R auf R', P auf P' bzw. Q auf Q' realisieren,
und aus den zugehörigen inversen Matrizen wird nun die Matrix T konstruiert, die uns die gewünschte Ähnlichkeitstransformation von R auf
eine Vereinigung L_0 von P und Q liefert.
Nach Voraussetzung haben auch P und Q die Eingangsmatrizen B_1' und B_2';
A_1 und A_2 seien ihre Systemmatrizen. Wenn wir dann noch die Matrizen

$$A_0=\begin{pmatrix} A_1 & \underline{0} \\ \underline{0} & A_2 \end{pmatrix}\ ,\ T_0'=\begin{pmatrix} T_P^{-1} & \underline{0} \\ \underline{0} & T_Q^{-1} \end{pmatrix}\ ,\ B_0=B_0'\ \text{und}\ C_0=C_0'(T_0')^{-1}$$

einführen und den linearen Automaten $L_0=(A_0,B_0,C_0,(0))$ betrachten, so
gilt:
    (a) L_0 ist eine Vereinigung von P und Q;
    (b) L_0 und L_0' sind ähnlich, und zwar gilt $A_0=T_0'A_0'(T_0')^{-1}$, $B_0=T_0'B_0'$,
       $C_0=C_0'(T_0')^{-1}$.

Die Eigenschaft (a) ergibt sich sofort aus der Definition von A_0,
ebenso die dritte Gleichung aus (b). Man überzeugt sich leicht davon,
daß auch die beiden ersten Gleichungen wegen des speziellen Aufbaus

von T_o' (die Transformationseigenschaften "vererben" sich von den Komponentenmatrizen auf die Gesamtmatrix!) erfüllt sind.

Die letzten Matrizen, die wir noch benennen müssen, seien endlich die Systemmatrizen A und A' von R bzw. R' sowie die beiden Registern gemeinsame Eingangsmatrix $B=(10^{n-1})^T$ und Ausgangsmatrix $C=(0^{n-1}1)$, $n=1+m$.

Wir haben damit drei Transformationsmatrizen T_R, T' und T_o', die folgende Ähnlichkeitstransformationen realisieren: T_R überführt das Register 1.Art R in sein "Partnergegister" 2.Art R', mit T' kommt man von R' zur Vereinigung L_o' seiner Faktorregister P' und Q', und T'_o sorgt für den Übergang von L_o' zu der Vereinigung L_o der Faktorregister 1.Art P und Q von R.

$T=T_o'T'T_R$ liefert uns dann die angestrebte Ähnlichkeitstransformation von R auf L_o:

$$(a) \quad TAT^{-1}=T_o'T'T_RA(T_o'T'T_R)^{-1}=T_o'T'T_RAT_R^{-1}(T')^{-1}(T_o')^{-1}$$

$$=T_o'T'A'(T')^{-1}(T_o)'^{-1}=T_o'A_o'(T_o')^{-1}=A_o;$$

$$(b) \quad TB=T_o'T'T_RB=T'_oT'B'=T_o'B_o'=B_o;$$

$$(c) \quad CT^{-1}=CT_R^{-1}(T')^{-1}(T'_o)^{-1}=C'(T')^{-1}(T_o')^{-1}=C_o'(T_o')^{-1}=C_o.$$

Damit ist die Folgerung bewiesen.

$$\#\#$$

Beispiel 9: R, P und Q seien nun die Signaturregister 1.Art mit den im vorigen Beispiel eingeführten Rückführungspolynomen

$$r(x)=x^6+x^4+x^3+x^2+1, \quad p(x)=x^4+x^3+x^2+x+1 \text{ und } q(x)=x^2+x+1,$$

für die $r=pq$ gilt.

Um die Bezeichnungen aus dem Beweis der letzten Folgerung beibehalten zu können, wollen wir jetzt die im Beispiel 8 betrachteten Signaturregister 2.Art, die die Rückführungspolynome r,p,q haben, mit R',P',Q' benennen.

Ausgehend vom Anfangszustand $w_o=0^51$ nimmt das Register R bei fünfmaliger Nulleingabe nacheinander die unten dargestellten Zustände $w_1,\ldots,w_5$ an.

Diese Zustände liefern uns direkt die Transformationsmatrix T_R^{-1}, und aus der Darstellung der Einheitsvektoren durch diese Zustände (vergl.

etwa Beispiel 5) oder direkt aus den Koeffizienten von r (Beweis von
Satz 7) ergibt sich auch T_R:

$$
\begin{array}{l|cccccc}
 & * & & * & * & * & \\
\hline
w_0: & 0 & 0 & 0 & 0 & 0 & 1 \\
w_1: & 0 & 0 & 0 & 0 & 1 & 0 \\
w_2: & 0 & 0 & 0 & 1 & 0 & 1 \\
w_3: & 0 & 0 & 1 & 0 & 1 & 1 \\
w_4: & 0 & 1 & 0 & 1 & 1 & 0 \\
w_5: & 1 & 0 & 1 & 1 & 0 & 0
\end{array}
\quad,\quad
T_R^{-1}=
\begin{pmatrix}
1 & 0 & 1 & 1 & 0 & 0 \\
0 & 1 & 0 & 1 & 1 & 0 \\
0 & 0 & 1 & 0 & 1 & 1 \\
0 & 0 & 0 & 1 & 0 & 1 \\
0 & 0 & 0 & 0 & 1 & 0 \\
0 & 0 & 0 & 0 & 0 & 1
\end{pmatrix}
\quad,\quad
T_R=
\begin{pmatrix}
1 & 0 & 1 & 1 & 1 & 0 \\
0 & 1 & 0 & 1 & 1 & 1 \\
0 & 0 & 1 & 0 & 1 & 1 \\
0 & 0 & 0 & 1 & 0 & 1 \\
0 & 0 & 0 & 0 & 1 & 0 \\
0 & 0 & 0 & 0 & 0 & 1
\end{pmatrix}
$$

Man prüft leicht nach, daß die ersten fünf Schritte von P mit Nulleingabe aus dem Startzustand 0001 die Zustände 0011, 0110, 1100, 1000 und
0001 erzeugen (alle Speicherelemente sind rückgekoppelt). Bei Q ergeben sich in analoger Weise aus 01 die Folgezustände 11, 10, 01, 11
und 10.
Jede Vereinigung von P und Q geht folglich vom Anfangszustand 010001
bei Nulleingaben in die Zustände 110011, 100110, 011100, 111000 und
100001 über. Damit erhalten wir die Transformationsmatrizen

$$
T_P^{-1}=
\begin{pmatrix}
1 & 1 & 0 & 0 \\
0 & 1 & 1 & 0 \\
0 & 0 & 1 & 1 \\
0 & 0 & 0 & 1
\end{pmatrix}
\quad \text{und} \quad
T_P=
\begin{pmatrix}
1 & 1 & 1 & 1 \\
0 & 1 & 1 & 1 \\
0 & 0 & 1 & 1 \\
0 & 0 & 0 & 1
\end{pmatrix}
\quad,\quad
T_Q^{-1}=T_Q=
\begin{pmatrix}
1 & 1 \\
0 & 1
\end{pmatrix}
\quad \text{sowie}
$$

$$
T_o'=
\begin{pmatrix}
1 & 1 & 0 & 0 & 0 & 0 \\
0 & 1 & 1 & 0 & 0 & 0 \\
0 & 0 & 1 & 1 & 0 & 0 \\
0 & 0 & 0 & 1 & 0 & 0 \\
0 & 0 & 0 & 0 & 1 & 1 \\
0 & 0 & 0 & 0 & 0 & 1
\end{pmatrix}
\quad \text{und} \quad
(T_o')^{-1}=
\begin{pmatrix}
1 & 1 & 1 & 1 & 0 & 0 \\
0 & 1 & 1 & 1 & 0 & 0 \\
0 & 0 & 1 & 1 & 0 & 0 \\
0 & 0 & 0 & 1 & 0 & 0 \\
0 & 0 & 0 & 0 & 1 & 1 \\
0 & 0 & 0 & 0 & 0 & 1
\end{pmatrix}
$$

Zusammen mit der Transformationsmatrix aus dem letzten Beispiel, die
hier T' heißen soll, ergeben dann T_o' und T_R unsere Transformationsmatrix T:

$$
T=T_o' T' T_R=T_o' \cdot
\begin{pmatrix}
100011 \\
010010 \\
001010 \\
000110 \\
101101 \\
011011
\end{pmatrix}
\cdot
\begin{pmatrix}
101110 \\
010111 \\
001011 \\
000101 \\
000010 \\
000001
\end{pmatrix}
=
\begin{pmatrix}
110000 \\
011000 \\
001100 \\
000100 \\
000011 \\
000001
\end{pmatrix}
\cdot
\begin{pmatrix}
101101 \\
010101 \\
001001 \\
000111 \\
100001 \\
011111
\end{pmatrix}
=
\begin{pmatrix}
111000 \\
011100 \\
001110 \\
000111 \\
111110 \\
011111
\end{pmatrix}
$$

Entsprechend wird nun T^{-1} berechnet:

$$T^{-1}=T_R^{-1}(T')^{-1}(T_O')^{-1}=T_R^{-1}\cdot\begin{pmatrix}111001\\111110\\100110\\101010\\101110\\110111\end{pmatrix}\cdot\begin{pmatrix}111100\\011100\\001100\\000100\\000011\\000001\end{pmatrix}=\begin{pmatrix}101100\\010110\\001011\\000101\\000010\\000001\end{pmatrix}\cdot\begin{pmatrix}101101\\101011\\111011\\110011\\110111\\100110\end{pmatrix}=\begin{pmatrix}100011\\101111\\101010\\010101\\110111\\100110\end{pmatrix}$$

Damit kann neben

$$A_O=\begin{pmatrix}111100\\100000\\010000\\001000\\000011\\000010\end{pmatrix}\quad\text{und}\quad B_O=T\cdot\begin{pmatrix}1\\0\\0\\0\\0\\0\end{pmatrix}=\begin{pmatrix}1\\0\\0\\0\\1\\0\end{pmatrix}$$

(auf den Nachweis $A_O=TAT^{-1}$ für die Systemmatrix A von R wollen wir verzichten!) auch die Ausgangsmatrix $C_O=(000001)T^{-1}=(100110)$ angegeben werden, durch die die gesuchte Vereinigung L von P und Q eindeutig festgelegt wird.

Das Ausgangsregister R und diese Vereinigung können durch folgende Schaltbilder veranschaulicht werden:

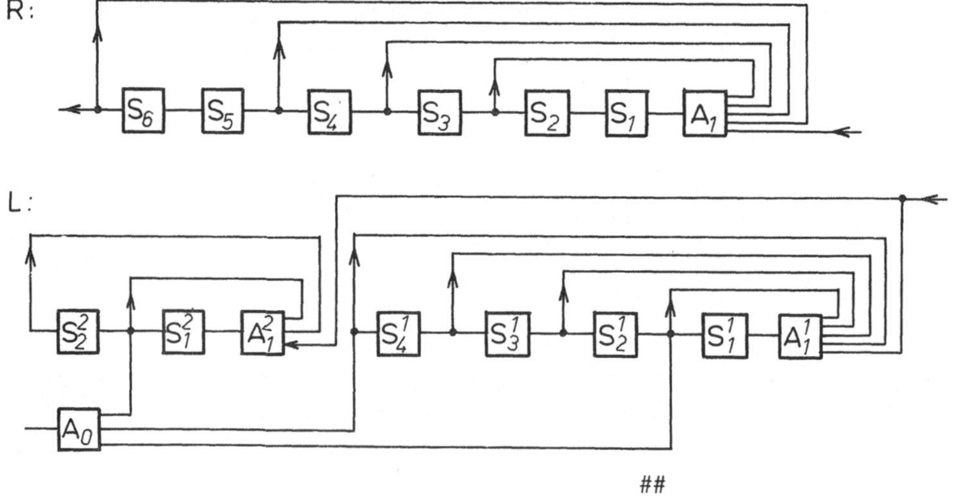

Die zunächst zweistellig definierte Vereinigung von linearen Automaten mit dem Ein- und Ausgaberaum V^1 kann ohne Schwierigkeiten auf eine beliebige Stellenzahl k verallgemeinert werden:

Sind $L_1, L_2, \ldots, L_k$ lineare Automaten mit den Zustandsräumen $V^{n_1}, V^{n_2}, \ldots, V^{n_k}$ und gilt $L_j = (A_j, B_j, C_j, (0))$ für $j = 1, \ldots, k$, so heißt ein linearer Automat $L = (A, B, C, (0))$ mit

$$A = \begin{pmatrix} A_1 & \underline{0} & \cdots & \underline{0} \\ \underline{0} & A_2 & \cdots & \underline{0} \\ \vdots & \vdots & \cdots & \vdots \\ \underline{0} & \underline{0} & \cdots & A_k \end{pmatrix} \quad \text{und} \quad B = \begin{pmatrix} B_1 \\ B_2 \\ \vdots \\ B_k \end{pmatrix} \qquad (33)$$

eine Vereinigung von $L_1, L_2, \ldots, L_k$.

Man überzeugt sich leicht davon, daß die Ideen der Beweise von Satz 13 und Folgerung 13.1 ohne Probleme auf die Vereinigung von mehr als zwei Registern übertragen werden können. Damit erhalten wir:

Folgerung 13.2: Zu jedem Signaturregister, dessen Rückführungspolynom als Produkt $r = p_1 p_2 \cdots p_k$ von paarweise teilerfremden Polynomen darstellbar ist, gibt es eine ähnliche Vereinigung seiner durch $p_1, p_2, \ldots, p_k$ definierten Faktorregister.

Wir wollen daran erinnern, daß die Elementarteiler eines Polynoms r gerade die maximalen Potenzen von irreduziblen Polynomen sind, durch die r noch teilbar ist. Da die Elementarteiler nach Definition paarweise teilerfremd sind, liefert uns die letzte Folgerung noch einen wichtigen Spezialfall:

Folgerung 13.3: Jedes Signaturregister mit reduziblem Rückführungspolynom r ist einer Vereinigung aller derjenigen Faktorregister ähnlich, die durch die Elementarteiler von r definiert werden

Wir wollen noch bemerken, daß die Systemmatrix dieser Vereinigung, die die Form (33) hat, in der Literatur (z.B. /Reu/,/He/) als rational-kanonische Form der Systemmatrix bezeichnet wird.

In 2.1.5. werden wir sehen, daß ein Signaturregister mit einem Rückführungspolynom der Form q^2 im allgemeinen keiner Vereinigung seiner beiden durch q definierten Faktorregister ähnlich ist. Damit ist eine über das Produkt der Elementarteiler hinaus bis zu den irreduziblen Faktoren des Rückführungspolynoms gehende Dekomposition allein mit der Vereinigung von Signaturregistern nicht möglich.
Um eine solche "vollständige" Dekomposition aber dennoch zu erreichen, führen wir eine zweite (diesmal eindeutige) Operation für lineare Automaten ein, die Verkettung.

Seien $L_1=(A_1,B_1,C_1,(0))$ und $L_2=(A_2,B_2,C_2,(0))$ lineare Automaten mit dem Ein- und Ausgaberaum V^1 sowie den Zustandsräumen V^l und V^m.
Als <u>Verkettung</u> von L_1 und L_2 bezeichnen wir dann den linearen Automaten $L=(A,B,C,(0))$ mit dem Ein- und Ausgaberaum V^1 und dem Zustandsraum V^{l+m}, der durch folgende Matrizen charakterisiert ist:

$$1)\ A=\begin{pmatrix} A_1 & \underline{0} \\ J & A_2 \end{pmatrix}$$

dabei ist $\underline{0}$ wieder die Nullmatrix, während J in der rechten oberen Ecke eine Eins und sonst nur Nullen enthält,

$$2)\ B=(10^{l+m-1})^T, \quad C=(0^{l+m-1}1).$$

Ist nun L die Verkettung von L_1 und L_2, so schreiben wir dafür kürzer $L=L_2\circ L_1$. Sind die Automaten insbesondere Signaturregister R_1 und R_2, die durch Schaltbilder der Form (B2) oder (B3) (vergl. S. 36 bzw. 55) dargestellt sind, so kann die Verkettung $R_2\circ R_1$ wie folgt veranschaulicht werden:

(B5)

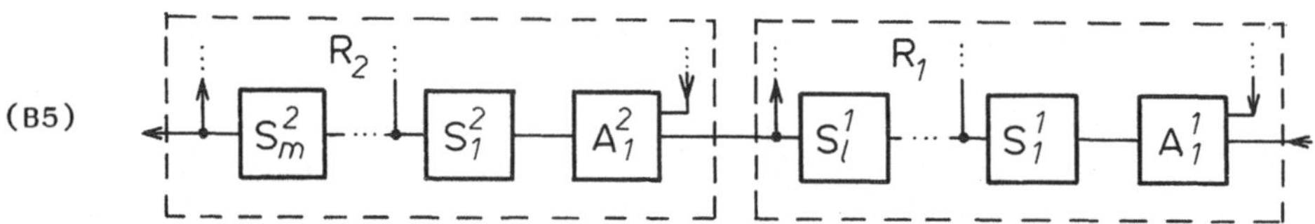

Wir merken an, daß die Verbindung zwischen S_1^1 und A_1^2 durch die Eins in der rechten oberen Ecke der in der Systemmatrix vorkommenden "Übergangsmatrix" J erzeugt wird.

Gegenüber der Vereinigung erscheint die Verkettung zweier linaerer Automaten, insbesondere zweier Signaturregister, hinsichtlich des "Hardware-Aufwandes" etwas einfacher Da hier aber die beiden Komponenten nicht mehr unabhängig voneinander arbeiten, ist die Funktionsweise doch komplizierter als bei der Vereinigung. Wir weisen schon darauf hin, daß sich dieser Komplexitätsunterschied im Abschnitt 2.1.5.1. bei den zugehörigen Operationen für Zyklenmengen bemerkbar machen wird.

Als eine erste Auswirkung können wir aber schon jetzt feststellen, daß die folgende Aussage allgemeiner ist als das entsprechende in Satz 13 und Folgerung 13.1 für die Vereinigung formulierte Resultat.

Satz 14: Jedes Signaturregister, dessen Rückführungspolynom als nichttriviales Produkt r=pq dargestellt werden kann, ist der Verkettung seiner durch p und q definierten Faktorregister ähnlich.

Die Beweisidee ist dieselbe wie für Satz 13 und Folgerung 13.1, doch
ist die Realisierung wesentlich einfacher: Wenn A und A_o die Systemmatrizen des Originalregisters bzw. der Verkettung sind, so sind die
n=1+m Vektoren $v_1, A_o v_1, A_o^2 v_1, \ldots, A_o^{n-1} v_1$ offensichtlich linear unabhängig, da die Eins aus v_1 von der ersten bis zur n-ten Position "hin-
durchgeschoben" wird. Diese Vektoren bilden also eine Basis W_o, die
wiederum als "Partner" der Basis $W = \{v_1, A v_1, \ldots, A^{n-1} v_1\}$ (für Register
2.Art ist dies wegen (19) gerade die kanonische!) zusammen mit jener
die Transformationsmatrix und deren Inverse bestimmt.
Auf nähere Einzelheiten wollen wir nicht eingehen, sondern statt dessen ein weiteres Beispiel zur Illustration heranziehen.

Beispiel 10: Wir kommen nun wieder auf unser zu Anfang betrachtetes
Signaturregister R erster Art zurück, dessen Rückführungspolynom ein
Quadrat ist: $x^4+x^2+1=(x^2+x+1)^2$. Die Systemmatrizen A für R, A' für das
Faktorregister R' von R, und A_o für die Verkettung R_o von R' mit sich
selbst haben dann folgende Gestalt:

$$A = \begin{pmatrix} 0 & 1 & 0 & 1 \\ 1 & 0 & 0 & 0 \\ 0 & 1 & 0 & 0 \\ 0 & 0 & 1 & 0 \end{pmatrix}, \quad A' = \begin{pmatrix} 1 & 1 \\ 1 & 0 \end{pmatrix}, \quad A_o = \begin{pmatrix} 1 & 1 & 0 & 0 \\ 1 & 0 & 0 & 0 \\ 0 & 1 & 1 & 1 \\ 0 & 0 & 1 & 0 \end{pmatrix}$$

Die durch A definierte Basis W, deren Vektoren uns schon in Beispiel 5
als die Spalten der Transformationsmatrix T^{-1} begegnet sind, besteht
aus den Zuständen $z_1=0001$, $z_2=0010$, $z_3=0101$ und $z_4=1010$ (Drehung der
Spaltenvektoren im Uhrzeigersinn, vergl. S.49!). Demgegenüber definiert A_o die Basis W_o, die neben z_1 noch die Zustände $z_2'=0011$, $z_3'=0110$
und $z_3'=1001$ enthält.
Da einerseits $z_2'=z_1+z_2$, $z_3'=z_1+z_2+z_3$ und $z_4'=z_2+z_4$, andererseits aber
$z_2=z_1+z_2'$, $z_3=z_2'+z_3'$ und $z_4=z_1+z_2'+z_4'$ gilt, haben wir
die Transformationsmatrizen

$$T = \begin{pmatrix} 1 & 1 & 1 & 0 \\ 0 & 1 & 1 & 1 \\ 0 & 0 & 1 & 0 \\ 0 & 0 & 0 & 1 \end{pmatrix} \quad \text{und} \quad T^{-1} = \begin{pmatrix} 1 & 1 & 0 & 1 \\ 0 & 1 & 1 & 1 \\ 0 & 0 & 1 & 0 \\ 0 & 0 & 0 & 1 \end{pmatrix}$$

Tatsächlich gilt $TT^{-1}=I$ und

$$TAT^{-1}=T\begin{pmatrix} 0 & 1 & 1 & 0 \\ 1 & 1 & 0 & 1 \\ 0 & 1 & 1 & 1 \\ 0 & 0 & 1 & 0 \end{pmatrix} = \begin{pmatrix} 1 & 1 & 0 & 0 \\ 1 & 0 & 0 & 0 \\ 0 & 1 & 1 & 1 \\ 0 & 0 & 1 & 0 \end{pmatrix} = A_o.$$

Das folgende Schaltbild veranschaulicht die Verkettung R_o:

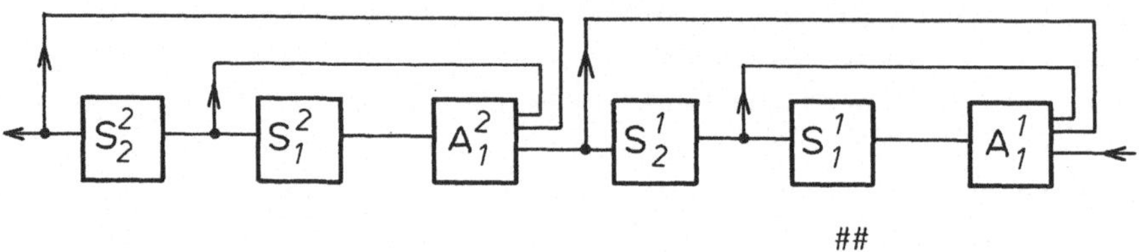

Wie schon die Vereinigung kann auch die Verkettung auf mehr als zwei Argumente erweitert werden:

Es seien $L_1,\ldots,L_m$ lineare Automaten mit V^1 als Ein- und Ausgaberaum. Für $j=1,\ldots,m$ sei die Systemmatrix A_j von L_j vom Typ (n_j,n_j), und es sei $n=n_1+\ldots+n_m$. Die Verkettung von $L_1,\ldots,L_m$ ist dann der lineare Automat $L=(A,(10^{n-1})^T,(0^{n-1}1),(0))$, dessen Systemmatrix gegeben wird durch

$$A=\begin{pmatrix} A_1 & \underline{0} & \cdots & \underline{0} & \underline{0} \\ J & A_2 & \cdots & \underline{0} & \underline{0} \\ : & : & \cdots & : & : \\ \underline{0} & \underline{0} & \cdots & J & A_m \end{pmatrix}.$$

Auch hier läßt sich die Aussage des letzten Satzes wieder ohne Mühe auf die allgemeinere Operation übertragen:

Folgerung 14.1: Jedes Signaturregister, dessen Rückführungspolynom als nichttriviales Produkt $r=p_1p_2\ldots p_m$ dargestellt werden kann, ist der Verkettung seiner durch die Polynome $p_1,\ldots,p_m$ definierten Faktorregister ähnlich.

Auf den Beweis verzichten wir. In Analogie zur Folgerung 13.2 wollen wir den Spezialfall der Zerlegung in irreduzible Faktoren noch einmal separat formulieren:

Folgerung 14.2: Jedes Signaturregister mit reduziblem Rückführungspolynom, das die (nicht notwendig paarweise verschiedenen)
irreduziblen Faktoren $q_1, \ldots, q_m$ hat, ist der Verkettung seiner
durch die Polynome $q_1, \ldots, q_m$ definierten Faktorregister
ähnlich.

Damit haben wir die oben erwähnte vollständige Dekomposition bis zu
den irreduziblen Faktoren mit der Verkettung erreicht. Als einfache
Konsequenz aus den Folgerungen 13.2 und 14.2 ergibt sich nun aber eine
solche Dekomposition auch durch Kombination von Vereinigung und Verkettung. Diese interessante Aussage, auf die wir im nächsten Abschnitt
bei der Untersuchung der Graphen von autonomen Signaturregistern mit
reduziblem Rückführungspolynom zurückkommen werden, wollen wir noch
als Satz formulieren.

Satz 15: Jedes Signaturregister, dessen reduzibles Rückführungspolynom
das Produkt $r = q_1^{e_1} q_2^{e_2} \ldots q_k^{e_k}$ ist, wobei die q_j paarweise verschiedene irreduzible Polynome und alle Exponenten positiv
sind, ist einer Vereinigung der k linearen Automaten ähnlich,
von denen der j-te gerade die e_j-fache Verkettung des durch
q_j definierten Faktorregisters mit sich selbst ist,
$j = 1, \ldots, k$.

Wir bemerken zum Abschluß dieses Abschnittes noch, daß die Systemmatrix eines Signaturregisters, dessen Rückführungspolynom als Produkt
$r = q_1^{e_1} q_2^{e_2} \ldots q_k^{e_k}$ seiner irreduziblen Faktoren erscheint, nach Folgerung 14.2 bzw. Satz 15 speziellen "Normalformen" ähnlich ist, die wie
folgt aus den Systemmatrizen $A_1, A_2, \ldots, A_k$ seiner durch $q_1, q_2, \ldots, q_k$
definierten Faktorregister zusammengesetzt ist:

$$N_X = \begin{pmatrix}
A_1 & \underline{0} & \underline{0} & \cdots & \underline{0} & & \cdots & \underline{0} & & \cdots & \underline{0} & & & \cdots & \underline{0} \\
J & A_1 & \underline{0} & & & & & \vdots & & & \vdots & & & & \vdots \\
\underline{0} & J & A_1 & & & & & & & & & & & & \\
\vdots & \vdots & \vdots & & & & & & & & & & & & \\
\underline{0} & & & J & A_1 & \underline{0} & \underline{0} & \cdots & \underline{0} & \cdots & \underline{0} & & & \cdots & \underline{0} \\
\vdots & & & & \underline{0} & X & A_2 & \underline{0} & & & \vdots & & & & \vdots \\
 & & & & \underline{0} & \underline{0} & J & A_2 & & & & & & & \\
 & & & & \vdots & \vdots & \vdots & \vdots & & & & & & & \\
\underline{0} & & & \underline{0} & & & J & A_2 & \underline{0} & \cdots & \underline{0} & & & \cdots & \underline{0} \\
\vdots & & & \vdots & & & \underline{0} & X & A_3 & & \vdots & & & & \vdots \\
 & & & & & & & \vdots & \vdots & \vdots & \ddots & & & & \\
\underline{0} & & & \underline{0} & & & \underline{0} & & & J & A_{k-1} & \underline{0} & & & \underline{0} \\
\vdots & & & \vdots & & & \vdots & & & \underline{0} & X & A_k & & & \\
 & & & & & & & & & \vdots & \vdots & \vdots & & & \\
\underline{0} & & & \underline{0} & & & \underline{0} & & & & & J & A_k
\end{pmatrix}$$

Dabei ist $X=\underline{0}$, wenn wir die Dekomposition nach Satz 15 zugrunde legen, während bei einer Dekomposition gemäß Folgerung 14.2 $X=J$ sein muß.

Es sei angemerkt, daß als weiteres "Komplexitätskriterium" beim Vergleich zwischen Vereinigung und Verkettung die Anzahl der Einsen in der Normalform N_X genommen werden kann - in diesem Sinne ist die Vereinigung und damit die Dekomposition nach Satz 15 tatsächlich einfacher.

Beispiel 11: Wir betrachten das Polynom

$$r(x)=x^7+x^4+x^2+x+1=(x^3+x+1)(x^2+x+1)^2.$$

Das Signaturregister S erster Art mit dem Rückführungspolynom r hat die Systemmatrix A, die nach Satz 15 der Matrix N_0, nach Folgerung 14.2 aber auch der Matrix N_1 ähnlich ist:

$$A=\begin{pmatrix}
0 & 0 & 1 & 0 & 1 & 1 & 1 \\
1 & 0 & 0 & 0 & 0 & 0 & 0 \\
0 & 1 & 0 & 0 & 0 & 0 & 0 \\
0 & 0 & 1 & 0 & 0 & 0 & 0 \\
0 & 0 & 0 & 1 & 0 & 0 & 0 \\
0 & 0 & 0 & 0 & 1 & 0 & 0 \\
0 & 0 & 0 & 0 & 0 & 1 & 0
\end{pmatrix}, \quad
N_0=\left(\begin{array}{ccc|cccc}
0 & 1 & 1 & 0 & 0 & 0 & 0 \\
1 & 0 & 0 & 0 & 0 & 0 & 0 \\
0 & 1 & 0 & 0 & 0 & 0 & 0 \\
\hline
0 & 0 & 0 & 1 & 1 & 0 & 0 \\
0 & 0 & 0 & 1 & 0 & 0 & 0 \\
0 & 0 & 0 & 0 & 1 & 1 & 1 \\
0 & 0 & 0 & 0 & 0 & 1 & 0
\end{array}\right) \quad
N_1=\left(\begin{array}{ccc|cccc}
0 & 1 & 1 & 0 & 0 & 0 & 0 \\
1 & 0 & 0 & 0 & 0 & 0 & 0 \\
0 & 1 & 0 & 0 & 0 & 0 & 0 \\
\hline
0 & 0 & 1 & 1 & 1 & 0 & 0 \\
0 & 0 & 0 & 1 & 0 & 0 & 0 \\
0 & 0 & 0 & 0 & 1 & 1 & 1 \\
0 & 0 & 0 & 0 & 0 & 1 & 0
\end{array}\right)$$

2.1.5. Autonome Signaturregister

Ein   linearer Automat L=(A,B,C,D) heißt autonom,   wenn die Eingangsmatrix B und die Ein-Ausgangsmatrix D Nullmatrizen der entsprechenden
Dimensionen sind. Für jeden Zustand s sind dann der Folgezustand s'=As
und die Ausgabe y=Cs eindeutig bestimmt.
Ist L'=(A,B',C,D') ein weiterer linearer Automat, der dieselbe System-
und dieselbe Ausgangsmatrix wie L hat, so verhält sich dieser bei der
Eingabe einer Null offensichtlich genauso wie der zugehörige autonome
Automat L. Diese Tatsache nutzen wir für eine vereinfachte Definition
von autonomen Signaturregistern aus.
Wir sagen, daß ein Signaturregister über einen bestimmten Zeitraum
autonom arbeitet, wenn es in jedem Takt dieses Zeitraumes die Eingabe
Null erhält. Wenn der betrachtete Zeitraum aus dem Zusammenhang unmißverständlich hervorgeht bzw. (im Extremfall) als unbeschränkt angesehen werden kann, sprechen wir einfach von einem autonom arbeitenden
oder noch kürzer von einem autonomen Signaturregister.

Es sei nun R ein Signaturregister der Länge n mit dem Rückführungspolynom r und der Systemmatrix A, und s sei ein Zustand von R.

Für das autonome Signaturregister R nennen wir den 0-Nachfolger As
von s einfach den Folgezustand von s. Der Graph des autonomen Registers, dessen Knoten wieder Zustände sind, und dessen Kanten jeden
Zustand mit seinem Folgezustand verbinden, ist dann offensichtlich der
im vorletzten Abschnitt dem (nicht notwendigerweise autonom arbeitenden) Register R zugeordnete autonome Graph G_R^O. Diese Bezeichnung wollen wir auch beibehalten.
Damit kennen wir auch schon einige Eigenschaften der Graphen autonomer
Signaturregister, nämlich solche, die in den Sätzen 9, 10, 11 explizit
für G_R^O formuliert wurden bzw. durch eine graphentheoretische Interpre-
tation dieser Resultate gewonnen werden können. So ist beispielsweise,
wie wir schon erwähnt hatten, der Graph G_R^O niemals stark zusammenhängend, sondern besteht aus mehreren Zusammenhangskomponenten.

Im folgenden wollen wir die Struktur der autonomen Graphen von Signaturregistern in Abhängigkeit vom Rückführungspolynom untersuchen.
Dabei erweist sich eine getrennte Behandlung ausgearteter und nicht
ausgearteter Register als sinnvoll, da die Ergebnisse sich für diese
beiden Registerarten wesentlich voneinander unterscheiden. Diese Tren-
nung findet sich auch in der Literatur (z.B. /Gi/,/Reu/).

Andererseits wollen wir jedoch schon an dieser Stelle darauf hinweisen, daß ganz formal die Ergebnisse für nicht ausgeartete Register als Spezialfälle für den Ausartungsgrad Null (vergl. S. 37) von analogen Resultaten für ausgeartete Register angesehen werden können. Auf diese gemeinsame Betrachtungsweise der beiden Registerarten kommen wir am Ende des Abschnittes 2.1.5.2. noch einmal zurück.

2.1.5.1. Nicht ausgeartete autonome Signaturregister

Wie wir oben gesehen haben, ist ein nicht ausgeartetes Signaturregister dadurch gekennzeichnet, daß seine Systemmatrix A regulär ist. In diesem Fall existiert die inverse Matrix A^{-1}, und der "Vorgänger" s eines Folgezustandes s'=As ergibt sich aus s' durch $s=A^{-1}s'$.
Aus $A0^n=0^n$ und Satz 9d erhalten wir unmittelbar:

<u>Satz 16</u>: Ist R ein autonomes nicht ausgeartetes Signaturregister, so
besteht sein Graph G_R^0 aus mehreren nicht miteinander verbundenen Zyklen. Dabei bildet der Zustand 0^n einen Zyklus der Länge 1.

Im folgenden werden wir einen Zyklus, der einen Zustand s enthält, mit Z_s bezeichnen, insbesondere den im Satz erwähnten "Nullzyklus" mit Z_0. Als "Repräsentanten" eines Zyklus, der mehrere Zustände umfaßt, bevorzugen wir im allgemeinen den Zustand, der die kleinste Oktal- bzw. Hexadezimalzahl im Zyklus angibt, und benutzen auch diese Zahl als Index. So wird Z_1 der Zyklus sein, der den "Einszustand" $0^{n-1}1$ enthält, während Z_2 bzw. Z_3 den Zyklus bezeichnet, in dem $0^{n-2}10$ bzw. $0^{n-2}11$ liegt.
Wir merken an, daß unabhängig vom Rückführungspolynom mindestens einer dieser Zustände zu Z_1 gehört, so daß $Z_2=Z_1$ oder $Z_3=Z_1$ gilt. Wie wir gleich sehen werden, ist auch der Fall $Z_1=Z_2=Z_3$ möglich.

Als <u>Periode eines Zustandes</u> s bezeichnen wir gerade die Länge des Zyklus Z_s, zu dem s gehört. Ist dies die Zahl p, so gilt offenbar $Z_s=(s,As,A^2s,\ldots,A^{p-1}s)$ und $A^ps=s$, deshalb ist auch die Bezeichnung "Periode" gerechtfertigt. Insbesondere ist die Periode des Einszustandes, also die Länge des Zyklus Z_1, gerade die schon früher (in 2.1.3.5) definierte Ordnung des Signaturregisters.

Einen interessanten Zusammenhang zwischen der Ordnung und den Perioden der Zustände eines nicht ausgearteten autonomen Signaturregisters liefert uns die Aussage (a) von Satz 12:

Wenn $A^1 s = s$ für jeden Zustand s eines Registers R gilt, andererseits die Periode p eines speziellen Zustands s' die kleinste positive Zahl mit $A^p s' = s'$ ist, so muß p ein Teiler von 1 sein. Auf der anderen Seite ist 1 aber als die kleinste positive Zahl mit der genannten Eigenschaft definiert. Damit haben wir bewiesen:

Satz 17: Die Ordnung eines nicht ausgearteten autonomen Signaturregisters R ist das kleinste gemeinsame Vielfache der Perioden aller Zustände. Damit hat der Zyklus Z_1 von allen Zyklen des Registers R die größte Länge.

Die schon oben angegebene Darstellung des Zyklus Z_s wollen wir unter Ausnutzung dieses Zusammenhanges noch einmal hervorheben. Wenn $e = 0^{n-1} 1$ und $a = Ae$ ist, so gilt:

Folgerung 17: Ist s ein Zustand eines nicht ausgearteten autonomen Signaturregisters der Ordnung 1, der die Periode p hat, so ist p ein Teiler von 1, und es gilt $Z_s = (s, as, a^2 s, \ldots, a^{p-1} s)$.

Besonders übersichtlich ist die "Zyklenstruktur" von G_R^O dann, wenn das Rückführungspolynom r irreduzibel ist. Für diesen Fall liefern uns die Betrachtungen über irreduzible Polynome in 1.2.5. und die letzten Aussagen von Satz 11 die folgenden Resultate:

Satz 18: Hat das nicht ausgeartete Signaturregister R der Länge n ein irreduzibles Rückführungspolynom, so besteht G_R^O aus Z_O sowie k weiteren Zyklen derselben Länge 1. Dabei ist 1 gerade die Ordnung von R, und es ist $n \leqslant 1 \leqslant 2^n - 1$ und $k1 = 2^n - 1$.

Satz 19: Der Graph G_R^O eines nicht ausgearteten Signaturregisters der Länge n besteht genau dann aus Z_O und dem Zyklus Z_1 mit der Länge $2^n - 1$, wenn das Rückführungspolynom primitiv ist.

Beweis. Wie schon in Satz 11d bemerkt, ist der Zustandsraum unter den Voraussetzungen von Satz 18 dem Körper $GF(2^n)$ isomorph. Da dessen multiplikative Gruppe G zyklisch ist (vergl. 1.2.4.), gibt es auch einen Zustand b von R, so daß $G \cong G' = \{e, b, b^2, \ldots, b^{2-2}\}$. Weil nun der Zyklus $Z_1 = (e, a, a^2, \ldots, a^{1-1})$ nach Satz 11c eine Untergruppe der Ordnung 1 von G' ist, muß für den durch $b^i = a$ bestimmten Exponenten i auch $b^{i \cdot 1} = e$ gelten. Folglich ist i ein Vielfaches von $k = (2^n - 1)/1$.

Ohne Beschränkung der Allgemeinheit können wir zur Vereinfachung $i=k$, also $a=b^k$ annehmen (b kann gerade so gewählt werden). Dann sind aber, wie man leicht sieht,

$$Z_1 = (e, b^k, \ldots, b^{(1-1)k}),$$

$$Z_2 = (b, b^{k+1}, \ldots, b^{(1-1)k+1}),$$

$$\vdots \quad \vdots \quad \vdots \quad \vdots$$

$$Z_{k-1} = (b^{k-1}, b^{2k-1}, \ldots, b^{1k-1})$$

sämtliche von $\dot{Z}_0$ verschiedenen Zyklen aus G_R^o.
Damit ist Satz 18 bewiesen.

Die Richtung von Satz 19, daß bei primitivem Rückführungspolynom alle von 0^n verschiedenen Zustände in einem Zyklus liegen, ist gerade die Aussage von Satz 11e. Für die Gegenrichtung betrachten wir zunächst den Fall, daß das nicht primitive Rückführungspolynom r irreduzibel ist. Nach Satz 11f ist die Ordnung von R dann aber ein echter Teiler von 2^n-1, so daß G_R^o mehr als zwei Zyklen enthalten muß. Ist schließlich r reduzibel und $r=pq$ eine nichttriviale Zerlegung, so führt uns Satz 14 zu demselben Ergebnis: Hat p den Grad l und q den Grad m, so können die Zustände $e=0^{1+m-1}1$ und $s=0^{m-1}10^1$ der zu R ähnlichen Verkettung aus den Faktorregistern zu p und q nicht demselben Zyklus angehören. Wie sich nämlich leicht aus der Definition der Verkettung ergibt, haben alle Folgezustände von e mindestens eine Eins unter den ersten l (rechts liegenden!) Komponenten, während alle Folgezustände von s die Form $x_m \ldots x_1 0^1$ haben.

##

Die im Satz 19 ausgedrückte Eigenschaft, daß alle von 0^n verschiedenen Zustände zu einem Zyklus gehören, motiviert die Bezeichnung "vollständige" Signaturregister für die Register mit primitivem Rückführungspolynom, die in der Literatur anzutreffen ist (z.B. /Le1/, /Gös3/).
Neben einer "guten" Verteilung der Wahrscheinlichkeiten für die Maskierung von Fehlfolgen, die in 2.1.7.3. durch Satz 43 ausgedrückt wird, zeichnen sich diese Register vor allem dadurch aus, daß ihre Impulsantworten (vergl. 2.1.3.4.) recht gut als Pseudozufallsfolgen verwendet werden können. Darauf kommen wir in 3.2. noch zurück.

Beispiel 12: Zu dem in Beispiel 7 betrachteten Signaturregister 2.Art Q mit dem reduziblen Rückführungspolynom $r(x)=x^3+x^2+x+1$ gehört bei autonomer Arbeitsweise der folgende Graph G_Q^o, der aus dem dort angegebenen "vollen" Registergraphen G_Q durch Weglassen der 1-Kanten entsteht:

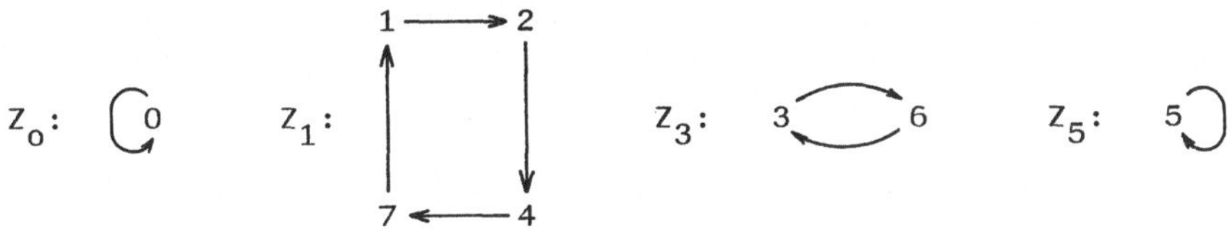

Das Register Q hat also (als Länge des Zyklus Z_1) die Ordnung 4.

Die den Zuständen (durch die Abbildung z^{-1}) zugeordneten Restklassen aus $\mathcal{R}_r$ werden dabei durch folgende Polynome repräsentiert:

0: 0 und x^3+x^2+x+1; 1: 1 und x^3+x^2+x; 2: x; 4: x^2; 7: x^3 und x^2+x+1;

3: $x+1$ und x^3+x^2; 6: x^2+x; 5: x^2+1 und x^3+x.

Wegen "3·5=0", bedingt durch $(x+1)(x^2+1)=x^3+x^2+x+1$, sind 3 und 5 Nullteiler; der Zustandsraum ist also kein Körper.

Das nicht ausgeartete Register R_+, das aus dem ebenfalls in Beispiel 7 vorgestellten ausgearteten Register 2.Art R dadurch entsteht, daß das erste, von keiner Rückkopplung beeinflußte Speicherelement weggelassen wird, hat das primitive Rückführungspolynom x^2+x+1. Sein Graph $G_{R_+}^o$ enthält neben Z_o noch den Dreierzyklus $Z_1=(1,2,3)$, der aus dem Zyklus $(2,4,6)$ in G_R^o (vergl. S. 74) durch Streichen der letzten (rechten) Null entsteht. Das zugehörige Register 1.Art hat nach Satz 9(a) einen zu $G_{R_+}^o$ isomorphen Graphen mit dem Zyklus $Z_1'=(1,3,2)$. In beiden Fällen ist der Zustandsraum (0,1,2,3) dem vierelementigen Körper GF(4) isomorph, seine multiplikative Gruppe wird vom Nachfolger des 1-Zustandes (das ist beim Register 2.Art der Zustand 2, beim Register 1.Art dagegen der Zustand 3) erzeugt.

Primitiv ist auch das Rückführungspolynom x^3+x+1 des Registers S aus dem Beispiel 7. Der zugehörige Graph enthält neben Z_o noch den Zyklus $Z_1=(1,2,5,3,7,6,4)$; der Zustandsraum ist dem GF(8) isomorph, dessen multiplikative Gruppe wird vom Zustand 2 erzeugt.

Das einfachste Beispiel für ein von x verschiedenes irreduzibles, aber
nicht primitives Polynom ist $x^4+x^3+x^2+x+1$, das das Rückführungspolynom
(genau wie x^2+x+1) eines maximal rückgekoppelten Signaturregisters
erster bzw. zweiter Art ist. Dieses hat die Ordnung l=5, denn es ist
$2^4-1=15=3\cdot 5$, aber $3=2^2-1$. Der Graph des autonomen Registers enthält
folglich neben Z_o noch drei Fünferzyklen, die für das Register 1.Art
wie folgt aufgebaut sind:

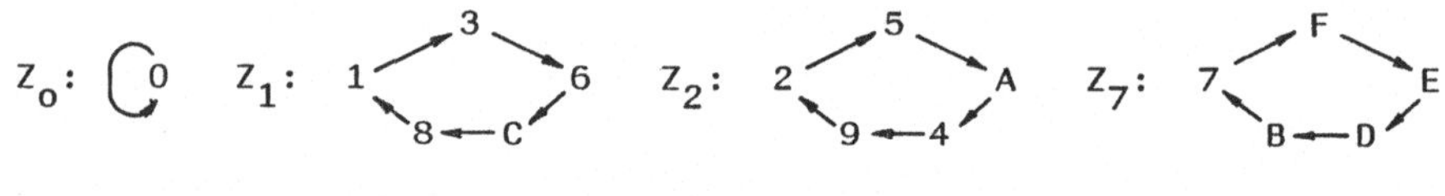

$$Z_o:\ \circlearrowright 0 \qquad Z_1:\ 1 \to 3 \to 6,\ 6 \to C \to 8 \to 1 \qquad Z_2:\ 2 \to 5 \to A,\ A \to 4 \to 9 \to 2 \qquad Z_7:\ 7 \to F \to E,\ E \to D \to B \to 7$$

Die zu den Zuständen aus Z_1 gehörenden Restklassen werden durch folgende Polynome repräsentiert: 1: 1 und $x^4+x^3+x^2+x$, 3: x, 6: x^2,
C: x^3, 8: x^4 und x^3+x^2+x+1.

Der Zustandsraum ist dem Körper GF(16) isomorph, dessen multiplikative
Gruppe durch keinen Zustand aus Z_1 (aber z.B. durch 2) erzeugt wird.

                                                          ##

Im folgenden wollen wir untersuchen, in welcher Weise der Graph eines
autonomen Registers mit reduziblem Rückführungspolynom aus den Graphen
seiner autonomen Faktorregister zusammengesetzt werden kann. Dazu
nutzen wir die Dekompositionsresultate des Abschnittes 2.1.4., insbesondere die Sätze 13, 14, 15 und die Folgerungen daraus. Wir werden
dabei nicht nur Graphen von Signaturregistern, sondern auch Graphen
von Vereinigungen und Verkettungen von Signaturregistern betrachten.

Zur Charakterisierung eines aus Zyklen bestehenden Graphen führen wir
nun den Begriff der <u>Zyklenmenge</u> (vergl. /Gi/,/Reu/,/Le3/,/He/) ein.
Ein <u>Zyklenterm</u> ist ein Ausdruck der Form k/l, in dem k und l natürliche Zahlen sind. l wird dabei als Zykluslänge interpretiert und k als
die Anzahl der (im betrachteten Graphen vorkommenden) Zyklen dieser
Länge l. Zwei Zyklenterme k_1/l_1 und k_2/l_2 heißen <u>gleichnamig</u>, wenn
$l_1=l_2$ gilt.
Eine <u>Zyklenmenge</u> ist eine Menge $M=\{t_1,\ldots,t_m\}$ von Zyklentermen. Eine
<u>reduzierte Zyklenmenge</u> ist schließlich eine Zyklenmenge, die keine
gleichnamigen Zyklenterme enthält.

Als <u>Zyklenmenge eines Graphen</u> G bezeichnen wir diejenige reduzierte
Zyklenmenge $M_G=\{k_1/l_1,\ldots,k_m/l_m\}$, die dadurch charakterisiert ist, daß
G aus jeweils k_i Zyklen der Länge l_i besteht, i=1,...,m.

Ist G dabei der Graph eines linearen Automaten L, so heißt M_G auch die
__Zyklenmenge von L__ (und wird auch mit M_L bezeichnet). Damit ist insbesondere die Zyklenmenge M_R eines Signaturregisters R definiert.
Hat der Automat L gerade z Zustände, so gilt für seine Zyklenmenge
offensichtlich $k_1 l_1 + \ldots + k_m l_m = z$.

Die in Beispiel 12 betrachteten Signaturregister R, Q_+, S und P (mit den
Längen 3,2,3,4) haben die Zyklenmengen

$$M_R = \{2/1, 1/2, 1/4\} \quad (8 \text{ Zustände});$$
$$M_{Q+} = \{1/1, 1/3\} \qquad (4);$$
$$M_S = \{1/1, 1/7\} \qquad (8);$$
$$M_P = \{1/1, 3/5\} \qquad (16).$$

Aus Satz 18 ergibt sich eine einfache Charakterisierung der Zyklenmengen von autonomen nicht ausgearteten Signaturregistern mit einem
irreduziblem Rückführungspolynom.

__Folgerung 18__: Ein nicht ausgeartetes autonomes Signaturregister der
          Länge n, dessen Rückführungspolynom irreduzibel ist und zum
          Exponenten l gehört, hat die Zyklenmenge $\{1/1, k/l\}$, wobei
          $k = (2^n - 1)/l$.

Die entsprechende Aussage für Register mit primitivem Rückführungspolynom, die sich hieraus als Spezialfall oder direkt aus Satz 19
ergibt, soll auch noch einmal explizit formuliert werden.

__Folgerung 19__: Jedes autonome Signaturregister mit einem primitiven
          Rückführungspolynom hat die Zyklenmenge $\{1/1, 1/2^n - 1\}$.

Um den angestrebten Zusammenhang zwischen dem Aufbau des Graphen eines
Signaturregisters mit reduziblem Rückführungspolynom und den Strukturen der Graphen seiner Faktorregister übersichtlich ausdrücken zu können, führen wir Operationen für Zyklenmengen ein.

Für gleichnamige Zyklenterme definieren wir zunächst die __Summe__

$$k_1/l + k_2/l = (k_1 + k_2)/l.$$

Das __Produkt__ zweier Zyklenterme wird definiert durch

$$k_1/l_1 \cdot k_2/l_2 = (k_1 \cdot k_2 \cdot \text{ggT}(l_1, l_2))/\text{kgV}(l_1, l_2), \qquad (34)$$

wobei ggT den größten gemeinsamen Teiler und kgV das kleinste gemeinsame Vielfache bezeichnet.

Damit führen wir dann das Produkt $M \cdot M'$ der beiden Zyklenmengen $M = \{t_1, \ldots, t_m\}$ und $M' = \{t'_1, \ldots, t'_m\}$ ein:
$M \cdot M'$ ist die **reduzierte Zyklenmenge**, die aus der "Produktmenge" $\{t_1 t'_1, \ldots, t_1 t'_m, \ldots, t_m t'_1, \ldots, t_m t'_m\}$, die durch Kombination aller Terme aus M mit allen aus M' erhalten wird, dadurch entsteht, daß gleichnamige Zyklenterme aufsummiert werden.

<u>Satz 20:</u> Sei R ein nicht ausgeartetes autonomes Signaturregister, dessen Rückführungspolynom als Produkt $r = pq$ zweier teilerfremder Polynome darstellbar ist. P und Q seien die von p und q definierten Faktorregister. Dann ist die Zyklenmenge von R gerade das Produkt der Zyklenmengen von P und Q.

Beweis. Da ähnliche lineare Automaten isomorph sind, gilt dies auch für ihre Graphen, insbesondere im autonomen Fall. Offensichtlich haben nun isomorphe Graphen, die aus Zyklen zusammengesetzt sind, dieselbe Zyklenmenge. Nach Satz 13 bzw. Folgerung 13.1 genügt es daher für den Beweis unseres Satzes schon, seine Behauptung für eine Vereinigung R_0 der beiden Faktorregister P und Q unseres gegebenen Registers R zu beweisen. s_1 und s_2 seien Zustände von P und Q, die in Zyklen der Längen l_1 und l_2 auftreten. Offensichtlich liegt der Zustand $s = s_2 s_1$ von R_0 dann in einem Zyklus der Länge $l = \mathrm{kgV}(l_1, l_2)$. Für $i = 1,2$ ist nämlich wegen der Wahl von l_i als Periode von s_i gerade $A^{l_i} s_i = s_i$ und damit auch $A^{m l_i} s_i = s_i$ für einen beliebigen Faktor m, folglich auch $A^l s_i = s_i$. Nach Definition der Systemmatrix A_0 von R_0 ergibt sich daraus $A_0^l s = s$. Andererseits stimmen die Zustände $A_0^i s$ und $A_0^j s$ mit $j \geqslant i$ nur dann (sowohl in den ersten "P-Komponenten" als auch in den letzten "Q-Komponenten") überein, wenn $j - i$ ein gemeinsames Vielfaches der beiden Registerperioden l_1 und l_2 ist. Deshalb sind die Zustände $s, A_0 s, \ldots, A_0^{l-1} s$ paarweise verschieden.

Von den $l_1 \cdot l_2$ Zuständen, die insgesamt zu den beiden durch s_1 und s_2 bestimmten Zyklen gehören, liegen aber nur l Zustände der Vereinigung R_0 in dem Zyklus von $s_2 s_1$. Da nun für beliebige Zahlen l_1, l_2 stets $l_1 \cdot l_2 = \mathrm{kgV}(l_1, l_2) \cdot \mathrm{ggT}(l_1, l_2)$ gilt, ist die Anzahl der Zyklen der Länge l von R_0, die aus den beiden Zyklen von s_1 bzw. s_2 entstehen, gerade $\mathrm{ggT}(l_1, l_2)$. Hieraus ergibt sich nun aber sofort, daß aus k_1 (natürlich paarweise disjunkten!) Zyklen der Länge l_1 von Zuständen des Registers P sowie aus k_2 (ebenfalls disjunkten) Zyklen der Länge l_2 von Q-Zuständen genau so viele R_0-Zyklen der Länge l entstehen, wie das Produkt (34) von Zyklentermen beschreibt. Das kann auch als eine Rechtfertigung dieser Definition angesehen werden!

Jeder Zustand der Vereinigung R_o liegt nun aber in der Form $s=s_2 s_1$ mit Zuständen s_1 von P und s_2 von Q vor. Damit sind, um die Zyklenmengen von R_o zu erhalten, auch alle Zyklen von P mit allen Zyklen von Q zu kombinieren, wie es in der Definition des Produktes von Zyklenmengen gerade vorgesehen ist. Damit ist auch diese Definition gerechtfertigt und der Satz bewiesen.

##

Beispiel 13: In den Beispielen 8 und 9 (Seite 87, 90) hatten wir zu den Registern erster und zweiter Art mit dem Rückführungspolynom

$$x^6+x^4+x^3+x^2+1=(x^4+x^3+x^2+x+1)(x^2+x+1)$$

ähnliche Vereinigungen ihrer Faktorregister konstruiert. Wie wir oben (vergl. Beispiel 12) gesehen haben, gehören zu diesen Faktorregistern die Zyklenmengen $M_1=\{1/1,3/5\}$ und $M_2=\{1/1,1/3\}$. Nach Satz 20 haben dann die Original-Register die Zyklenmenge $M_1 \cdot M_2=\{1/1,1/3,3/5,3/15\}$.

Für das Signaturregister 1.Art wird diese Struktur im Detail wie folg realisiert (Zyklendarstellung hexadezimal, Reihenfolge $s,As,A^2 s,\ldots$):

$$Z_o=(0), \quad Z_{1B}=(1B,36,2D), \quad Z_6=(6,C,18,31,23),$$
$$Z_A=(A,14,29,12,25), \quad Z_{1E}=(1E,3D,3B,37,2F),$$
$$Z_1=(1,2,5,B,16,2C,19,33,26,D,1A,34,28,10,20),$$
$$Z_3=(3,7,E,1D,3A,35,2A,15,2B,17,2E,1C,38,30,21),$$
$$Z_4=(4,9,13,27,F,1F,3F,3E,3C,39,32,24,8,11,22).$$

##

Es läßt sich leicht zeigen, daß das Produkt von Zyklenmengen assoziativ ist, wir wollen das nicht explizit ausführen. Damit kann dann in der üblichen Weise auch das Produkt von mehr als zwei Zyklenmengen eingeführt werden: $M_1 \cdot \ldots \cdot M_t \cdot M_{t+1}=(M_1 \cdot \ldots \cdot M_t)\cdot M_{t+1}$ für $t=1,2,\ldots$.

Aus Satz 19 und Folgerung 13.2 erhalten wir dann unmittelbar:

Folgerung 20.1: Die Zyklenmenge eines nicht ausgearteten autonomen Signaturregisters ist gerade das Produkt der Zyklenmengen, die zu den Faktorregistern der Elementarteiler des Rückführungspolynoms gehören.

Im Beweis von Satz 13 wurde bei der Ähnlichkeitstransformation von einem Signaturregister Q zweiter Art mit dem Rückführungspolynom r=pq, p und q teilerfremd, auf eine Vereinigung Q_o seiner durch p und q definierten Faktorregister dem 1-Zustand $0^{n-1}1$ gerade der Bildzustand

$0^{m-1}10^{l-1}1$ zugeordnet. Wenn das Register Q nicht ausgeartet ist, gilt
dies auch für die Faktorregister, und die Ordnung von Q ist, wie wir
im Beweis von Satz 17 gesehen haben, als Länge des Eins-Zyklus von Q
gerade das kleinste gemeinsame Vielfache der entsprechenden Zyklenlängen, also der Ordnungen der Faktorregister. Dieses Ergebnis kann nun
noch leicht in zwei Richtungen verallgemeinert werden: Da bei der
Ähnlichkeitstransformation zwischen den Registern erster und zweiter
Art mit demselben Rückführungspolynom der 1-Zustand erhalten bleibt
(wie aus dem Beweis bzw. der Bemerkung zu Satz 7 ersichtlich ist),
gilt es ebenfalls für Signaturregister erster Art. Andererseits läßt
es sich (wieder durch vollständige Induktion über die Faktorenzahl)
auf Produkte aus mehr als zwei paarweise teilerfremden Polynomen
übertragen. Ohne dies näher auszuführen, notieren wir:

Folgerung 20.2: Die Ordnung eines nicht ausgearteten autonomen Signaturregisters, dessen Rückführungspolynom als Produkt
$r=p_1p_2\cdots p_k$ von paarweise teilerfremden Polynomen dargestellt
werden kann, ist das kleinste gemeinsame Vielfache der Ordnungen der k Faktorregister, die durch die Polynome $p_1,\ldots,p_k$
definiert werden.

Wie schon im Abschnitt 2.1.4. wollen wir nun die Zerlegung eines
reduziblen Rückführungspolynoms bis auf seine Elementarteiler, die mit
Folgerung 20.1 vorliegt, bis zur Zerlegung in die irreduziblen Faktoren verfeinern. Ganz analog zur dort betrachteten Vereinigung hilft
uns auch hier die Multiplikation von Zyklenmengen nicht weiter. Das
Produkt $M \cdot M$ einer Zyklenmenge mit sich selbst kann zwar formal gebildet werden, doch erfüllt es nicht mehr die Aussage von Satz 20: Das
schon erwähnte "Paritätsregister" der Länge 1 mit dem Rückführungspolynom x+1 hat offensichtlich die Zyklenmenge $M=\{2/1\}$. Nach unserer
Produktdefinition ist dann $M \cdot M=\{4/1\}$ und $M \cdot M \cdot M=\{8/1\}$, während jedoch
die Signaturregister mit den Rückführungspolynomen $(x+1)^2=x^2+1$ und
$(x+1)^3=x^3+x^2+x+1$ (vergl. Beispiel 12) die Zyklenmengen $\{2/1,1/2\}$ bzw.
$\{2/1,1/2,1/4\}$ haben.

Für Potenzen von Polynomen benötigen wir daher eine neue Operation mit
Zyklenmengen, die wir als <u>Iteration</u> bezeichnen wollen. Da diese Operation nur für Zyklenmengen von irreduziblen Polynomen benötigt wird,
beschränken wir uns (anders als bei der Einführung der Verkettung in
2.1.4.!) nur auf diesen Fall.

Sei $M=\{1/1,((2^m-1)/1_1)/1_1\}$ die Zyklenmenge eines Registers mit irreduziblem Polynom $p(x)=x^m+p_{m-1}x^{m-1}+\ldots+p_1x+1$ vom Grad $m \geqslant 1$.

Für eine natürliche Zahl $e \geqslant 1$ ist dann die <u>e-fache Iteration von M</u> gerade die reduzierte Zyklenmenge M^e, die aus der Zyklenmenge

$$M^{(e)} = \{1/1, ((2^m-1)/1_1)/1_1, ((2^{2m}-2^m)/1_2)/1_2, \ldots, ((2^{em}-2^{(e-1)m})/1_e)/1_e\} \tag{35}$$

durch die Addition gleichnamiger Zyklenterme entsteht, wobei $1_j = 1_1 \cdot 2^{\lceil \log j \rceil}$ für $j=1,\ldots,e$ gilt.

Beispiel 14: Für die oben betrachtete Zyklenmenge $M = \{2/1\}$ zum Rückführungspolynom $x+1$ ist $m=1_1=1$ (hier liefert unsere allgemeine Darstellung ausnahmsweise die nicht reduzierte Form $\{1/1, 1/1\}$!).
Daraus ergeben sich wegen $\lceil \log 2 \rceil = 1$ und $\lceil \log 3 \rceil = 2$ die Längen $1_2 = 2$ und $1_3 = 4$. Damit haben wir
$M^{(2)} = \{1/1, 1/1, 1/2\}$, $M^{(3)} = \{2/1, 1/2, 1/4\}$ und $M^{(4)} = \{1/1, 1/1, 1/2, 1/4, 2/4\}$;
folglich gilt $M^2 = \{2/1, 1/2\}$, $M^3 = \{2/1, 1/2, 1/4\}$ und $M^4 = \{2/1, 1/2, 3/4\}$.

Wenn wir als zweites Beispiel die ersten Iterationen der Zyklenmenge $N = \{1/1, 1/3\}$ betrachten, die zu den Registern mit dem Rückführungspolynom x^2+x+1 gehört, so erhalten wir:
$m=2$, $1_1=3$, $1_2=6$, $1_3=1_4=12$ und $1_5(=1_6=1_7=1_8)=24$.
Damit ist dann nach (35) $N^2 = \{1/1, 1/3, 2/6\}$ die Zyklenmenge unseres in den Beispielen 1 bis 5 betrachteten Registers mit dem Rückführungspolynom x^4+x^2+1.
Ferner gilt $N^3 = \{1/1, 1/3, 2/6, 4/12\}$, $N^{(4)} = \{1/1, 1/3, 2/6, 4/12, 16/12\}$ und daher $N^4 = \{1/1, 1/3, 2/6, 20/12\}$ sowie $N^5 = \{1/1, 1/3, 2/6, 20/12, 32/24\}$.
Weitere Beispiele findet man in /E1/, Tabelle III.

##

Analog zur Definition des Produktes von Zyklenmengen, die durch Satz 20 gerechtfertigt wurde, zeigen wir nun, daß auch die e-fache Iteration der Zyklenmenge eines Registers mit einem irreduziblen Rückführungspolynom ihrerseits als Zyklenmenge eines Signaturregisters auftritt.

Satz 21: Sei P ein nicht ausgeartetes autonomes Signaturregister mit dem irreduziblen Rückführungspolynom p und der Zyklenmenge M, und e sei eine beliebige positive natürliche Zahl. Dann hat das Signaturregister R, das zum Rückführungspolynom $r=p^e$ gehört, die Zyklenmenge M^e.

Den Beweis wollen wir nicht mit allen Einzelheiten ausführen, sondern uns auf die Angabe seiner wichtigsten Schritte beschränken.

Sei m die Länge und l_1 die Ordnung von P. Offensichtlich hat R dann die Länge n=m·e. Wie wir im Abschnitt 1.2.5. gesehen haben, ist l_1 ungerade; die Ordnung $l=2^{\lceil \log e \rceil} l_1$ von R ergibt sich aus folgenden Überlegungen:

Für $i \geqslant 1$ sei P^i die i-fache Verkettung von P mit sich selbst (vergl. 2.1.4.). Es hat dann P^i die Länge m·i und das Rückführungspolynom p^i. Nach Satz 14 sind P^e und R ähnlich, haben also insbesondere dieselbe Zyklenmenge.

l_i bezeichne die Ordnung von P^i.

Behauptung 1: $l_2 = 2 l_1$.

Beweisidee: Nach Satz 12(b) gibt es ein Polynom q_1 mit
$$p(x) \cdot q_1(x) = x^{l_1} + 1, \tag{36}$$
und l_1 ist die kleinste derartige Zahl. Sei nun $(p(x))^2 \cdot q_2(x) = x^m + 1$. Da über unserem Grundkörper GF(2) stets $(p(x))^2 = p(x^2)$ gilt, enthält das Polynom $(p(x))^2$ nur Potenzen von x mit geraden Exponenten. Daraus folgt aber, daß auch q_2 nur solche Potenzen enthält: Ist u die kleinste ungerade Zahl, für die x^u in q_2 vorkommt, so tritt x^u auch im Produkt $p^2 \cdot q_2$ auf, da p (und somit auch p^2) das absolute Glied 1 enthält. Es gibt also ein Polynom q mit $q_2 = q^2$. Demzufolge ist auch m gerade, m=2k, und wir haben $(p(x))^2 (q(x))^2 = x^{2k} + 1 = (x^k + 1)^2$. Da l_1 ungerade und minimal ist, gilt aber $q = q_1$, $k = l_1$ und $m = 2 l_1$.

Mit demselben Schluß kommt man zu dem wichtigen Ergebnis, daß in der Darstellung (36) das Polynom q_1 kein Vielfaches von p sein kann.

Die erste Behauptung läßt sich leicht durch vollständige Induktion verallgemeinern:

Behauptung 2: Für $j \geqslant 1$ gilt $l_{2^j} = 2 l_{2^{j-1}} = 2^j \cdot l_1$.

Auf die explizite Ausführung des Beweises wollen wir verzichten.

Behauptung 3: Für $i \geqslant 1$ gilt $l_{2^j+1} = l_{2^j+2} = \ldots = l_{2^{j+1}} = 2^{j+1} l_1$.

Dieses Resultat kann aber auch in der Form $l_i = 2^{\lceil \log i \rceil} \cdot l_1$ geschrieben werden (wir erinnern daran, daß $\lceil x \rceil$ die kleinste natürliche Zahl n mit $n \geqslant x$ ist), und damit haben wir für i=1,...,e schon die Zyklenlängen, die in der Iteration M^e vorkommen. Zum Beweis der Behauptung 3 bemerken wir, daß mit $p^{2^{j+1}}$ natürlich auch die Polynome $p^{2^{j+1}-1}, \ldots, p^{2^j+1}$ Teiler von $x^{2(j+1)l_1}$ sind. Der entscheidende Schritt, daß nämlich das

Polynom p^{2^i+1} kein Teiler von x^{2jl_1} ist, kann durch folgenden indirekten Schluß erhalten werden:

Aus dem Beweis von Behauptung 1 und aus der Behauptung 2 wissen wir, daß $x^{2jl_1}+1=p^{2^i}(x)\cdot q_1^{2^i}(x)$ gilt, wobei q_1 nicht durch p teilbar ist.

Wenn wir nun annehmen, daß auch p^{2^i+1} ein Teiler von $x^{2jl_1}+1$ ist, so gibt es ein Polynom q' mit $x^{2jl_1}+1=p^{2^i+1}(x)\ q'(x)=p^{2^i}(x)\cdot p(x)\cdot q'(x)$, und wegen der eindeutigen Zerlegbarkeit von Polynomen in irreduzible Faktoren folgt daraus $q_1^{2^i}=pq'$, was im Widerspruch zur Voraussetzung steht.

Der Beweis des Satzes ist komplett, wenn wir noch zeigen, daß es zu jedem $i\geqslant 1$ auch $2^{(i+1)m}-2^{im}$ Zustände von R mit der Periode l_{i+1} gibt, denn diese Zustände ordnen sich dann in $(2^{(i+1)m}-2^{im})/l_{i+1}$ Zyklen der Länge l_{i+1} ein. Diese Einordnung ist tatsächlich möglich, denn wegen der Irreduzibilität von p ist l_1 ein Teiler von 2^m-1, und daher ist auch $l_i=2^{\lceil \log i\rceil}l_1$ ein Teiler von $(2^m-1)2^{im}=2^{(i+1)m}-2^{im}$.

<u>Behauptung 4</u>: $2^{(i+1)m}-2^{im}$ Zustände von P^{i+1} haben die Periode l_{i+1}.

Zum Beweis erinnern wir daran, daß P^{i+1} die $(i+1)$-fache Verkettung von P mit sich selbst ist. Offensichtlich hat jeder der 2^{im} Zustände, der von rechts mit m Nullen beginnt, eine Periode $p=l_i$. Nach Definition der Verkettung bleiben diese Nullen nämlich während der autonomen Arbeitsweise erhalten, während die restlichen $i\cdot m$ Komponenten gerade die entsprechenden Zustände von P^i annehmen.

Andererseits hat aber jeder Zustand von P^{i+1}, dessen m rechte Komponenten nicht alle verschwinden, schon die maximale Periode l_{i+1}, die ja gerade die Periode des 1-Zustandes $e=0^{(i+1)m-1}1$ ist.

Sei $s=s_0+s_1$ mit $s_0=(x,0^m)$, $s_1=(0^{im},y)$ und $y\neq 0^m$ ein solcher Zustand von P^{i+1}. Wie schon erwähnt, hat s_0 die Periode l_i. Damit genügt es zu zeigen, daß s_1 die Periode l_{i+1} hat, denn weil $l_{i+1}=l_i$ oder $l_{i+1}=2l_i$ gilt, stimmen die Perioden von s und s_1 überein.

A sei die Systemmatrix von P^{i+1}; das "Grundregister" P habe die Systemmatrix A_1, sein 1-Zustand ist $e_1=0^{m-1}1$. Wenn p sogar primitiv ist, gibt es nach Satz 11d bzw. Satz 19 eine Zahl $k<l_1$ mit $y=A_1^k e_1$. Dann gilt aber nach Definition der Verkettung auch $s_1=A^k e$, und aus $A^t s_1=s_1$ folgt $A^{k+t}=A^k e$. Da A regulär ist, können wir daraus auf $A^t e=e$ schließen; folglich ist $t\geqslant l_{i+1}$, und s_1 hat tatsächlich die Periode l_{i+1}. Ist dagegen p nicht primitiv, so gibt es nach Satz 11e einen Zustand b_1 von P und eine Zahl $k<l_1$ mit $y=b_1A^k e_1$. Wenn $b=(0^{im},b_1)$ ist, so gilt nach Definition der Verkettung auch $s_1=bA^k e$, und aus $A^t s_1=s_1$

folgt nun $bA^{k+t}e=bA^ke$. Da b_1 im "Zustandskörper" von P ein inverses Element besitzt, hat auch b im Zustandsraum von P^{i+1} ein inverses Element (nur die "Nullteiler" der Form p^j und ihre Vielfachen haben keines!), so daß wir im primitiven Fall auf $A^{k+t}e=A^ke$ schließen können. Daraus ergibt sich aber wie oben, daß s_1 die Periode l_{i+1} hat. Damit ist Behauptung 4 bewiesen. Durch "Auffüllen" von rechts mit jeweils $m(e-(i+1))$ Nullen, $i=0,\ldots,m-1$, läßt sich diese Überlegung nun unmittelbar auf die Zustände von P^e übertragen und wegen der Ähnlichkeit von P^e und R auch auf R.

Aus diesem Satz und Folgerung 20.1 erhalten wir sofort:

Folgerung 21.1: Ist $r=q_1^{e_1}\ldots q_k^{e_k}$ die Zerlegung des Rückführungspolynoms eines nicht ausgearteten autonomen Signaturregisters R in seine Elementarteiler und hat das zum Polynom q_i gehörende Faktorregister von R gerade die Zyklenmenge M_i, so ergibt sich die Zyklenmenge M von R wie folgt als Produkt von Iterationen der M_i ($i=1,\ldots,k$): $M=M_1^{e_1}\ldots M_k^{e_k}$.

Beispiel 15. Das Signaturregister 1.Art mit dem Rückführungspolynom $r(x)=x^8+x^7+x^6+x^2+x+1=(x+1)^2+(x^2+x+1)^3$ hat die Zyklenmenge

$M=\{2/1\}^2 \cdot \{1/1,1/3\}^3=\{2/1,1/2\} \cdot \{1/1,1/3,2/6,4/12\}$ (vergl. Beispiel 14)
$\quad=\{2/1,2/3,4/6,8/12,1/2,1/6,4/6,8/12\}$
$\quad=\{2/1,1/2,2/3,9/6,16/12\}$.

Insbesondere ist $Z_1=(1,3,6,D,1B,36,6C,D8,B0,60,C0,80)$.

Aus Folgerung 21.1 und Folgerung 18 können wir hinreichende Bedingungen dafür erschließen, daß zwei Signaturregister dieselbe Zyklenmenge haben.

Wir nennen die Polynome r und s __teileräquivalent__, wenn folgendes gilt: Sind $r=p_1^{i_1}\ldots p_k^{i_k}$ und $s=q_1^{j_1}\ldots q_l^{j_l}$ die Zerlegungen der Polynome in ihre Elementarteiler, so ist k=l sowie $i_1=j_1,\ldots,i_k=j_k$, und die Exponenten, zu denen die irreduziblen Polynome p_t und q_t gehören (vergl. 1.2.5.), stimmen für $t=1,\ldots,k$ überein.

Nach dieser Definition sind zwei primitive Polynome desselben Grades stets teileräquivalent. Zwei irreduzible nicht primitive Polynome, die zu unterschiedlichen Exponenten gehören (solche kommen erstmals mit dem Grad 6 vor, vergl. 1.2.5., S.18) sind dagegen nicht teileräquivalent.
Offensichtlich ist für jede positive ganze Zahl n die Teileräquivalenz eine Äquivalenzrelation in der Menge aller Polynome vom Grad n über dem GF(2).

Folgerung 21.2: Zwei Signaturregister mit teileräquivalenten Rückführungspolynomen haben dieselbe Zyklenmenge.

Der Beweis ergibt sich unmittelbar aus den Folgerungen 18 und 21.1 sowie der Definition der Teileräquivalenz.

Die naheliegende Frage, ob die Teileräquivalenz auch notwendig für die Übereinstimmung der Zyklenmengen ist, kann hier nicht beantwortet werden.
Es ist leicht zu sehen, daß zwei zueinander reziproke Polynome r und r^* vom Grad $n>1$ (definiert durch $r^*(x)=x^n \cdot r(1/x)$, vergl. 1.2.5.) auch teileräquivalent sind. Man kann nämlich zeigen, daß stets $(pq)^*=p^*q^*$ gilt, ein Beweis ist im Anhang der Arbeit /HM2/ zu finden.
Daraus folgt, daß genau dann $r=pq$ gilt, wenn $r^*=p^*q^*$ ist, und folglich ist r genau dann irreduzibel, wenn r^* irreduzibel ist. Die beiden irreduziblen Polynome r und r^* gehören schließlich auch zu demselben Exponenten (vergl. /Pe/, Aufgabe 6.7).
Damit haben wir als Spezialfall der obigen Folgerung:

Folgerung 21.3: Zwei Signaturregister mit zueinander reziproken Rückführungspolynomen haben dieselbe Zyklenmenge.

Beispiel 16: Es gibt ein primitives Polynom vom Grad 2 (nämlich x^2+x+1), je zwei von Grad 3 und 4 (x^3+x^2+1 und x^3+x+1 sowie x^4+x^3+1 und x^4+x+1, die jeweils zueinander reziprok sind) und schon sechs primitive Polynome fünften Grades. Aus den zugehörigen Zyklenmengen, die neben dem Term 1/1 noch je einen der Terme 1/3, 1/7, 1/15 bzw.1/31 enthalten, ergibt sich, daß es einerseits vier verschiedene Polynome siebenten Grades gibt, die die Zyklenmenge
$$\{1/1,1/7\} \cdot \{1/1,1/15\} = \{1/1,1/7,1/15,1/105\}$$
haben, und andererseits sechs verschiedene Polynome siebenten Grades mit der Zyklenmenge
$$\{1/1,1/3\} \cdot \{1/1,1/31\} = \{1/1,1/3,1/31,1/93\}.$$

##

Zum Abschluß dieses Teilabschnittes wollen wir noch darauf hinweisen, daß die Zyklenmengen aller nicht ausgearteten autonomen Signaturregister mit Rückführungspolynomen vom Grad 1 bis zum Grad 8 im Anhang 11.6 der Dissertation von Leisengang (/Le3/) aufgelistet sind.

2.1.5.2. Ausgeartete autonome Signaturregister

Ein ausgeartetes Signaturregister R der Länge n ist dadurch gekennzeichnet, daß für sein Rückführungspolynom gilt:

$$r(x)=x^n+r_{n-1}x^{n-1}+\ldots+r_{a-1}x^{a-1}+x^a \quad \text{mit } a>0. \tag{37}$$

Die Zahl a wollen wir als den __Ausartungsgrad__ von R bezeichnen, vergl. 2.1.1. Offensichtlich ist a gerade die Anzahl der nicht von Rückkopplungen betroffenen Speicherelemente, die sämtlich in Ausgangsnähe (falls R ein Register 1.Art ist) oder in der Nähe des Eingangs (für ein Register 2.Art) von R liegen. Die folgenden Schaltbilder illustrieren diese beiden Fälle.

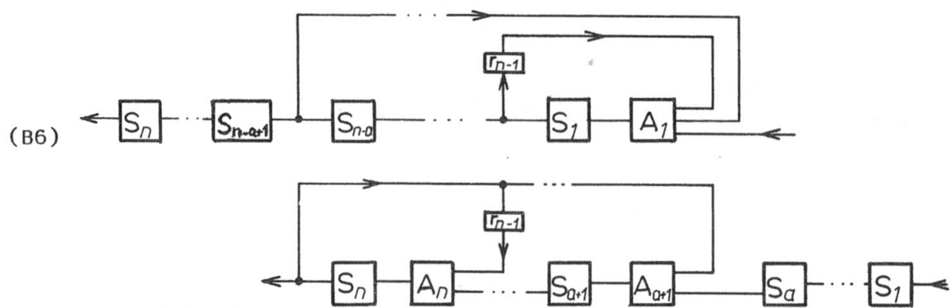

Wir haben schon darauf hingewiesen, daß R genau dann ausgeartet ist, wenn die Systemmatrix A von R nicht regulär ist. Wegen der Einsen unterhalb der Hauptdiagonalen und der Tatsache, daß die übrigen Einsen alle in der ersten Zeile (1.Art) bzw. letzten Spalte (2.Art) stehen, hat die Systemmatrix eines ausgearteten Signaturregisters stets den Rang n-1, und zwar unabhängig vom Ausartungsgrad a. Wir merken an, daß sich dieser erst in den nächsten Potenzen von A auswirkt; man zeigt leicht, daß a genau dann der Ausartungsgrad von R ist, wenn die Matrizen A^a, A^{a+1},... den Rang n-a haben.
Das Rückführungspolynom eines ausgearteten Signaturregisters R , das durch (37) gegeben ist, können wir auch in der Form $r(x) = x^a r_+(x)$ darstellen, wobei $r_+(x) = x^{n-a}+r_{n-1}x^{n-a-1}+\ldots+r_{a-1}x+1$ ist. Das Polynom r_+ nennen wir das __Basispolynom__ von R. Wenn sein Grad positiv ist, so

ist r_+ das Rückführungspolynom desjenigen nicht ausgearteten Signaturregisters R_+ von derselben Art wie R, das aus R durch Weglassen der letzten oder ersten nicht von Rückkopplungen betroffenen Speicherelemente entsteht. Dieses Register R_+ bezeichnen wir als <u>Basisregister</u> von R.

Wir wollen zunächst die "ärmsten" ausgearteten Signaturregister untersuchen. Das sind gerade jene, die keine Rückkopplungen und folglich auch kein Basisregister besitzen, so daß nicht einmal eine Unterscheidung zwischen erster und zweiter Art sinnvoll ist. Andererseits haben diese Register als "maximalen" Ausartungsgrad die Registerlänge n, es sind gerade die trivialen Signaturregister T_n.

<u>Satz 22</u>: Der Graph des autonomen trivialen Signaturregisters der Länge
          n besteht aus einem vollen binären Baum der Höhe n-1, dessen
          Wurzel in den Nullzyklus führt.

Beweis. Die 2^{n-1} Zustände der Form $(s_{n-1},\ldots,s_1,1)$ haben offensichtlich keine Vorgänger, sie sind also die Blätter des Baumes.
Ein Zustand $(s_{n-1},\ldots,s_1,0)$ besitzt dagegen die beiden Vorgänger $(0,s_{n-1},\ldots,s_1)$ und $(1,s_{n-1},\ldots,s_1)$. Die Wurzel des Baumes ist der Zustand $w=(1,0,\ldots,0)$, dieser wird von jedem Blatt b in genau n-1 Schritten erreicht ($w=A^{n-1}b$). Nachfolger von w ist der Nullzustand.

##

Das triviale Signaturregister T_n der Länge n ist identisch mit der Verkettung von n Exemplaren des trivialen Registers T_1 der Länge 1. Für j=1,...,n-1 enthält die Potenz N_n^j der Systemmatrix N_n von T_n offensichtlich genau n-j Einsen, die gerade in der Diagonale stehen, die unterhalb der Hauptdiagonalen liegt und von dieser den Abstand j hat. N_n^n ist die Nullmatrix $\underline{0}$. Allgemein heißt eine Matrix M mit der Eigenschaft $M^{n-1}\neq\underline{0}$ und $M^n=\underline{0}$ nilpotent vom Grade n. Wie wir oben gesehen haben, sind die Systemmatrizen mit einem Ausartungsgrad a<n nicht nilpotent. Wir weisen darauf hin, daß Graphen allgemeinerer linearer Automaten mit nilpotenter Systemmatrix in den Büchern /Gi/ und /Reu/ ausführlich untersucht werden.

Sei im folgenden stets R ein ausgeartetes Signaturregister der Länge n mit dem Ausartungsgrad a, 0<a<n (vergl. B6). Offensichtlich ist R eine Verkettung seines Basisregisters R_+ mit dem trivialen Signaturregister T_a, und zwar gilt

$$R=\begin{cases} T_a \circ R_+ & \text{, falls R Register erster Art ist,} \\ R_+ \circ T_a & \text{, falls R Register zweiter Art ist.} \end{cases}$$

Die Systemmatrix von R ist dann

$$A = \begin{pmatrix} A_+ & \underline{0} \\ & \\ J & N \end{pmatrix} \quad \text{bzw.} \quad A = \begin{pmatrix} N & \underline{0} \\ & \\ J & A_+ \end{pmatrix},$$

wobei A_+ und N die Systemmatrizen von R_+ bzw. T sind, während J die schon in 2.1.4. bei der Definition der Verkettung eingeführte Matrix ist, deren einzige Eins in der rechten oberen Ecke steht.

Satz 23: R_+ sei das Basisregister eines nichttrivialen ausgearteten Signaturregisters R der Länge n mit dem Ausartungsgrad a. Wenn der Graph G_{R_+} aus den Zyklen $Z_0, \ldots, Z_k$ besteht, so ist G_R aus paarweise unverbundenen Komponenten $G_1, \ldots, G_k$ aufgebaut, die folgende Struktur haben: G_j enthält ein isomorphes Bild von Z_j, und jeder Zustand z aus diesem Zyklus ist mit der Wurzel eines vollen binären Baumes B_z der Höhe a-1 verbunden. Für $z \neq z'$ ist $B_z \neq B_{z'}$, und G_j enthält keine weiteren Knoten und Kanten; $j = 0, \ldots, k$.

Im **Beweis** beschränken wir uns auf Register 2.Art, da für diese der einbettende Isomorphismus von Z_j in G_j besonders einfach wird. Wegen Satz 10a können wir diesen Satz dann wieder auf Register 1.Art übertragen.

Wir bemerken zuerst, daß ein Zustand $s = (s_n, \ldots, s_1)$ nur dann auf einem Zyklus liegen kann, wenn $s_1 = s_2 = \ldots = s_a = 0$ gilt. Ist nämlich $s_i = 1$ für $i \leq a$, aber $s_{i-1} = \ldots = s_1 = 0$, so ergibt sich aus der Definition von A und den oben genannten Eigenschaften der trivialen Signaturregister, daß alle "Nachkommen" $As, A^2s, \ldots$ von s an der i-ten Position eine Null haben; mithin kann s nicht zu einem Zyklus gehören.

Ist andererseits $s = (s_+, 0^a)$ mit $s_+ \in V^{n-a}$, so gilt offenbar $As = (A_+ s_+, 0^a)$. Damit bilden die Zustände $s, As, A^2s, \ldots, A^{p-1}s$ einen Zyklus, der dem Zyklus Z_{s_+} (mit der Länge p) im Graphen G_R^0 isomorph ist. Der einbettende Isomorphismus ist hier also einfach die durch $g(s_+) = (s_+, 0^a)$ definierte Abbildung g von V^{n-a} in V^n.

Sei nun Z ein beliebiger Zyklus aus G_R^0 und $s = (s_+, 0^a)$ ein beliebiger Zustand aus diesem Zyklus. Da s wegen seiner Zugehörigkeit zum Zyklus dort genau einen Vorgänger hat, nämlich $v_0 = (A_+^{-1}s, 0^a)$ (A_+ ist regulär!), muß er nach Satz 9e noch genau einen weiteren haben. Man überlegt sich nun, daß dies gerade $v_1 = v_0 + (ev_+, 10^{a-1})$ ist, wobei $ev_+ = A_+(0^{n-a-1}1)$ der Eins-Vorgänger bezüglich des Registers R_+ ist.

Tatsächlich gilt $Av_1 = Av_0 + A(ev_+, 10^{a-1}) = s + (A_+ ev_+ + 0^{n-a-1}1, 0^a) = s + 0^n = s$, denn die Eins auf Position a in v_1 "neutralisiert" wegen des Aufbaus

von A aus N, J und A_+ (dafür sorgt gerade die Eins der Teilmatrtix J!)
die von ev_+ erzeugte Eins auf der Position $a+1$. Wegen dieser (zuerst
erwähnten) Eins gilt auch $v_1 \neq v_0$. Damit hat jeder der 2^{n-a} auf Zyklen
liegenden Zustände des Registers R einen zweiten Vorgänger der Form
$v_1 = (s_+, 10^{a-1})$.
Unser Satz ist bewiesen, wenn wir zeigen, daß jeder dieser "Wurzelzustände" die Wurzel eines vollen binären Baumes der Höhe $a-1$ ist. Ein
solcher Baum hat bekanntlich $2^a - 1$ Knoten, so daß wir damit alle
Zustände von R erfaßt haben, denn $2^{n-a} + 2^{n-a}(2^a - 1) = 2^n$. Weil in G_R^o nun,
wie schon einmal erwähnt, jeder Zustand entweder keinen oder genau
zwei Vorgänger hat, kann es dann auch keine weiteren Kanten geben.
Sei nun $x = (s_+, 10^{a-1})$ ein beliebiger Wurzelzustand. Wir bezeichnen mit
X' die Menge aller Zustände von R, die "Vorfahren" von x sind. Wegen
$A(A_+^{-1} s_+, 010^{a-2}) = (A_+(A_+^{-1} s_+), \ N(010^{a-2})) = (s_+, 10^{a-1})$ ist X' nicht leer,
wenn $a \geqslant 2$ gilt. Im Fall $a=1$ dagegen sind wir schon fertig, denn dann
ist $\{x\}$ der gewünschte Baum der Höhe 0.

Sei nun $a \geqslant 2$; X bezeichne den Teilgraphen des Übergangsgraphen G_R^o,
dessen Zustandsmenge gerade $\{x\} \cup X'$ ist.
Wir zeigen im folgenden, daß X dem Graphen B isomorph ist, der aus dem
Graphen G_T^o des trivialen Signaturregisters der Länge a dadurch entsteht, daß der Nullzyklus abgetrennt wird. Dies ist nach Satz 22
gerade ein voller binärer Baum der Höhe $a-1$. Da der Nachfolger jedes
Zustandes eindeutig bestimmt ist, andererseits jeder Zustand aber
höchstens zwei Vorgänger hat, sind diese Bäume für zwei beliebige
voneinander verschiedene Wurzelzustände auch disjunkt, so daß damit
dann der Beweis von Satz 23 komplettiert wird.

Die Abbildung f von V^a in V^n wird im folgenden induktiv definiert. Der
Induktionsanfang ordnet gerade der Wurzel 10^{a-1} von B den Wurzelzustand x zu, während im Induktionsschritt die Abbildung von einer Stufe
des Baumes B auf die nächste ausgedehnt wird:

  I $f(10^{a-1}) = (s_+, 10^{a-1})$.

  II Sei $f(s_{a-1}, \ldots, s_1, 0) = (z, s_{a-1}, \ldots, s_1, 0)$ mit $z \in V^{n-a}$.
     Dann ist

     0) $f(0, s_{a-1}, \ldots, s_1) = (A_+^{-1} z, 0, s_{a-1}, \ldots, s_1)$, und

     1) $f(1, s_{a-1}, \ldots, s_1) = (A_+^{-1}(z + ev_+), 1, s_{a-1}, \ldots, s_1)$, wobei ev_+ wieder
     der Eins-Vorgänger im Basisregister R_+ ist.

Die Abbildung f ist trivialerweise eineindeutig. Wir zeigen nun, daß
für beliebige Zustände $s \in V^a$ auch $Af(s) = f(Ns)$ gilt.

Sei $s=(s_a, s_{a-1}, \ldots, s_1)$. Nach Definition von N ist $Ns=(s_{a-1}, \ldots, s_1, 0)$.

Sei $f(Ns)=(z, Ns)$. Wir unterscheiden die Fälle $s_a=0$ und $s_a=1$.

(0) $Af(s)=A(A_+^{-1}z, s)=A(A_+^{-1}(z), 0^a)+A(0^{n-a}, s)=(z, 0^a)+(0^{n-a}, Ns)$

$=(z, Ns)=f(Ns)$.

(1) $Af(s)=A(A_+^{-1}(z+ev_+), s)=A(A_+^{-1}(z+ev_+), 0^a)+A(0^{n-a}, s)$

$=((z+0^{n-a-1}1), 0^a)+(0^{n-a-1}1, Ns)=(z, 0^a)+(0^{n-a}, Ns)$

$=(z, Ns)=f(Ns)$.

Damit ist f ein Isomorphismus von B in X. Es bleibt noch zu zeigen, daß jeder Zustand aus X, also jeder der Vorfahren von x, auch das f-Bild eines Zustandes des trivialen Registers ist.
Weil die f-Bilder einen vollen binären Baum der Höhe a-1 bilden, könnte ein "zusätzlicher" Zustand aus X, der kein Bild bei f ist, nur einer der Vorfahren eines Zustandes f(b) sein, wobei b ein Blatt aus B ist, denn nach Satz 9e hat jeder Zustand höchstens zwei Vorgänger. Ist $b=(b_a, \ldots, b_2, b_1)$ ein Blatt, so ist $b_1=1$, folglich kann der Bildzustand $f(b)=(z, b_a, \ldots, b_2, 1)$ im **autonomen** ausgearteten Register R keinen Vorgänger haben.

$$\#\#$$

Nach der Lage im Graphen G_R^O können nun die Zustände eines ausgearteten Signaturregisters der Länge n mit dem Ausartungsgrad a folgendermaßen klassifiziert werden: Auf Zyklen liegen genau 2^{n-a} Zustände, die wir <u>Zykluszustände</u> nennen, die übrigen heißen <u>Baumzustände</u>. Von diesen sind neben den schon erwähnten 2^{n-a} Wurzelzuständen auch noch die "<u>Blattzustände</u>" ausgezeichnet, von denen es genau $2^{n-a} \cdot 2^{a-1}=2^{n-1}$ gibt. Diese haben sämtlich keinen Vorgänger, während die übrigen 2^{n-1} "<u>inneren Zustände</u>" alle zwei Vorgänger haben. Die Aufteilung der Zustandsmenge in die beiden zuletzt genannten gleichmächtigen Klassen haben wir übrigens schon in Satz 9e vorweggenommen.

Beispiel 17: Das Signaturregister Q zweiter Art mit dem Rückführungspolynom $x^6+x^5+x^4+x^3$ hat die Länge 6 und den Ausartungsgrad 3. Seine
Systemmatrix ist

$$A = \begin{pmatrix} 0 & 0 & 0 & 0 & 0 & 0 \\ 1 & 0 & 0 & 0 & 0 & 0 \\ 0 & 1 & 0 & 0 & 0 & 0 \\ 0 & 0 & 1 & 0 & 0 & 1 \\ 0 & 0 & 0 & 1 & 0 & 1 \\ 0 & 0 & 0 & 0 & 1 & 1 \end{pmatrix} = \begin{pmatrix} N_3 & \underline{0} \\ & \\ J & A_+ \end{pmatrix}$$

wobei A_+ die Systemmatrix des Basisregisters Q_+ ist, das das Rückführungspolynom x^3+x^2+x+1 hat (vergl. Beispiel 7).
Der Graph G_Q^o, in dem wir die Zustände diesmal oktal dargestellt haben,
um die Zugehörigkeit der Zykluszustände zu den entsprechenden Zyklen
von Q_+ besser erkennen zu können, hat dann die folgende Struktur:

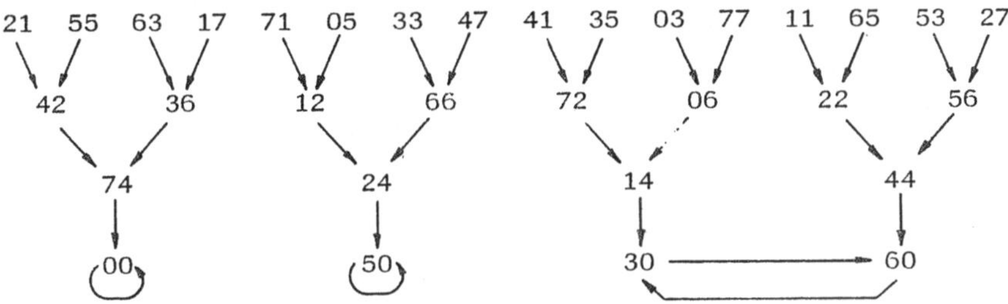

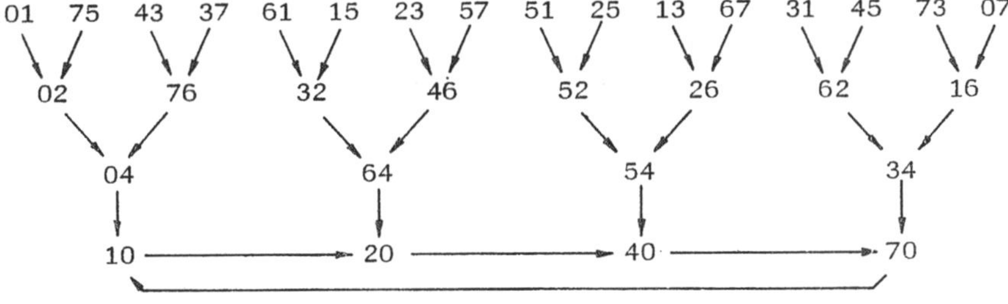

##

Wenn man den Beweis des Satzes 23 daraufhin analysiert, wofür genau
die Voraussetzung nötig ist, daß der Ausartungsgrad a positiv sein
muß, so stößt man auf die Baumhöhe a-1. Mit der (allerdings etwas
unnatürlichen!) Festlegung, daß -1 die Höhe des leeren Baumes sein
soll, kann man auf die Forderung a>0 verzichten und somit die

Definition von ausgearteten Signaturregistern in einer Weise verallgemeinern, die aus der Automatentheorie vertraut ist: Während dort die
deterministischen Automaten auch spezielle nichtdeterministische sind,
nämlich gerade solche, bei denen jeder Zustand höchstens einen Folgezustand hat, sind dann hier die nicht ausgearteten Signaturregister
spezielle ausgeartete, nämlich die mit dem Ausartungsgrad Null. Bei
dieser Betrachtungsweise können wir die Aussagen der Sätze 16, 22 und
23 wie folgt zusammenfassen:

Satz 24: Sei R ein Signaturregister der Länge n mit dem Ausartungsgrad
a, $0 \leq a \leq n$. Wenn $a = n$, so ist der Graph G_R^O ein voller binärer
Baum der Höhe $a-1$, dessen Wurzel in einen Zyklus der Länge 1
führt, der vom Nullzustand O^n gebildet wird. Ist $a < n$, so
gehören zu G_R^O neben der Komponente des Nullzustandes, die
genau wie im Trivialfall aufgebaut ist, noch weitere Komponenten. Jede dieser Komponenten enthält einen Zyklus, und
jeder Zustand eines Zyklus ist mit einem vollen binären Baum
der Höhe $a-1$ verbunden.

2.1.6. Erreichbarkeitsgraph eines Signaturregisters

Wenn man die Eingabefolge eines Signaturregisters R, das zur Datenkompression bei der Fehlerdiagnose eingesetzt ist, als die Summe einer
Soll-Folge und einer Ist-Folge interpretiert (die auch Fehlfolge
genannt wird, vergl. 2.1.2., insbesondere Folgerung 3.3), so sind die
autonomen Phasen von R gerade die der Übereinstimmung von Soll- und
Istwerten. Die innerhalb solcher Phasen angenommenen Zustände von R
gehören alle zu einer einzigen Komponente des autonomen Graphen G_R^O.
Erst beim Auftreten einer Soll-Ist-Abweichung endet eine autonome
Phase, und der durch die Eins in der Fehlfolge erreichte Folgezustand
kann in einer anderen Komponente liegen.
In diesem Abschnitt wollen wir speziell solche "1-Übergänge" untersuchen. Statt des vollen Registergraphen G_R legen wir dazu einen Graphen
zugrunde, den wir aus dem Graphen G_R^1 der 1-Nachfolger aller Zustände
dadurch gewinnen, daß wir alle diejenigen Knoten zusammenfassen, die
in derselben Komponente des Graphen G_R^O liegen. Diesen Graphen wollen
wir nach Heckmaier (der sich dabei wiederum auf /Fer/ bezieht, vergl.
/He/, S.114) als den Erreichbarkeitsgraphen von R bezeichnen und durch
G_R^E symbolisieren.

Wir werden in diesem Abschnitt neben den Erreichbarkeitsgraphen von
Signaturregistern auch die Erreichbarkeitsgraphen allgemeinerer linearer Automaten mit dem Ein- und Ausgaberaum $V^1=\{0,1\}$ untersuchen, z.B.
Vereinigungen und Verkettungen von Signaturregistern. Wie schon früher
angemerkt, verwenden wir für den Automatengraphen eines linearen Automaten L die Bezeichnung G_L; die Teilgraphen von G_L, die nur die
0-Kanten bzw. nur die 1-Kanten enthalten, bezeichnen wir in Analogie
zur Notation bei den Signaturregistern mit G_L^O bzw. G_L^1.
Wenn der autonome Graph G_L^O eines linearen Automaten L aus den Komponenten $G_0, G_1, \ldots, G_t$ besteht und der "1-Graph" G_L^1 die Kantenmenge K_1
hat, so kann der Erreichbarkeitsgraph G_L^E von L demnach wie folgt beschrieben werden:

$$G_L^E=(\{G_O, \ldots, G_t\}, \{(G_i, G_j): \text{ es ex. } s \in G_i \text{ und } s' \in G_j \text{ mit } (s,s') \in K_1\}). \quad (38)$$

Die Abbildung h, die jedem Knoten s von G_L^1 die Komponente h(s) des
Graphen G_L^O zuordnet, zu der der Zustand s gehört, ist nach Definition
des Erreichbarkeitsgraphen ein Homomorphismus von G_L^1 auf G_L^E: Offenbar
ist jeder Knoten von G_L^E als Komponente des Graphen G_L^O das h-Bild eines
Knotens aus G_L^1. Ist $(s,s') \in K_1$, so ist nach (38) das Paar $(h(s), h(s'))$
eine Kante des Erreichbarkeitsgraphen.

Sind andererseits in G_L^E zwei Komponenten G und G' nicht durch eine
Kante miteinander verbunden, so können auch beliebige Zustände s und
s' mit h(s)=G und h(s')=G' wegen (38) nicht durch eine Kante aus K_1
verbunden sein.

Damit ist h tatsächlich ein Homomorphismus, den wir als den einbettenden Homomorphismus von G_L^1 auf G_L^E bezeichnen. Diese Charakterisierung
des Erreichbarkeitsgraphen als homomorphes Bild des 1-Graphen ermög-
licht uns den Beweis eines Hilfssatzes, den wir später benötigen.

<u>Hilfssatz</u>: Isomorphe lineare Automaten haben isomorphe
            Erreichbarkeitsgraphen.

Beweisidee. f sei ein Automaten-Isomorphismus vom Zustandsraum des
linearen Automaten L auf den Zustandsraum des linearen Automaten L'.
Dann ist f zugleich auch Graph-Isomorphismus von G_L auf $G_{L'}$ ebenso
auch von G_L^O auf $G_{L'}^O$ und von G_L^1 auf $G_{L'}^1$ (vergl. S. 78). Somit ist der
einbettende Graph-Homomorphismus h von G_L^1 auf G_L^E ohne Abhängigkeit vom
gewählten Respräsentanten umkehrbar. Wenn h' den einbettenden Homomor-
phismus von $G_{L'}^1$ auf $G_{L'}^E$ bezeichnet, so ist $g = h' \circ f \circ h^{-1}$ dann eine
eineindeutige Abbildung von der Knotenmenge von G_L^E auf die von $G_{L'}^E$.
Man kann nun ohne Schwierigkeiten zeigen, daß g die Kantenrelation
erhält, also ein Graph-Isomorphismus ist.

Wir merken an, daß die Aussage des Hilfssatzes nicht umkehrbar ist.
Gegenbeispiele liefert uns schon der folgende Satz, der die einfach-
sten Erreichbarkeitsgraphen von Signaturregistern beschreibt.

<u>Satz 25</u>: (a) Das triviale Signaturregister der Länge n hat den
           Erreichbarkeitsgraphen $(\{v^n\}, \{(v^n, v^n)\})$;
           (b) jedes Signaturregister der Länge n mit primitivem Rück-
           führungspolynom hat den Erreichbarkeitsgraphen

$$(\{Z_0, Z_1\}, \{(Z_0, Z_1), (Z_1, Z_0)\} \cup Q) \text{ mit } Q = \begin{cases} \emptyset, & \text{falls } n=1; \\ \{(Z_1, Z_1)\}, & \text{falls } n \geqslant 2. \end{cases}$$

Diese Erreichbarkeitsgraphen können wir wie folgt veranschaulichen:

a) ⟳   ; b_1) ∘⇄∘   , b_n) für $n \geqslant 2$ ∘⇄⟳

Beweis. Die Aussage (a) ist eine unmittelbare Konsequenz aus Satz 22.
Folgerung 19 liefert uns für den primitiven Fall die Knotenmenge
$\{Z_0, Z_1\}$. Da stets der Nullzustand 0^n den 1-Nachfolger $0^{n-1}1$ hat, ande-
rerseits 0^n der 1-Nachfolger des in Z_1 liegenden Zustandes 10^{n-1} ist,

haben wir schon die beiden ersten Kanten der Erreichbarkeitsgraphen aus (b). Da jeder Zustand genau einen 1-Nachfolger hat, kann wegen $Z_0=\{0^n\}$ das Paar (Z_0,Z_0) keine Kante des Erreichbarkeitsgraphen sein. Im Fall $n=1$ sind wir damit fertig.

Wenn $n \geqslant 2$, so gibt es in Z_1 einen vom Einszustand verschiedenen Knoten s. Nach Satz 9d (ein Register mit primitivem Rückführungspolynom ist natürlich nicht ausgeartet!) kann der 1-Nachfolger s' von s nicht der Zustand 0^n sein. Folglich liegt s' in Z_1, und die Kante $(s,s')\in K_1$ "generiert" die G_R^E-Kante (Z_1,Z_1).

$\#\#$

Beispiel 18: Wir geben die Erreichbarkeitsgraphen für nichttriviale Signaturregister an, die wir schon früher betrachtet haben, und deren Rückführungspolynome nicht primitiv sind.

a) Das Register S erster Art mit $x^4+x^2+1=(x^2+x+1)^2$ als Rückführungs-
   polynom ist schon mehrfach als Beispiel behandelt worden.
Es ist nicht ausgeartet, und sein autonomer Graph G_S^O besteht, wie wir in Beispiel 14 gesehen haben, aus vier Zyklen. Das sind (wieder mit hexadezimaler Darstellung)
$$Z_0=(0),\quad Z_1=(1,2,5,A,4,8),\quad Z_3=(3,7,F,E,C,9) \text{ und } Z_6=(6,B,D).$$
Als 1-Nachfolger der Zustände von S erhalten wir in derselben Reihenfolge 1; 3,4,B,5,9,0; 6,E,F,D,8,2; A,C,7.
Aus der Zugehörigkeit dieser Nachfolger zu den Zyklen erhalten wir die Kanten des Graphen G_S^E. Wir merken an, daß in der folgenden Veranschaulichung dieses Graphen die Zahl in Klammern hinter der Bezeichnung eines Zyklus die Anzahl seiner Zustände angibt. Diese Darstellungsweise werden wir auch in den folgenden Beispielen beibehalten.

$$Z_0(1) \longleftrightarrow Z_1(6) \begin{cases} \longrightarrow Z_3(6) \circlearrowright \\ \quad \uparrow \\ \longrightarrow Z_6(3) \end{cases}$$

b) Es sei R das Signaturregister 1.Art mit dem Rückführungspolynom
   $x^6+x^4+x^3+x^2+1=(x^4+x^3+x^2+x+1)(x^2+x+1)$. Wie wir in Beispiel 13 gesehen haben, besteht der autonome Graph G_R^O dieses Registers aus den acht Zyklen $Z_0,Z_1,Z_3,Z_4,Z_6,Z_A,Z_{1B}$ und Z_{1E}. Diese bilden die Knoten von G_R^E. Zur Ermittlung der Kanten des Erreichbarkeitsgraphen sind wieder die 1-Nachfolger der Registerzustände zu bestimmen und den Zyklen zuzuordnen. Wir wollen dies hier nicht für alle 64 Zustände ausführen, sondern beschränken uns auf den zuletztgenannten Zyklus.

Nach Beispiel 13 (S. 107) gilt $Z_{1E}=(1E,3D,3B,37,2F)$. Die 1-Nachfolger dieser Zustände sind dann 3C,3A,36,2E und 1F, die wiederum zu den Zyklen Z_4,Z_3,Z_{1B},Z_3 und Z_4 gehören (beide Aufzählungen in der Reihenfolge, in der die Zykluszustände genannt wurden). Daraus ergeben sich die drei Kanten (Z_{1E},Z_4), (Z_{1E},Z_3) und (Z_{1E},Z_{1B}). Der gesamte Erreichbarkeitsgraph kann wie folgt dargestellt werden:

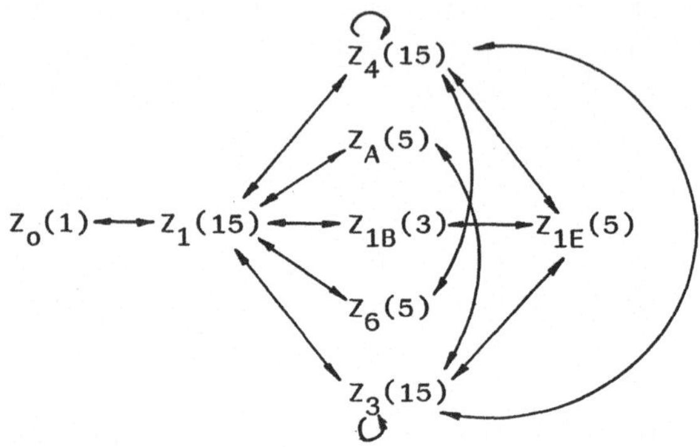

c)   Den Graphen G_Q^O des ausgearteten Signaturregisters Q zweiter Art mit dem Rückführungspolynom $x^6+x^5+x^4+x^3=x^3(x+1)^3$ haben wir in Beispiel 17 vorgestellt. Er besteht aus den vier Komponenten G_0,G_1,G_3 und G_5. Durch die Ermittlung aller 1-Nachfolger (die wir nun ganz unterdrücken wollen, wir verweisen auf Beispiel 17, S. 119) erhalten wir den folgenden Erreichbarkeitsgraphen G_Q^E:

$$G_0(8) \longleftrightarrow G_1(32) \nearrow \begin{array}{l} G_3(16) \\ \\ G_5(8) \end{array}$$

d)   Unser letztes Beispiel ist das in der Literatur (z.B. /HL/,/Le3/) ausführlich untersuchte einfach rückgekoppelte Signaturregister der Länge 4. Sein Rückführungspolynom ist $x^4+1=(x+1)^4$; in Beispiel 14 haben wir schon die zugehörige Zyklenmenge $\{2/1,1/2,3/4\}$ berechnet. Die sechs Zyklen sind im einzelnen $Z_0=(0)$, $Z_1=(1,2,4,8)$, $Z_3=(3,6,C,9)$, $Z_5=(5,A)$, $Z_7=(7,E,D,B)$, $Z_F=(F)$. Über die 1-Nachfolger der Zustände ergibt sich dann der folgende Erreichbarkeitsgraph, dessen symmetrische Gestalt auffällig ist:

$$Z_0(1) \longleftrightarrow Z_1(4) \nearrow \begin{array}{c} Z_3(4) \\ \\ Z_5(2) \end{array} \searrow Z_7(4) \longleftrightarrow Z_F(1)$$

##

Wie bei anderen vorangegangenen Betrachtungen ist es auch bei der Untersuchung von Erreichbarkeitsgraphen nützlich, wenn man sich in Beweisen auf eine Registerart beschränken kann.

__Satz 26__: Signaturregister erster und zweiter Art mit demselben Rückführungspolynom haben isomorphe Erreichbarkeitsgraphen.

Der Beweis ergibt sich unmittelbar aus den Sätzen 7 und 6 sowie dem oben formulierten Hilfssatz.

$$\#\#$$

Bei einer näheren Betrachtung der Erreichbarkeitsgraphen aus Satz 25 und Beispiel 18 fällt auf, daß alle Kanten "Doppelkanten" sind, d.h., mit (X,Y) kommt auch (Y,X) als Kante vor. Wir werden in Satz 28 zeigen, daß dies allgemein gilt. Vorher gehen wir noch auf eine andere Eigenschaft ein, die auch schon an den Graphen aus Beispiel 18 zu beobachten ist. Gegenüber den unter (a), (b) und (d) dargestellten Erreichbarkeitsgraphen von Registern der Länge 4 und 6 hat der Graph G_Q^E aus (c) eine relativ arme Struktur. Man überzeugt sich leicht davon, daß der Erreichbarkeitsgraph des dreistelligen Basisregisters Q_+ von Q schon isomorph zum Graphen G_Q^E ist. (Q_+ hat das Rückführungspolynom x^3+x^2+x+1; seine Graphen G_Q und G_Q^o haben wir schon in den Beispielen 7 und 12, seine Zyklenmenge in Beispiel 14 betrachtet.)

__Satz 27__: Die Erreichbarkeitsgraphen eines beliebigen nichttrivialen ausgearteten Signaturregisters und seines Basisregisters sind isomorph.

Beweis. R sei ein ausgeartetes Signaturregister der Länge n mit dem Ausartungsgrad a, $0 < a < n$. Das Basisregister von R bezeichnen wir wieder mit R_+; A und A_+ seien die zu R und R_+ gehörenden Systemmatrizen. Für den Beweis wollen wir annehmen, daß R (und damit auch R_+) ein Register 2.Art ist; nach Satz 26 ist dann unser Resultat auch für Register 1.Art gültig. Im Beweis von Satz 23 haben wir gesehen, daß jede Komponente von G_R^o einen Zyklus der Form $(s_1 0^a, \ldots, s_t 0^a)$ enthält, wobei die Zustände $s_1, \ldots, s_t$ einen Zyklus im autonomen Graphen $G_{R_+}^o$ des Basisregisters bilden. Die Abbildung $f: s0^a \to s$ induziert überdies eine eineindeutige Abbildung von den Komponenten des Graphen G_R^o auf die Zyklen von $G_{R_+}^o$, also von der Knotenmenge von G_R^E auf die des Erreichbarkeitsgraphen $G_{R_+}^E$ des Basisregisters. Wir zeigen im folgenden, daß diese Abbildung auch "kantentreu" ist, also einen Isomorphismus von G_R^E auf $G_{R_+}^E$ darstellt. Diesen Nachweis führen wir in zwei Schritten.

<u>Behauptung 1</u>: Ist s' der 1-Nachfolger des Zustands s im Basisregister R_+, so gibt es in der Komponente des Graphen G_R^0, in der der Zykluszustand $z=s0^a$ liegt, einen weiteren Zykluszustand $y=q0^a$, dessen 1-Nachfolger zum Zyklus $Z_{s'0^a}$ gehört.

Diese Behauptung hat die Konsequenz, daß zu jeder Kante im "Bildgraphen" $G_{R_+}^E$, die durch eine Kante (s,s') im Graphen $G_{R_+}^1$ erzeugt wird, auch eine Kante im "Urbildgraphen" G_R^E existiert - diese verbindet die Komponente $G_z=G_{f^{-1}(s)}$ mit der Komponente $G_{f^{-1}(s')}$.

Zum Beweis der Behauptung bemerken wir zunächst, daß nach Satz 9e alle 1-Nachfolger von Zuständen des ausgearteten Registers R keine 0-Vorgänger haben können, also Blattzustände sind (vergl. 2.1.5.2.). Von einem Blattzustand kommt man aber, da nach Satz 23 die Baumhöhe gerade a-1 ist, in genau a autonomen Schritten des Registers R zu einem Zykluszustand. Wir behaupten nun, daß der Zustand $q=A_+^{-a}s$ den Zykluszustand $y=q0^a$ mit der gewünschten Eigenschaft erzeugt. y hat den 1-Nachfolger $y'=Ay+v_1=(A_+q,0^a)+v_1$, der also ein Blattzustand von R ist. Wie oben bemerkt, ist der erste Zykluszustand unter den "0-Nachkommen" von y' gerade

$$A^a y'=A^a(Ay+v_1)=A^a(A_+q,0^a)+A^a v_1=(A_+^{a+1}q,0^a)+A^a v_1$$

$$=(A_+^{a+1}A_+^{-a}s,0^a)+A^a v_1=(A_+s,0^a)+v_{a+1} \quad \text{(wegen (19)!)}$$

$$=(A_+s+0^{n-a-1}1,0^a)=s'0^a.$$

Damit ist die erste Behauptung bewiesen. Die zum Beweis des Satzes noch fehlende Eigenschaft, daß zu jeder Kante $(G_{s0^a},G_{s'0^a})$ des Graphen G_R^E auch die (durch f "übertragene") Kante $(Z_s,Z_{s'})$ in $G_{R_+}^E$ vorhanden ist, ergibt sich als unmittelbare Konsequenz der folgenden Aussage:

<u>Behauptung 2</u>: Sind G und G' zwei Komponenten von G_R^0, so daß der 1-Nachfolger b' eines Baumzustandes b aus G in G' liegt, so gibt es in G auch einen Zykluszustand y, dessen 1-Nachfolger zu G' gehört.

Beweis. h sei der Abstand des Baumzustandes b vom zugehörigen (d.h.mit der Wurzel des Baumes, in dem b liegt, verbunden) Zykluszustand $z=s0^a$. Dann gilt $1\leqslant h\leqslant a$ und $A^h b=z$. Wir behaupten, daß dann der Zykluszustand $y=(A_+^{-h}s,0^a)$ das Verlangte leistet - sein 1-Nachfolger y' liegt in derselben Komponente von G_R^0, zu der auch b' gehört. Einerseits gilt nämlich

$$A^h b'=A^h(Ab+v_1)=A^{h+1}b+A^h v_1=A(A^h b)+v_{h+1}=Az+v_{h+1},$$

und andererseits folgt aus der Wahl des Zykluszustandes y:

$$A^h y'=A^h(Ay+v_1)=A^{h+1}y+A^h v_1=A(A^h y)+v_{h+1}$$

$$=A(A^h(A_+^{-h}s,0^a))+v_{h+1}=A(s,0^a)+v_{h+1}=Az+v_{h+1}.$$

Die Zustände b' und y' haben demnach einen gemeinsamen "0-Nachkommen"
und gehören folglich derselben Komponente von G_R^O an.

##

Beispiel 19: Wir wollen die Konstruktionen aus dem Beweis der beiden
Behauptungen an dem ausgearteten Register Q und seinem Basisregister
Q_+ illustrieren, deren Erreichbarkeitsgraphen wir in Beispiel 18c
vorgestellt haben. Den Graphen G_Q^O haben wir in Beispiel 17, den
Graphen $G_{Q_+}^O$ in Beispiel 12 schon behandelt (Seite 119 und 103). Wie in
diesen Beispielen wollen wir auch jetzt die Zustände oktal darstellen.
Zunächst betrachten wir den Zykluszustand 40 von Q, dem durch die
Abbildung f der Zustand 4 des Basisregisters Q_+ zugeordnet wird. Der
1-Nachfolger von 4 in Q_+ ist 6 (vergl. Beispiel 12 bzw. 7). Um nun in
der Komponente des Zustandes 40 von G_Q^O einen Zykluszustand zu finden,
dessen 1-Nachfolger in der Komponente des Zustandes 60 liegt
(f(60)=6!), müssen wir $A_+^{-3}4$ bestimmen. (Wir merken an, daß 40 nicht
das Verlangte leistet, denn sein 1-Nachfolger 71 gehört zur Komponente
des Zykluszustandes 50). Da der Zustand 4 in einem Zyklus der Länge 4
liegt, ist $A_+^{-3}4=A_+4=7$. Am Graphen G_Q^O (vergl.Beispiel 17) überprüft man
nun leicht, daß der Zykluszustand 70 von Q den 1-Nachfolger 11 hat, der
aber wegen $A^311=A^222=A44=60$ in der erwünschten Komponente von G_Q^O
liegt.
Zur Illustration des Beweises der Behauptung 2 gehen wir vom Blattzustand 01 aus, dessen Abstand von "seinem" Zykluszustand 10 gerade h=3
ist. Der 1-Nachfolger 03 von 01 liegt in der durch den Zykluszustand
30 repräsentierten Komponente von G_Q^O. Andererseits ist $A_+^{-3}1=A1=2$, und
der 1-Nachfolger 41 des Zykluszustandes 20 gehört ebenfalls zu der
Komponente, in der 03 liegt.

##

Wie Satz 26, der (einmal mehr) die Beschränkung auf eine Registerart
erlaubt, ist auch Satz 27 ein "Reduktionssatz". Er gestattet es, bei
der Untersuchung von Erreichbarkeitsgraphen nichttrivialer Register
ohne Beschränkung der Allgemeinheit vorauszusetzen, daß diese nicht
ausgeartet sind. Das hat unter anderem den Vorteil, daß man ohne
Bedenken mit der Inversen der Systemmatrix arbeiten kann. Wir werden
dies gleich beim Beweis des nächsten Satzes ausnutzen, der weitere
Eigenschaften verallgemeinert, die wir schon an den Erreichbarkeitsgraphen aus Beispiel 18 feststellen konnten.

Satz 28: Der Erreichbarkeitsgraph eines nichttrivialen Signaturregisters ist stark zusammenhängend. Seine Kantenrelation ist
symmetrisch, aber weder reflexiv noch transitiv.

Beweis. Der starke Zusammenhang des vollen Registergraphen G_R, den wir
in Satz 9b bewiesen haben, läßt sich ohne Mühe auf den Erreichbarkeitsgraphen übertragen: Seien X,Y zwei beliebige Komponenten von G_R^O,
die durch die Zustände x,y repräsentiert werden. Nach Satz 9b gibt es
in G_R dann einen Weg von x nach y. Durch Weglassen aller O-Kanten (die
ja sämtlich innerhalb der G_R^O-Komponenten verlaufen) entsteht daraus
ein Weg von X nach Y in G_R^E.
Für den Rest des Beweises setzen wir voraus, daß R nicht ausgeartet
ist. Wir betrachten eine Kante $(Z_s,Z_{s'})$ des Erreichbarkeitsgraphen G_R^E,
die von der 1-Kante (s,s') in G_E^1 erzeugt werde. Wenn A die Systemmatrix von R ist, können wir den 1-Nachfolger von s in der Form $s'=As+v_1$
darstellen. Im Zyklus $Z_{s'}$ liegt auch der O-Vorgänger $A^{-1}s'$ von s'.
Dessen 1-Nachfolger wiederum ist $A(A^{-1}s')+v_1=s'+v_1=As$ - aber dieser
Zustand gehört als O-Nachfolger von s zum Zyklus Z_s. Somit definiert
die 1-Kante $(A^{-1}s',As)$ aus G_R die Kante $(Z_{s'},Z_s)$ im Erreichbarkeitsgraphen - die Kantenrelation ist also symmetrisch.
Die Ursache für die Nicht-Reflexivität liegt darin, daß der Nullzyklus
nur den Nullzustand enthält. Da dessen 1-Nachfolger aber stets der
Einszustand ist, der nicht in Z_O liegt, kann (Z_O,Z_O) keine Kante im
Erreichbarkeitsgraphen sein. Daraus folgt auch die Nicht-Transitivi-
tät: (Z_O,Z_1) und (Z_1,Z_O) sind stets Kanten von G_R^E, aber nicht (Z_O,Z_O).

$$\#\#$$

Zur Veranschaulichung des Symmetriebeweises greifen wir noch einmal
auf den Erreichbarkeitsgraphen aus Beispiel 18b zurück. Wir haben
dort gesehen, daß die Kante (Z_{1E},Z_{1B}) in diesem Graphen dadurch zustande kommt, daß der Zustand 3B aus Z_{1E} den 1-Nachfolger 36 hat, der
im Zyklus Z_{1B} liegt. Der O-Vorgänger von 36 ist aber nun 1B (vergl.
Beispiel 13), und dessen 1-Nachfolger 37 gehört wieder zum Zyklus Z_{1E}.

Wegen der Symmetrie werden wir in folgenden Veranschaulichungen von
Erreichbarkeitsgraphen die Kanten immer ungerichtet darstellen.
Sei G der Erreichbarkeitsgraph eines nichttrivialen Signaturregisters,
t sei die Anzahl der Knoten von G. Für j=0,1,...,t-1 definieren wir
als **j-te Schicht** von G die Menge aller derjenigen Knoten, die vom
Nullzyklus Z_O den Abstand j haben, also von Z_O aus durch einen Weg der
Länge j, aber keinen Weg einer Länge l<j erreichbar sind.

Offensichtlich bestehen die nullte und die erste Schicht eines Erreichbarkeitsgraphen nur aus den Zyklen Z_0 bzw. Z_1 allein. Wie unsere Beispiele zeigen, kann es ab der zweiten Schicht, die bei Registern mit nicht primitivem Rückführungspolynom immer existiert, mehrere Zyklen pro Schicht geben.

Als <u>Querverbindung</u> im Erreichbarkeitsgraphen bezeichnen wir eine Kante (X,Y), die zwei nicht notwendigerweise voneinander verschiedene Zyklen miteinander verbindet, die derselben Schicht angehören. Querverbindungen spielen eine maßgebliche Rolle in Untersuchungen zur Maskierung von Fehlfolgen, die eine ungerade Anzahl von Einselementen enthalten; wir werden darauf im nächsten Abschnitt zurückkommen.

Von den im Beispiel 18 vorgestellten Erreichbarkeitsgraphen besitzen nur die beiden ersten Querverbindungen: Der Graph aus (a) hat eine in der ersten und zwei in der zweiten Schicht, während die sieben Querverbindungen des Graphen aus (b) sämtlich in der zweiten Schicht liegen (alle Kanten wurden als ungerichtet angesehen).

Als Beispiel 18d hatten wir das einfach rückgekoppelte Register der Länge 4 betrachtet. Es zeigt sich, daß die hier zu beobachtende übersichtliche "Schichtenstruktur" des Erreichbarkeitsgraphen, insbesondere ohne jede Querverbindung, bei allen einfach rückgekoppelten Signaturregistern zu finden ist.

<u>Satz 29</u>: Der Erreichbarkeitsgraph eines einfach rückgekoppelten Signaturregisters der Länge n besteht aus n+1 Schichten. Für $j=0,\ldots,n$ enthalten die Zyklen der j-ten Schicht zusammen genau die $\binom{n}{j}$ Registerzustände, die aus j Einsen und n-j Nullen bestehen. Es gibt keine Querverbindungen.

Beweis. Wir zeigen durch vollständige Induktion über j, daß die j-te Schicht genau die Zustände mit j Einsen enthält, $j=0,\ldots,n$.

Der Induktionsanfang j=0 ist trivial.

Sei nun unsere Behauptung für $j\geqslant 0$ bewiesen. Bei j=n sind wir fertig, betrachten wir also den Fall $j<n$. $s=(s_{n-1},\ldots,s_0)$ sei ein beliebiger Zustand mit j+1 Einsen. Wir können ohne Beschränkung der Allgemeinheit annehmen, daß $s_0=1$ ist: Wenn $s_0=\ldots=s_{l-1}=0$ und $s_l=1$, dann liegen wegen der einfachen Rückkopplung der Zustand s und auch die "verschobenen" Zustände
$$(s_0,s_{n-1},\ldots,s_1),\ldots,(s_{l-1},\ldots,s_0,s_{n-1},\ldots,s_l)=v,$$
die alle genau j+1 Einsen enthalten, in demselben Zyklus, und die Betrachtungen könnten mit v fortgesetzt werden.

Unser Zustand $s=(s_{n-1}, \ldots, s_1, 1)$ ist nun aber offensichtlich der 1-Nachfolger des Zustandes $s'=(0, s_{n-1}, \ldots, s_1)$, der also genau j Einsen enthält und nach Induktionsvoraussetzung zur j-ten Schicht gehört. Da eben nach dieser Voraussetzung der Zustand s nicht in den Schichten $0, \ldots, j$ liegen kann, muß er (als 1-Nachfolger eines Zustandes der j-ten Schicht) sich in die (j+1)-te Schicht einordnen. Damit haben wir gezeigt, daß jeder Zustand mit genau j+1 Einsen entweder der 1-Nachfolger eines Zustandes der j-ten Schicht oder aber ein "0-Nachkomme" eines solchen ist. Wegen der einfachen Rückkopplung hat aber (wie wir schon einmal ausgenutzt haben) jeder Zustand dieselbe Anzahl Einsen wie sein 0-Vorgänger. Damit wird insbesondere die (j+1)-te Schicht genau von den Zuständen mit j+1 Einsen gebildet, unser Induktionsbeweis ist komplett.

Ebensowenig wie in der nullten Schicht kann es in der n-ten Schicht, die nur den Zustand 1^n enthält, Querverbindungen geben.

Für $0 < j < n$ haben wir aber schon gesehen, daß der 1-Nachfolger $s'=(s_{n-1}, \ldots, s_1, 1)$ eines Zustandes $s=(0, s_{n-1}, \ldots, s_1)$ aus der j-ten Schicht zur Schicht j+1 gehört.

In analoger Weise liegt $s'=(s_{n-1}, \ldots, s_1, 0)$ in der Schicht j-1, wenn $s=(1, s_{n-1}, \ldots, s_1)$. Damit sind Querverbindungen ausgeschlossen.

##

Der Satz 29 gibt keine Auskunft darüber, wie sich die Zustände der einzelnen Schichten ihrerseits in Zyklen einordnen. Dies hängt maßgeblich davon ab, in welcher Weise das Rückführungspolynom x^n+1 in Faktoren zerlegt werden kann. Aus einer solchen Produktdarstellung kann nach Folgerung 20.1 die Zyklenmenge ermittelt werden. Wegen $r(1)=0$ ist das Rückführungspolynom r eines einfach rückgekoppelten Registers stets durch x+1 teilbar.

Wir werden im folgenden Abschnitt sehen, daß die letzte Aussage des Satzes 29 dahingehend verallgemeinert werden kann, daß es im Erreichbarkeitsgraphen eines Signaturregisters R genau dann keine Querverbindungen gibt, wenn das Polynom x+1 ein Teiler des Rückführungspolynoms von R ist. Da es neben den einfach rückgekoppelten noch andere Register mit dieser Eigenschaft gibt (etwa das Register Q_+ aus Beispiel 18c), ist die in Satz 29 formulierte Bedingung für das Fehlen von Querverbindungen nicht notwendig. Wir wollen noch eine weitere einfache hinreichende Bedingung für die Existenz von Querverbindungen formulieren, die sich ebenfalls als nicht notwendig erweisen wird.

<u>Satz 30</u>: Gehören zur j-ten Schicht des Erreichbarkeitsgraphen eines Signaturregisters der Länge n mehr als 2^{n-1} Zustände, so gibt es in dieser Schicht eine Querverbindung.

Beweis. Eine Querverbindung war definiert als eine Kante (X,Y) innerhalb einer Schicht des Erreichbarkeitsgraphen. Nach Definition dieses Graphen wird eine solche Kante durch eine 1-Kante (x,y) im Registergraphen erzeugt. Es gibt also genau dann Zustände x und y in derselben Schicht, so daß y der 1-Nachfolger von x ist, wenn in dieser Schicht eine Querverbindung existiert. Nach Satz 26 und 27 genügt es, die weiteren Betrachtungen für ein nicht ausgeartetes Register 1.Art zu führen. Ist $x=(x_n,\ldots,x_1)$, so hat y dann die Form $(x_{n-1},\ldots,x_1,y_0)$. Demgegenüber hat der O-Nachfolger von x, der natürlich in derselben Schicht wie x und y liegt, die Form $(x_{n-1},\ldots,x_1,\bar{y}_0)$. Somit gibt es genau dann eine Querverbindung in einer Schicht, wenn in dieser zwei Zustände vorkommen, die sich nur im ersten (niederwertigsten) Bit voneinander unterscheiden. Enthält eine Schicht nun aber mehr als 2^{n-1} Zustände, so muß es ein (n-1)-Tupel $(x_{n-1},\ldots,x_1)$ geben, für das sowohl $(x_{n-1},\ldots,x_1,0)$ als auch $(x_{n-1},\ldots,x_1,1)$ in dieser Schicht liegen - also gibt es dort eine Querverbindung.

$$\#\#$$

In den Graphen aus Beispiel 18 kommen die Querverbindungen in der zweiten Schicht jeweils dadurch zustande, daß diese Schicht "zu viele" Zustände enthält: 9 von 16 im Fall (a) und 43 von 64 im Fall (b). Demgegenüber liefert die erste Schicht des Graphen aus (a), die nur 6 von 16 Zuständen enthält, mit ihrer Querverbindung den Nachweis, daß die "Anzahl-Bedingung" des Satzes 30 nicht notwendig ist.

Der Erreichbarkeitsgraph aus (c), dessen Schichten für das Basisregister Q_+ (mit dem Rückführungspolynom $(x+1)^3$) aus einem, vier und drei Zuständen bestehen, dient uns als Beispiel dafür, daß (zumindest für kleine Registerlängen n) die maximale Mächtigkeit 2^{n-1} einer Schicht ohne Querverbindungen auch tatsächlich angenommen wird.

Wir haben oben gesehen, daß die erste Schicht im Erreichbarkeitsgraphen eines Signaturregisters stets mit dem Zyklus Z_1 des Eins-Zustandes v_1 zusammenfällt. Nach Satz 17 hat Z_1 von allen Zyklen des autonomen Graphen G_R^o die größte Länge. Damit ergibt sich als einfache Konsequenz aus Satz 30:

Folgerung 30: Wenn die maximale Zyklenlänge eines autonomen nicht
ausgearteten Signaturregisters R der Länge n größer als 2^{n-1}
ist, so gibt es in der ersten Schicht des Erreichbarkeitsgraphen G_R^E eine Querverbindung.

Zur Illustration dieser Folgerung betrachten wir die in Beispiel 16
vorgestellten Zyklenmengen, die zu Registern der Länge 7 gehören. Die
dort vorkommenden maximalen Zyklenlängen 105 und 93 sind beide größer
als 2^6=64, so daß die zugehörigen Erreichbarkeitsgraphen in der ersten
Schicht, also in Z_1, jeweils Querverbindungen haben müssen.
Das Beispiel 16 hatten wir vor allem zu dem Zweck angegeben, die
Aussage der Folgerung 21.2 zu veranschaulichen. Bei der Betrachtung
der Erreichbarkeitsgraphen drängt sich nun die Frage auf, ob diese
Aussage dahingehend verschärft werden kann, daß nicht nur die Zyklenmengen selbst übereinstimmen, sondern auch die (durch die Kanten des
Erreichbarkeitsgraphen gegeben!) Verbindungen zwischen den Zyklen
übereinstimmen. Es zeigt sich, daß diese Frage positiv beantwortet
werden kann.

Satz 31: Zwei Signaturregister mit teileräquivalenten Rückführungspolynomen haben isomorphe Erreichbarkeitsgraphen.

Den Beweis führen wir durch Induktion über die Kompliziertheit der
Zerlegung der beiden teileräquivalenten Rückführungspolynome in ihre
Elementarteiler. Dabei wenden wir den "vollständigen Dekompositions-
satz" 15 an, der es gestattet, statt eines Registers mit reduziblem
Rückführungspolynom eine ihm ähnliche (und folglich isomorphe!) Verei-
nigung zu betrachten, deren Komponenten wiederum Verkettungen von
Registern der irreduziblen Faktoren mit sich selbst sind. Nach dem am
Anfang dieses Abschnitts formulierten Hilfssatz haben nämlich das
Ausgangsregister und diese Vereinigung isomorphe Erreichbarkeitsgra-
phen.
Die erste Behauptung entspricht gerade dem Induktionsanfang:

Behauptung 1: Die Erreichbarkeitsgraphen zweier Register gleicher
Länge, deren irreduzible Rückführungspolynome zu demselben Exponenten
gehören, sind isomorph.

Beim Beweis dieser Behauptung stützen wir uns auf Satz 11 (S. 82).
Wenn P und R Signaturregister der Länge n sind, deren irreduzible
Rückführungspolynome p und r beide zum Exponenten 1 gehören, so sind
nach Satz 11d die Zustandsräume beider Register Körper, die dem
$GF(2^n)$ und folglich auch untereinander isomorph sind. Es gibt also

einen Körper-Isomorphismus f vom Zustandsraum V^n mit der durch das Register P nach (32) definierten Zustandsmultiplikation auf den Körper, der aus V^n durch die Hinzunahme der durch R realisierten Multiplikation sowie der (auch im ersten Zustandsraum vorhandenen) komponentenweise erklärten Addition modulo 2 entsteht.

Bemerkung: Wir wollen ausdrücklich darauf hinweisen, daß der Körper-Isomorphismus f i.allg. kein Isomorphismus zwischen den linearen Automaten P und R ist! Als Beispiel dafür dienen uns die zueinander reziproken Polynome x^3+x+1 und x^3+x^2+1: Das Signaturregister mit dem Rückführungspolynom x^3+x+1 erzeugt die Impulsantwort 00010111... (vergl. S. 71), während das zum anderen Polynom gehörende Register die Impulsantwort 00011101... ausgibt. Wegen dieses unterschiedlichen Ein-Ausgabeverhaltens können die Register nicht isomorph sein (vergl. S. 54).

Wir beweisen unsere Behauptung 1 durch den Nachweis, daß der Körper-Isomorphismus f einen Isomorphismus der Erreichbarkeitsgraphen induziert. Dazu ist einmal die "Zyklentreue" von f zu zeigen: Ist s ein beliebiger Zustand von P, so gilt $f(Z_s^P)=Z_{f(s)}^R$. Zum anderen ist nachzuweisen, daß auch die 1-Übergänge zwischen den Zyklen bei der Abbildung f erhalten bleiben: Sind Z und Z' Zyklen von P, so gibt es genau dann einen Zustand aus Z, dessen 1-Nachfolger in Z' liegt, wenn in f(Z) ein Zustand existiert, dessen 1-Nachfolger zu f(Z') gehört.

Ist p (und damit auch r) primitiv, so sind diese Bedingungen offensichtlich erfüllt, weil f den Null- und den Einszustand erhält und die Erreichbarkeitsgraphen beider Register nur aus Z_0 und Z_1 bestehen. Für diesen Fall ist damit unsere Behauptung bewiesen, sie ist hier übrigens auch eine direkte Konsequenz aus Satz 25b.
Seien nun p und r nicht primitiv, d.h., für ihren Exponenten l gilt $l<2^n-1$, und sei $k=(2^n-1)/l$. Zur Vereinfachung der Schreibweise wollen wir jetzt den Nullzustand 0^n durch 0 und den Einszustand $0^{n-1}1$ durch 1 abkürzen. Die 0-Nachfolger von 1 bezüglich P bzw. R, also die Zustände, die nach Satz 11b durch Multiplikation mit einem beliebigen anderen Zustand diesen in seinen 0-Nachfolger überführen, wollen wir a und b nennen. Nach Satz 11f bilden die Zyklen $Z_1^P=(1,a,a^2,\ldots,a^{l-1})$ und $Z_1^R=(1,b,b^2,\ldots,b^{l-1})$ Untergruppen der multiplikativen Gruppen der Zustandsräume. Wie man sich leicht überlegt, sind die Zustände aus diesen Zyklen auch alle Elemente der Ordnung l. Da nun aber aus den Isomorphie-Eigenschaften von f sofort $(f(a))^l=f(a^l)=f(1)=1$ folgt, gilt $f(a)\in Z_1^R$ und damit $f(Z_1^P)=Z_1^R$.

Weil nach Satz 11f jeder P-Zyklus, der einen beliebigen Zustand s enthält, in der Form $Z_s^P=(s,as,a^2s,\ldots,a^{l-1}s)$ geschrieben werden kann, ergibt sich daraus $f(Z_s^P)=(f(s),f(a)f(s),f(a^2)f(s),\ldots,f(a^{l-1})f(s))=Z_s^R$, also die allgemeine Zyklentreue.

Aus $f(a)\in Z_1^R$ folgt, daß es eine Zahl i mit 0 i l gibt, so daß $f(a)=b^i$ ist. Offensichtlich sind i und l teilerfremd. Man kann nun noch zeigen, daß es sogar eine **ungerade** Zahl i mit dieser Eigenschaft gibt: Ist $g(a)=b^{2i}$ ein Körper-Isomorphismus, so ist (wegen $(x+y)^2=x^2+y^2$, vergl. 1.2.4.) auch schon $f(a)=b^i$ ein solcher. Diese Tatsache werden wir unten beim Beweis von Behauptung 3 benötigen.

Seien nun $Z_s,Z_{s'}$ beliebige P-Zyklen mit $s'=as+1$.

Dann gilt $f(Z_s)=(f(s),bf(s),b^2f(s),\ldots,b^{l-1}f(s))$. Andererseits ist $f(s')=f(as)+1=b^if(s)+1$, aber dieser Zustand des Registers R hat den 1-Vorgänger $b^{(i-1)\bmod l}\cdot f(s)$, der im Zyklus $Z_{f(s)}$ liegt. Sind andererseits $Z_q,Z_{q'}$ beliebige R-Zyklen mit $q'=bq+1$ und ist $s=f^{-1}(q)$ und $a^i=f^{-1}(b)$, so hat der R-Zustand $f^{-1}(bq+1)=f^{-1}(b)s+1=a^is+1$ aus dem Zyklus $f^{-1}(Z_{q'})$ den 1-Vorgänger $a^{(j-1)\bmod l}s$, der zum Zyklus $f^{-1}(Z_q)$ gehört. Damit ist die Behauptung 1 bewiesen.

Im Induktionsschritt zeigen wir nun, daß die Isomorphie der Erreichbarkeitsgraphen übertragen wird, wenn Rückführungspolynome so miteinander multipliziert werden, daß die Teileräquivalenz erhalten bleibt. Wir zerlegen diesen Beweis in zwei Teile. Zunächst wenden wir (den Dekompositions-) Satz 13 bzw. seine Folgerung 13.1 an. Diese Resultate gestatten es, beim Aufbau des Registerpolynoms aus zwei zueinander teilerfremden Faktoren zu einer ähnlichen Vereinigung der Faktorregister überzugehen, die nach dem Hilfssatz einen Erreichbarkeitsgraphen hat, der dem des Ausgangsregisters isomorph ist.

<u>Behauptung 2</u>: P,P',Q und Q' seien Signaturregister. Für die Rückführungspolynome p,p',q und q' dieser Register seien folgende Bedingungen erfüllt:

    1) p und p' sowie q und q' sind zueinander teileräquivalent;

    2) p und q sowie p' und q' sind zueinander teilerfremd;

    3) es gibt Ring-Isomorphismen f vom Zustandsraum von P auf den von P' und g vom Zustandsraum von Q auf den von Q', die jeweils einen Isomorphismus der zugehörigen Erreichbarkeitsgraphen induzieren.

Sind dann R und R' die Signaturregister mit den Rückführungspolynomen $r=pq$ und $r'=p'q'$, so gibt es einen Ring-Isomorphismus vom Zustandsraum von R auf den von R', der einen Graph-Isomorphismus von G_R^E auf $G_{R'}^E$ induziert.

Beweis. Wie oben bemerkt, können wir statt der Register R und R' die ihnen jeweils ähnlichen Vereinigungen U von P und Q sowie U' von P' und Q' betrachten. Jeder Zustand von U kann in der Form $u=(x,y)$ geschrieben werden, wobei x ein Zustand von P und y ein Zustand von Q ist. Analog dazu ist jeder Zustand von U' als $u'=(x',y')$ darstellbar, dabei sind x' und y' Zustände von P' bzw. Q'. Wir definieren nun durch $h((x,y))=(f(x),g(y))$ eine Abbildung vom Zustandsraum von U in den von U'. Aus den Voraussetzungen folgt nun leicht, daß die Abbildung h einerseits eine Abbildung **auf** den Bildraum, andererseits aber ein Ring-Isomorphismus ist. Dazu merken wir nur an, daß $u_1=(0...01,0...01)$ das Einselement in beiden Ringen ist, auf weitere Einzelheiten des Beweises verzichten wir.

Es bleibt noch zu zeigen, daß die Abbildung h einen Isomorphismus von G_U^E auf $G_{U'}^E$ induziert. Da h komponentenweise aus f und g zusammengesetzt ist, nach Definition der Vereinigung aber als 0-Nachfolger eines Zustandes (x,y) gerade das Paar (x',y') aus den 0-Nachfolgern von x und y erscheint, ist h auch zyklentreu. Was eben für den 0-Nachfolger festgestellt wurde, gilt auch für den 1-Nachfolger eines beliebigen Zustandes, denn das Einselement u_1 von U und U' setzt sich gerade aus den Einselementen der Komponentenregister P,Q bzw. P',Q' zusammen. Folglich überträgt h auch die Kantenrelation von G_U^E auf $G_{U'}^E$, ist also ein Isomorphismus. Durch die nach Satz 13 existierenden Ähnlichkeitstransformationen von G_R^E auf G_U^E und von $G_{U'}^E$ auf $G_{R'}^E$ gewinnt man daraus den erwünschten Isomorphismus von G_R^E auf $G_{R'}^E$; die Behauptung 2 ist damit bewiesen.

Im zweiten Teil des Induktionsbeweises zeigen wir, daß die Isomorphie der Erreichbarkeitsgraphen auch dann vererbt wird, wenn man von einem irreduziblen Rückführungspolynom p zu einem Polynom der Form p^m übergeht. Dabei nutzen wir die in Satz 21 gegebene Darstellung der Zyklenstruktur solcher Register aus, die wiederum wesentlich von der Ähnlichkeit eines derartigen Registers mit der m-fachen Verkettung seines durch p definierten Faktorregisters (vergl. Folgerung 14.2) Gebrauch macht.

Behauptung 3: Sind P' und Q' Signaturregister, deren Rückführungspolynome p und q irreduzibel sind und zu demselben Exponenten gehören, so gibt es für beliebiges $m>0$ zu den Signaturregistern P und Q mit den Rückführungspolynomen p^m und q^m einen Ring-Isomorphismus vom Zustandsraum von P auf den Zustandsraum von Q, der einen Isomorphismus von G_P^E auf G_Q^E induziert.

Beweis. Die Länge der Register P' und Q' bezeichnen wir wieder mit n, ihre Ordnung sei 1. Den Einszustand $0^{n-1}1$ von P' und Q' nennen wir kurz e', das Symbol e reservieren wir für den Einszustand $0^{mn-1}1$ von P und Q. Dementsprechend verwenden wir die Bezeichnungen a', b', a und b in dieser Reihenfolge für die 0-Nachfolger von e' in P', von e' in Q', von e in P und von e in Q. Nach Satz 21 sind dann die Graphen G_P^0 und G_Q^0 wie folgt aus Zyklen zusammengesetzt:

Es gibt Zahlen $k_1,\ldots,k_t$ mit $\lceil \log m \rceil = k_1 \geqslant k_2 \geqslant \ldots \geqslant k_t = 0$, so daß die jeweils k von Z_0 verschiedenen Zyklen die Längen $l_j = 2^{k_j} \cdot 1$ haben, $j=1,\ldots,t$; insbesondere gilt $l_t = 1$. Wie wir in 2.1.5.1. (vergl. Folgerung 17) gesehen haben, gibt es P-Zustände $c_2,\ldots,c_t$ und Q-Zustände $d_2,\ldots,d_t$, mit denen die P-Zyklen $Z_1,\ldots,Z_t$ und die Q-Zyklen $Y_1,\ldots,Y_t$ nun explizit dargestellt werden können:

$$P:\ \begin{aligned} Z_1 &= (e\ ,a\ \ ,a^2\ \ ,\ldots,a^{l_1-1})\ , \\ Z_2 &= (c_2,ac_2,a^2c_2,\ldots,a^{l_2-1}c_2)\ , \\ &\ \ \vdots\quad\ \vdots\quad\ \vdots\quad\ \ \vdots \\ Z_t &= (c_t,ac_t,a^2c_t,\ldots,a^{l_t-1}c_t)\ , \end{aligned} \qquad Q:\ \begin{aligned} Y_1 &= (e\ ,b\ \ ,b^2\ ,\ldots,b^{l_1-1}\ \ )\ , \\ Y_2 &= (d_2,bd_2,b^2d_2,\ldots,b^{l_2-1}d_2)\ , \\ &\ \ \vdots\quad\ \vdots\quad\ \vdots\quad\ \ \vdots \\ Y_t &= (d_t,bd_t,b^2d_t,\ldots,b^{l_t-1}d_t)\ . \end{aligned}$$

Nach Behauptung 1 gibt es eine ungerade und zu 1 teilerfremde Zahl i, $0 < i < 1$, so daß der durch $f(0^n)=0^n$, $f(e')=e'$ und $f(a')=(b')^i$ definierte Körper-Isomorphismus f ("fortgesetzt" durch $f(x+y)=f(x)+f(y)$ und $f(xy)=f(x)f(y)$) einen Isomorphismus von $G_{P'}^E$ auf $G_{Q'}^E$ induziert.
Wir definieren nun formal auf dieselbe Weise eine Abbildung g auf dem Zustandsraum V^{mn} von P und Q:

I 1) $g(0^{mn})=0^{mn}$;   2) $g(e)=e$;   3) $g(a) = b^i$;
II 1) $g(x+y)=g(x)+g(y)$;   2) $g(xy)=g(x)g(y)$
       für beliebige Zustände x,y von P.

Da i ungerade und zu 1 teilerfremd ist, die l_j aber Produkte von 1 mit Zweierpotenzen sind, ist i auch zu jeder Zyklenlänge l_j teilerfremd, $j=1,\ldots,t$, insbesondere zur Länge l_1 von Z_1 und Y_1. Deshalb bildet g wegen I.3) und II.2) den Zyklus Z_1 eineindeutig auf Y_1 ab. Es ist ohne Schwierigkeiten zu sehen (etwa über die Ähnlichkeit von P bzw. Q mit der m-fachen Verkettung von P' bzw. Q' mit sich selbst), daß die Zyklen Z_1 und Y_1 jeweils eine Basis des Zustandsraumes V^{mn} enthalten. So ist beispielsweise $B_1 = \{e,a,\ldots,a^{mn-1}\}$ eine Basis von Zuständen aus Z_1.
Komplizierter ist es dagegen, zu zeigen, daß die Abbildung g auch eine aus P-Zuständen bestehende Basis von V^{mn} wieder in eine Basis überführt. Wir wollen diesen Beweis nicht vollständig ausführen, seine Grundidee kann wie folgt beschrieben werden:

Für $j=1,\ldots,m$ konstruieren wir durch die Abwandlung von I und II auf die entsprechende Dimension eine Folge von linearen Abbildungen f_j von Zuständen der j-fachen Verkettung von P' mit sich selbst auf die Zustände der j-fachen Verkettung von Q' mit sich selbst. Offenbar ist $f_1=f$, und diese Abbildung hat wegen der Eineindeutigkeit die gewünschte Eigenschaft, eine Basis wieder in eine Basis zu überführen. Man kann nun zeigen, daß diese Eigenschaft sich von f_j auf f_{j+1} vererbt. Die "Zielabbildung" g ergibt sich schließlich aus f_m mit Hilfe der nach Folgerung 14.2 existierenden Ähnlichkeitstransformationen zwischen den Registern P bzw. Q und den m-fachen Verkettungen von P' bzw. Q'. Damit ist die Abbildung g eineindeutig und nach Definition ein Ring-Isomorphismus.

Sei nun $h=mn-1$. Für $j=2,\ldots,t$ gibt es dann eine Linearkombination $c_j=u_0e+u_1a+\ldots+u_ha^h$ des Repräsentanten des Zyklus Z_j durch die Vektoren der Basis B_1. Wegen I und II 1) ist dann das g-Bild von c_j durch $g(c_j)=u_0e+u_1b^i+\ldots+u_hb^{hi}$ erklärt, und durch II 2) wird das g-Bild des gesamten Zyklus Z_j definiert. Da Z_j die zu i teilerfremde Länge l_j hat ($c_ja^x=c_j$ für $x=1,\ldots,l_j-1$, aber $c_ja^{l_j}=c_j$), ist wegen I 2) und II 2) auch $g(Z_j)$ ein Zyklus der Länge l_j. Andererseits ist jeder Zyklus von Q, der etwa durch d_j repräsentiert wird, das g-Bild eines gleich langen Zyklus von P (repräsentiert durch $g^{-1}(d_j)$). Damit ist die Abbildung g zyklentreu.

Zur Vereinfachung der folgenden Betrachtungen nehmen wir für $j=1,\ldots,t$ an, daß $g(c_j)=d_j$ und somit $g(Z_j)=Y_j$ ist. Sei zunächst (Z_j,Z_k) eine Kante aus dem Erreichbarkeitsgraphen G_P^E. Dann gibt es einen Zustand $z=c_ja^x$ aus Z_j, dessen 1-Nachfolger $z'=c_ja^{x+1}+e$ in Z_k liegt. Der Bildzustand $g(z)=d_jb^{ix}$ gehört dann zu Y_j, ebenso auch (wegen der Zykluseigenschaft!) der Zustand $d_jb^{ix}b^{i-1}=d_jb^{i(x+1)-1}$. Für dessen 1-Nachfolger (bezüglich Q!) gilt nun aber

$$d_jb^{i(x+1)-1}b+e = d_jb^{i(x+1)}+e = g(c_ja^{x+1})+e = g(c_ja^{x+1}+e) = g(z'),$$

und daher liegt er in Y_k. Folglich ist (Y_j,Y_k) eine Kante in G_Q^E. Auf analoge Weise zeigt man umgekehrt, daß auch zu jeder Kante in G_Q^E eine Urbildkante in G_P^E existiert. Damit ist mit Behauptung 3 nun auch der Satz bewiesen.

##

Wie wir nach der Einführung der Teileräquivalenz in 2.1.5.2. gesehen haben, sind zwei zueinander reziproke Polynome stets teileräquivalent.

Damit erhalten wir sofort aus dem Satz 31 die Isomorphie der Erreichbarkeitsgraphen für diesen Spezialfall.

Folgerung 31: Zwei Signaturregister, deren Rückführungspolynome zueinander reziprok sind, haben isomorphe Erreichbarkeitsgraphen.

Zur Illustration des Satzes und seiner Folgerung greifen wir noch einmal auf Beispiel 16 (Seite 113) zurück. Sei $d(x)=x^3+x^2+1$ und $v(x)=x^4+x^3+1$. Dann sind $d^*(x)=x^3+x+1$ und $v^*(x)=x^4+x+1$ die zu ihnen reziproken Polynome. Nach Satz 31 haben die Register mit den Rückführungspolynomen dv, $d^*\!\cdot v$, dv^* und $d^*\!\cdot v^*$ alle paarweise zueinander isomorphe Erreichbarkeitsgraphen; für die Paare $dv/d^*\!\cdot v^*$ sowie $dv^*/d^*\!\cdot v$ ergibt sich das schon aus der Folgerung.

Die Teileräquivalenz der Rückführungspolynome ist jedoch nur eine hinreichende Bedingung für die Isomorphie der Erreichbarkeitsgraphen. Schon Satz 25a hat nämlich die Konsequenz, daß die Erreichbarkeitsgraphen aller Signaturregister der Länge $n \geqslant 2$ mit primitiven Rückführungspolynomen isomorph sind. Zum Abschluß dieses Abschnittes wollen wir noch eine hinreichende Bedingung für die Isomorphie von Erreichbarkeitsgraphen angeben, die diese Eigenschaft verallgemeinert und darüber hinaus die Konsequenz hat, daß alle zehn in Beispiel 16 vorgestellten Register der Länge n=7 (trotz der zwei verschiedenen "Typen" von Zyklenmengen) isomorphe Erreichbarkeitsgraphen haben.

Satz 32: Zwei Signaturregister mit den Rückführungspolynomen r und r' haben isomorphe Erreichbarkeitsgraphen, wenn
a) $r(x)=(x+1)q(x)$ und $r'(x)=(x+1)q'(x)$, oder
b) $r=pq$ und $r'=p'q'$ gilt, wobei p,p',q,q' primitiv sind, mindestens den Grad 2 haben, und die Exponenten von p und q wie auch die von p' und q' jeweils zueinander teilerfremd sind.

Beweis. R, P und Q seien Register mit den Rückführungspolynomen $r=pq$, p und q; m und n seien die Längen von P und Q. Ohne Beschränkung der Allgemeinheit sei m<n. Die Ordnungen von P und Q, also die Exponenten, zu denen p und q gehören, kürzen wir mit $k=2^m-1$ und $l=2^n-1$ ab.
Nach Satz 20 hat R die Zyklenmenge $\{1/1, 1/k, 1/l, 1/kl\}$. Der Erreichbarkeitsgraph von R ist nach unserem Hilfssatz dem Erreichbarkeitsgraphen der Vereinigung U von Q und P isomorph, die nach Satz 13 dem Register R ähnlich ist. Diesen Graphen geben wir nun explizit an, wobei wir die Fälle a) und b) zunächst noch gemeinsam behandeln.

Repräsentanten der drei vom Nullzyklus Z_0 verschiedenen Zyklen von G_U^O sind die Zustände $s_{11}=(0^{m-1}1,0^{n-1}1)$, $s_{01}=(0^m,0^{n-1}1)$ und $s_{10}=(0^{m-1}1,0^n)$. Der Zustand s_{11}, der bei der Ähnlichkeitstransformation von R auf U aus dem Einszustand $0^{m+n-1}1$ hervorgeht, ist offensichtlich der 1-Nachfolger des Nullzustandes. Zum Zyklus Z_{11} von s_{11} gehört auch der (nach kl-1 autonomen Schritten erreichte) Zustand $s_{**}=(10^{m-1},10^{n-1})$, der seinerseits der 1-Vorgänger des Nullzustandes ist.

Da wir m<n angenommen hatten, wird schon nach k-1 autonomen Schritten vom Zustand s_{11} der Zustand $s_{*1}=(10^{m-1},y_k)$ erreicht, in dem $y_k \neq 10^{n-1}$ ist. Sein 1-Nachfolger gehört nun aber offenbar zum Zyklus Z_{01}, der durch s_{01} repräsentiert wird. Damit ist dann in jedem Fall die "Kette" $Z_0 - Z_{11} - Z_{01}$ ein Teilgraph von G_U^E.

Nun betrachten wir zunächst den Fall a) mit $p(x)=x+1$, woraus sich $m=k=1$ ergibt. P ist also das Paritätsregister. In diesem Fall ist $s_{*1}=s_{11}=(1,0^{n-1}1)$, und 1-Nachfolger von s_{11} ist $(0,0^{n-2}10)$ aus dem Zyklus Z_{01}. Von diesem aus wird nach 1-2 autonomen Schritten der Zustand $s_{0*}=(0,10^{n-1})$ angenommen. Dessen 1-Nachfolger ist der Zustand $s_{10}=(1,0^n)$, der allein den Zyklus Z_{10} bildet; 1-Nachfolger von s_{10} ist wiederum s_{01}. Damit enthält in diesem Fall der Erreichbarkeitsgraph G_U^E die Kette $Z_0 - Z_{11} - Z_{01} - Z_{10}$, wobei die Zyklen Z_0 und Z_{10} die Länge 1 und die Zyklen Z_{11} und Z_{01} dagegen die Länge $l=2^n-1$ haben. Alle von $s_{**}=(1,10^{n-1})$ verschiedenen Zustände aus Z_{11} haben nun aber die Eigenschaft, daß ihr 1-Nachfolger in Z_{01} liegt. Andererseits gehören die 1-Nachfolger aller von s_0 verschiedenen Zustände auch zu Z_{11}, so daß keine weiteren Kanten mehr hinzukommen. Damit hat unabhängig von der Gestalt des Registers Q, wenn nur sein Rückführungspolynom q mindestens den Grad 2 hat und primitiv ist, ein Signaturregister R mit dem Rückführungspolynom $r(x)=(x+1)q(x)$ einen Erreichbarkeitsgraphen der Form

$$Z_0 - Z_{11} - Z_{01} - Z_{10}.$$

Im Fall b) ist $m \geqslant 2$, also $k \geqslant 3$. Dann kommt man von s_{11} nach 1-1 autonomen Schritten über s_{*1} zum Zustand $s_{1*}=(x_1,10^{n-1})$ mit $x_1=10^{m-1}$. Dessen 1-Nachfolger liegt aber offensichtlich im Zyklus Z_{10}. Wegen $l > k \geqslant 3$ gehören außer s_{**}, s_{*1}, s_{1*} und s_{11} noch weitere Zustände zum Zyklus Z_{11}. Mit Ausnahme der drei zuerst genannten "Sternzustände" haben diese alle aber 1-Nachfolger aus Z_{11}, so daß es dort Querverbindungen gibt!

In den Zyklen Z_{01} und Z_{10} spielen die Zustände $s_{0*}=(0^m,10^{n-1})$ und $s_{*0}=(10^{m-1},0)$ eine besondere Rolle: Ihre 1-Nachfolger s_{10} und s_{01} gehören jeweils zum anderen Zyklus. Die 1-Nachfolger aller von diesen

beiden verschiedenen Zustände aus Z_{01} bzw. Z_{10} liegen dagegen offensichtlich in Z_{11}. Damit hat G_R^E für den Fall, daß keines der beiden
Faktorregister das Paritätsregister ist, die Form

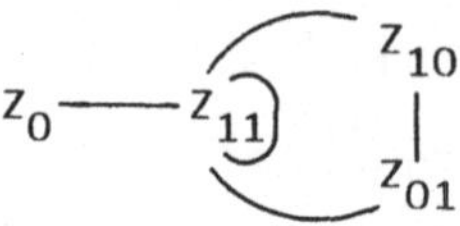

und zwar (im Rahmen der Voraussetzungen) unabhängig von der speziellen
Wahl von P und Q . Damit ist der Satz bewiesen.

##

Zum Abschluß dieses Abschnittes wollen wir noch bemerken, daß die
hinreichende Bedingung des Satzes noch verallgemeinert werden kann,
z.B. auf eine beliebige Anzahl von Faktorregistern mit paarweise
verschiedenen und teilerfremden Ordnungen.

2.1.7. Maskierung

Bei der Betrachtung von Kompaktverfahren zur Fehlerdiagnose im Abschnitt 1.3.3. hatten wir den Begriff der <u>Maskierung</u> eingeführt.
Darunter verstanden wir den Effekt, daß ein Fehler, der beim Vergleich
der durch ihn verursachten Istfolge mit der zugehörigen Sollfolge noch
erkannt wird, nach der Anwendung einer Datenkompression nicht mehr
entdeckt wird, weil die Soll- und Istfolge zu demselben Resultat
führen.
Für die durch ein Signaturregister realisierte Datenkompression wollen
wir die Definition noch einmal explizit angeben. R sei ein Signaturregister (erster oder zweiter Art) der Länge n, E eine Eingabefolge der
Länge l, A eine Anfangsbelegung von R. In Analogie zu den in 2.1.1.
für ein Signaturregister 1.Art eingeführten Bezeichnungen sei $R(E,A)$
die von R bezüglich A erzeugte Signatur von E; $R(E)=R(E,0^n)$ nennen wir
kurz die Signatur von E.
Ist E' die aus (der Sollfolge) E durch Einwirkung eines Fehlers her-
vorgegangene Istfolge, so sagen wir, <u>daß die Abweichung E' von E
durch R maskiert wird</u>, wenn E'≠E, aber $R(E')=R(E)$ ist.
Da nun wegen des Superpositionsprinzips (vergl.2.1.2.) genau dann
$R(E')=R(E)$ gilt, wenn $R(E'+E)=0^n$ ist, brauchen wir statt der allgemeineren Maskierung von Abweichungen nur die <u>Maskierung von Fehlfolgen</u>
$F=E'+E$ zu betrachten, die durch $F\neq 0^l$ und $R(F)=0^n$ charakterisiert wird.

2.1.7.1. Allgemeine Maskierungsaussagen

Wir beginnen mit einem leicht zu beweisenden Hilfssatz, der für spätere Betrachtungen von Nutzen sein wird.

<u>Hilfssatz</u>: Wenn durch ein Signaturregister R zwei Fehlfolgen F und F' maskiert werden, so wird durch R auch ihre Verknüpfung FF' maskiert.

Beweis. Ist n die Länge des Registers R, so gilt $R(F)=R(F')=0^n$. Durch Induktion über die Länge von F' erhält man aus der Beziehung (1^*) (die natürlich auch für Signaturregister 2. Art gilt) leicht $R(FF')=R(F',R(F))$. Daraus ergibt sich aber nach Voraussetzung $R(FF')=R(F',0^n)=R(F')=0^n$.

$$\#\#$$

Um das erste Maskierungsresultat bequemer formulieren zu können, führen wir die "schwache Differenz" ein:

$$1 \dot{-} n = \begin{cases} 1-n, & \text{falls } 1 \geq n, \\ 0 & \text{sonst.} \end{cases}$$

<u>Satz 33</u>: Durch ein Signaturregister R der Länge n werden genau $2^{1-n}-1$ Fehlfolgen der Länge 1 maskiert.

Beweis. Für $1 \geq n$ ist der Satz eine unmittelbare Konsequenz aus Satz 2 und Satz 7 (mit dem das Resultat für Register 2.Art aus Satz 2 hergeleitet wird. Wir merken an, daß wir dies im folgenden stets stillschweigend voraussetzen, wenn wir uns auf Resultate beziehen, die zwar nur für Register 1.Art explizit formuliert wurden, aber auf Grund der Ähnlichkeit ohne Mühe auf Register 2.Art übertragen werden können.) Danach gibt es nämlich genau 2^{1-n} Folgen F mit $R(F)=0^n$, und unter diesen sind $2^{1-n}-1$ maskierte, also von der Nullfolge 0^1 verschiedene Fehlfolgen vorhanden.

Sei nun $1<n$, und $F=(f_1,\ldots,f_1)$ eine binäre Folge der Länge 1. Wenn wir für $i=1,\ldots,1$ wieder den i-ten Einheitsvektor $v_i=0^{i-1}10^{1-i}$ betrachten, so ist $F=f_1 v_1+\ldots+f_1 v_1$, und daraus erhalten wir

$$R(F)=f_1 R(v_1)+\ldots+f_{1-1}R(v_{1-1})+f_1 R(v_1).$$

Ist A die Systemmatrix von R, so gilt offenbar

$$R(v_i)=R(10^{1-i})=R(0^{1-i},v_1)=A^{1-i}v_1,$$ und daraus ergibt sich

$$R(F)=f_1 A^{1-1}v_1+\ldots+f_{1-1}Av_1+f_1 v_1.$$

Wie wir in 2.1.3.3. gesehen haben, sind die Vektoren $v_1, Av_1, \ldots, A^{l-1}v_1$ linear unabhängig, so daß der Nullvektor 0^n aus ihnen nur durch die triviale Linearkombination mit $f_1 = \ldots = f_l = 0$ erzeugt werden kann. Aus $R(F) = 0^n$ folgt daher $F = 0^n$, demzufolge gibt es für Fehlfolgen mit einer Länge $l < n$ keine Maskierung.

##

Die quantitative Aussage von Satz 33 kann zu einer qualitativen verschärft werden. Der folgende Satz, der von J.E.Smith (vergl./Sm/, unter Berufung auf die Arbeit /Me/) formuliert wurde, ist von fundamentaler Bedeutung für die gesamte Maskierungsproblematik.
Wie schon in 2.1.3.4. praktiziert, ordnen wir einer _Fehlfolge_ $F = (f_0, \ldots, f_{l-1}, f_l)$ der Länge $l+1$ ihr _Fehlpolynom_ p_F zu, dessen Grad nicht größer als l ist und das wie folgt definiert wird:
$$p_F(x) = f_0 x^l + \ldots + f_{l-1}x + f_l.$$

Satz 34: Eine Fehlfolge F wird genau dann durch ein Signaturregister R der Länge n maskiert, wenn das Fehlpolynom p_F ein Vielfaches des Rückführungspolynoms r von R ist.

Beweis. Nach Satz 33 ist die Maskierung einer Fehlfolge F durch R nur dann möglich, wenn die Länge l von F größer als n ist, das Fehlpolynom p_F also mindestens den Grad n hat.
Den Beweis, daß genau die Fehlfolgen F durch R maskiert werden, deren Fehlpolynome in der Form $p_F = qr$ darstellbar sind, führen wir durch vollständige Induktion über den Grad m des "Faktorpolynoms" q.
Für m=0 gibt es die beiden (trivialen) Polynome 0 und 1. $0 \cdot r$ ist das zur Folge 0^{n+1} gehörende Fehlpolynom, während die zu $1 \cdot r = r$ gehörende Fehlfolge nach Folgerung 2.2 tatsächlich durch R maskiert wird; nach Satz 33 ist sie auch die einzige.
Wir setzen nun voraus, daß für eine beliebige positive natürliche Zahl m alle Fehlfolgen der Länge m+n, die durch R maskiert werden, Fehlpolynome der Form qr haben, wobei der Grad von q höchstens m-1 ist. Da es mit Berücksichtigung des Nullpolynoms genau 2^m solcher Polynome q gibt, ist diese Voraussetzung mit der in Satz 33 gegebenen Aussage über die Anzahl $(2^m - 1)$ der durch R maskierten Fehlfolgen der Länge m+n verträglich.
Sei nun $F = (f_1, \ldots, f_{m+n})$ eine solche Folge, $p_F = qr$. Wir betrachten die beiden durch $p_{F_0}(x) = xq(x)r(x)$ und $p_{F_1}(x) = (x+1)q(x)r(x)$ charakterisierten Folgen F_0 und F_1 der Längen m+n+1. Offensichtlich ist $F_0 = (f_1, \ldots, f_{m+n}, 0)$, so daß aus $R(F) = 0^n$ sofort $R(F_0) = R(0, 0^n) = 0^n$ folgt.

Andererseits gilt $F_1 = F_0 + F_2$, wobei $F_2 = (0, f_1, \ldots, f_{m+n})$ die Folge der Länge $m+n+1$ ist, zu der das Polynom $p_F = qr$ gehört. Dann gilt auch $R(F_2) = 0^n$ und folglich $R(F_1) = R(F_0) + R(F_2) = 0^n$. Somit haben wir aus jeder der 2^{m-1} Folgen der Länge $m+n$ mit $f_1 = 1$ zwei "neue" Folgen der Länge $m+n+1$ erzeugt, die beide mit einer Eins beginnen und voneinander verschieden sind. Offensichtlich unterscheiden sich für zwei derartige Ausgangsfolgen F, F' der Länge $m+n$ auch die daraus entstehenden Folgen F_0, F'_0, F_1, F'_1 paarweise voneinander. Zu den so erhaltenen 2^m maskierten Fehlfolgen der Länge $m+n+1$, die mit einer Eins beginnen, kommen noch die Folgen hinzu, die aus den $2^m - 1$ maskierten Fehlfolgen der Länge $m+n$ durch Vorsetzen einer Null entstehen. Somit haben alle der insgesamt $2^{m+1} - 1$ durch R maskierten Fehlfolgen der Länge $m+n+1$ ein Fehlpolynom der Form qr, wobei der Grad von q nicht größer als m ist. Damit ist der Satz bewiesen.

$$\#\#$$

Unmittelbar aus dem Satz ergibt sich:

Folgerung 34.1: Die kürzeste durch ein Signaturregister maskierte Fehlfolge ist die Koeffizientenfolge seines Rückführungspolynoms.

Auf weitere Konsequenzen von Satz 34 für die Maskierung von Fehlfolgen kommen wir im nächsten Teilabschnitt zurück. Wir wollen noch bemerken, daß der oben angegebene Beweis dieses Satzes von den bisher eingeführten mathematischen Hilfsmitteln für die Beschreibung von Signaturregistern nur wenige ausnutzt, nämlich das Superpositionsprinzip und (implizit über Satz 33) die lieare Unabhängigkeit der Zustandsvektoren $v_1, Av_1, \ldots, A^{n-1} v_1$.
Andererseits ist Satz 34 eine einfache Folgerung etwa aus den Überlegungen zur Polynomdivision in 2.1.3.4. (die wir jedoch nicht alle bewiesen haben) und auch aus den Betrachtungen zur Struktur des Zustandsraumes in 2.1.3.5.
Wenn wir, wie schon zu Beginn von 2.1.3. praktiziert, ein Signaturregister R der Länge n als deterministischen endlichen Automaten ansehen, und den Nullzustand 0^n als Anfangszustand auszeichnen, so gilt für eine binäre Folge F genau dann $R(F) = 0^n$, wenn F von R mit dem Endzustand 0^n __akzeptiert__ wird (vergl.z.B./HU/). Insbesondere wird jede durch R maskierte Fehlfolge auf diese Weise akzeptiert, und jeder solchen Folge entspricht im Registergraphen G_R ein im Knoten 0^n beginnender und auch dort endender Weg, der mindestens eine 1-Kante enthält.

2.1.7.2. Maskierung spezieller Fehlfolgen

In Analogie zum Hamming-Gewicht, das aus der Kodierungstheorie bekannt ist (vergl. /Pe/), wollen wir als das <u>Gewicht</u> g(F) einer binären Folge F die Anzahl der in F vorkommenden Einsen bezeichnen. Auf ähnliche Weise wird auch das Gewicht g(p) eines Polynoms p als die Anzahl seiner nichtverschwindenden Koeffizienten definiert (vergl. /Sm/). Ist nun p_F das Fehlpolynom einer Fehlfolge F, so gilt offensichtlich $g(p_F)=g(F)$. In diesem Teilabschnitt wollen wir zunächst die Maskierung von Fehlfolgen mit festgehaltenem Gewicht untersuchen.
Als Konsequenz aus Satz 34 erhalten wir dazu:

<u>Folgerung 34.2</u>: Eine Fehlfolge F mit dem Gewicht h>0 wird durch ein Signaturregister mit dem Rückführungspolynom r genau dann maskiert, wenn es ein Polynom q gibt, so daß das Produkt p_F=qr das Gewicht h hat.

Diese Folgerung liefert eine Reihe von Ergebnissen, die schon aus früheren Arbeiten zu theoretischen Problemen der Signaturanalyse bekannt sind. Der Fall h=1 wurde in voller Allgemeinheit in /Sm/, ohne Berücksichtigung trivialer Register jedoch schon in /Fr/ behandelt.

<u>Satz 35</u>: Durch ein Signaturregister R wird genau dann keine Fehlfolge mit dem Gewicht 1 maskiert, wenn R nicht trivial ist.

Das triviale Register T_n der Länge n hat das Rückführungspolynom x^n, das jedes Polynom x^l mit l≥n teilt; folglich werden nach Satz 34 alle "Einbit"-Fehlfolgen der Form 10^l mit l≥n maskiert.
Ist dagegen R nicht trivial, so hat das Rückführungspolynom mindestens das Gewicht 2 und kann deshalb kein Teiler eines Fehlpolynoms x^l sein: Man zeigt leicht durch Induktion über den Grad von q, daß dann auch alle Polynome der Form $q(x)x^a(x^{n-a}+...+1)$ mindestens das Gewicht 2 besitzen (0≤a<n).

##

Das folgende Resultat für h=2 wurde von Leisengang (/Le1/,/Le3/) erwähnt und in /Gös4/ bewiesen.

<u>Satz 36</u>: Zu jedem Signaturregister R gibt es eine Fehlfolge mit dem Gewicht 2, die durch R maskiert wird.

Beweis. R sei ein Signaturregister der Länge n. Ist R trivial, so leistet $F=110^n$ das Verlangte, denn x^n ist Teiler von $p_F(x)=x^{n+1}+x^n$.

Ist R nicht trivial, so kann das Rückführungspolynom wieder als Produkt $r(x)=x^a r_+(x)$ mit $0 \leqslant a < n$ und $r_+(x)=x^{n-a}+\ldots+1$ geschrieben werden. Für die Ordnung m des Basisregisters R_+ (vergl. 2.1.5.2.) ist dann aber r_+ ein Teiler von x^m+1, so daß das Polynom r als Teiler von $p(x)=x^{a+m}+x^a$ auftritt. p ist aber das Fehlpolynom zur Fehlfolge $F=10^{m-1}10^a$, die nach Satz 34 durch R maskiert wird.

##

Beispiel 20: Wir betrachten das Signaturregister Q zweiter Art mit dem Rückführungspolynom $r(x)=x^6+x^5+x^4+x^3=x^3(x^3+x^2+x+1)$ aus Beispiel 17 (S. 119). Das Basisregister Q_+ (vergl. Beispiel 12) hat die Ordnung 4, denn $x^4+1=(x^3+x^2+x+1)(x+1)$. Demnach wird durch Q die Fehlfolge $F=10001000$, für die $p_F(x)=x^7+x^3$ gilt, maskiert.
Die zugehörige Signaturberechnung wollen wir noch einmal nach dem Vorbild von Beispiel 3 illustrieren. Dabei ist zu beachten, daß Q ein Register 2. Art ist.

```
              6 5 4 3 2 1
                * * *
      ___________________________
      s⁰:  0 0 0 0 0 0 | 1 :e₀
      s¹:  0 0 0 0 0 1 | 0 :e₁
      s²:  0 0 0 0 1 0 | 0 :e₂
      s³:  0 0 0 1 0 0 | 0 :e₃
      s⁴:  0 0 1 0 0 0 | 1 :e₄
      s⁵:  0 1 0 0 0 1 | 0 :e₅
      s⁶:  1 0 0 0 1 0 | 0 :e₆
      s⁷:  1 1 1 1 0 0 | 0 :e₇
      s⁸: |0 0 0 0 0 0|
          +-----------+
```

##

Es ist leicht einzusehen, daß allgemein der Abstand m der beiden Einsen in der im Beweis von Satz 36 konstruierten maskierten Fehlfolge vom Gewicht 2 auch minimal ist; keine Fehlfolge vom Gewicht 2, in der die beiden Einsen einen geringeren Abstand haben, wird durch das Register R maskiert. Sein Maximum für alle Register der Länge n erreicht dieser Minimalabstand mit $m=2^n-1$ dann, wenn das Rückführungspolynom primitiv ist. Diese Tatsache, die auch als Erkennungseigenschaft für spezielle Fehlerbündel ausgedrückt werden kann, wird schon in /BCA/ und /Fr/ erwähnt; wir kommen auf Fehlerbündel noch zurück.

Unter Ausnutzung des Hilfssatzes aus 2.1.7.1. erhalten wir unmittelbar
die folgenden Konseqenzen aus Satz 36.

Folgerung 36.1: Zu jedem Signaturregister R und zu jeder positiven
geraden Zahl h gibt es eine Fehlfolge mit dem Gewicht h, die
durch R maskiert wird.

Folgerung 36.2: Wird durch ein Signaturregister R eine Fehlfolge mit
dem ungeraden Gewicht u_o maskiert, so gibt es auch zu jeder
ungeraden Zahl $u>u_o$ eine durch R maskierte Fehlfolge mit dem
Gewicht u.

Die gesuchte Fehlfolge ergibt sich in beiden Fällen durch hinreichend
oftmalige Verknüpfung einer durch R maskierten Ausgangsfolge mit dem
Gewicht 2 oder u_o mit einer nach Satz 36 existierenden maskierten
Folge vom Gewicht 2.
Beim Vergleich der beiden Folgerungen fällt eine "Unsymmetrie" auf,
die die Voraussetzung über die Existenz einer maskierten Fehlfolge mit
dem geraden Gewicht 2 bzw. ungeraden Gewicht u_o betrifft. Während bei
jedem Signaturregister Folgen mit geradem Gewicht maskiert werden,
hängt es maßgeblich vom Rückführungspolynom ab, ob überhaupt Fehlfolgen mit einem ungeraden Gewicht $u>1$ maskiert werden können. Der einfachste Fall, der für **alle** Fehlfolgen mit ungeradem Gewicht die
Maskierung ausschließt (was für einfach rückgekoppelte Register schon
von David in /Da1/ bemerkt wurde), ist von Leisengang und Mitarbeitern
(vergl./Le1/,/HL/,/He/,/Scm/) charakterisiert worden.

Satz 37: Durch ein Signaturregister R der Länge n wird genau dann
keine Fehlfolge F mit ungeradem Gewicht maskiert, wenn das
Rückführungspolynom r von R durch x+1 teilbar ist.

Beweis. Sei zunächst x+1 ein Teiler von r. Nach Satz 34 muß bei einer
durch R maskierten Fehlfolge F dann das Fehlpolynom p_F durch r, erst
recht also durch x+1 teilbar sein. Daraus folgt aber $p_F(1)=0$, so daß
das Gewicht von p_F und F dann notwendigerweise gerade ist.
Wenn andererseits x+1 kein Teiler von r ist, so kommt dieses Polynom,
das als einziges irreduzibles Polynom die Nullstelle Eins hat, auch
nicht unter den irreduziblen Faktoren von r vor. Folglich gilt $r(1)=1$,
was bedeutet, daß das Gewicht von r ungerade ist. Dieses ist aber
gerade das Gewicht der Koeffizientenfolge, die r als Fehlpolynom hat
und nach Folgerung 34.1. durch R maskiert wird.

                                                    ##

Unter Berücksichtigung der Dekompositionssätze aus 2.1.4. kann Satz 37 auch so formuliert werden, daß ein Register genau dann alle Fehlfolgen mit ungeradem Gewicht, also mit der Parität 1 erkennt, wenn das Paritätsregister (das durch das Rückführungspolynom $x+1$ charakterisiert ist) unter seinen Faktorregistern vorkommt (vergl./He/).
Zu den Signaturregistern, für die dies der Fall ist, gehören offensichtlich die einfach rückgekoppelten Register. Damit liefert uns Satz 37 gleich eine Verallgemeinerung der Teilaussage von Satz 29 über die Nichtexistenz von Querverbindungen in den Erreichbarkeitsgraphen einfach rückgekoppelter Register.

__Folgerung 37__: Im Erreichbarkeitsgraphen G_R^E eines Signaturregisters R gibt es genau dann keine Querverbindungen, wenn das Rückführungspolynom von R durch $x+1$ teilbar ist.

Zum Beweis bemerken wir, daß jede durch R maskierte Folge mit dem Gewicht $h>0$ einem Weg in G_R^E entspricht, der die Länge h hat und in Z_O beginnt und endet. (Wegen Satz 27 können wir ohne Beschränkung der Allgemeinheit annehmen, daß R nicht ausgeartet ist, und folglich die Knoten von G_R^E als Zyklen ansehen.) Wegen der Schichtenstruktur von G_R^E kann nun ein Weg ungerader Länge von O^n nach O^n nur dadurch zustande kommen, daß dabei eine Querverbindung durchlaufen wird. Andererseits folgt aus der Existenz einer Querverbindung in der k-ten Schicht ($k>0$) nach Definition dieser Schicht als Menge aller Knoten, die von Z_O den Abstand k haben, sofort die Existenz eines Weges der Länge $2k+1$ von Z_O nach Z_O. Damit gibt es dann auch eine durch R maskierte Fehlfolge mit dem ungeraden Gewicht $2k+1$.

##

Im zweiten Teil des Beweises von Satz 37 haben wir (wie schon früher beim Beweis von Satz 10b) festgestellt, daß das Polynom $x+1$ genau dann kein Teiler des Rückführungspolynoms r eines Signaturregisters R ist, wenn das Gewicht u_O von r ungerade ist. Nach Folgerung 34.1 wird die zugehörige Fehlfolge mit dem Gewicht u_O maskiert, nach Folgerung 36.2 gibt es zu jeder ungeraden Zahl $u>u_O$ eine durch R maskierte Fehlfolge vom Gewicht u. Da es nach Folgerung 36.1 ohnehin zu beliebigen geraden Zahlen h maskierte Fehlfolgen mit dem Gewicht h gibt, gilt folgender Satz:

__Satz 38__: Ist R ein Signaturregister, dessen Rückführungspolynom ein
ungerades Gewicht u_o hat, so gibt es zu jeder Zahl $h \geqslant u_o$ eine
durch R maskierte Fehlfolge vom Gewicht h.

Der Satz macht keine Aussage über die "Maskierungsverhältnisse" für
die ungeraden Gewichte $3,5,\ldots,u_o-2$. Es zeigt sich, daß wiederum in
Abhängigkeit vom Rückführungspolynom hier verschiedene Fälle möglich
sind. Wir behandeln zunächst den "oberen Extremfall", in dem keine
Fehlfolge mit einem der genannten Gewichte maskiert werden kann.
Wir merken an, daß das folgende Resultat für die Registerlängen 4,6,8
und 16 schon bei Leisengang und Heckmaier (/HL/,/Le3/) zu finden ist.

__Satz 39__: Zu jeder ungeraden Zahl $u_o > 1$ gibt es ein Signaturregister,
dessen Rückführungspolynom das Gewicht u_o hat und durch das
keine Fehlfolge mit einem ungeraden Gewicht $u < u_o$ maskiert
wird.

Beweis. Wir zeigen, daß das maximal rückgekoppelte Signaturregister M_n
der Länge $n = u_o - 1$ das Verlangte leistet. Rückführungspolynom von M_n ist
das durch $v(x) = x^n + x^{n-1} + \ldots + x + 1$ definierte "vollständige" Polynom v vom
Grad n.
Beim Beweis wird der Satz 34 maßgeblich benutzt. Weil M_n nicht ausgeartet ist, sind Endnullen einer Fehlfolge F ohne Einfluß auf die Maskierung von F durch M_n. Wir können daher ohne Beschränkung der Allgemeinheit annehmen, daß ein Fehlpolynom p_F und folglich auch ein durch
$p_F = qv$ charakterisiertes Faktorpolynom q stets das absolute Glied 1
enthält.

__Behauptung 1__: Ist g(q) gerade, so auch $g(qv) = g(p_F) = g(F)$.

Diese Behauptung beweist man leicht durch Induktion über g(q), wir
verzichten auf die Ausführung. Sie hat die Konsequenz, daß wir uns
beim Beweis des Satzes auf Faktorpolynome mit ungeradem Gewicht beschränken können.

__Behauptung 2__: Ist g(q) ungerade, so ist auch g(qv) ungerade, und es
gilt $g(qv) \geqslant u_o = n+1$.

Auch diese Behauptung wird durch Induktion über das Gewicht g(q)
bewiesen. Für g(q)=1 ist sie trivialerweise erfüllt.

Wir nehmen nun an, daß die Behauptung 2 für alle Faktorpolynome q' mit
dem ungeraden Gewicht $g(q') = m \geqslant 1$ bewiesen ist.

Sei $q(x)=x^a+x^b+x^c+x^{e_{m-1}}+\ldots+x^{e_2}+1$ mit $a>b>c=e_m>e_{m-1}>\ldots>e_2>e_1=0$ ein beliebiges Polynom mit dem Gewicht m+2.
Dann hat das Polynom $q'(x)=x^c+x^{e_{m-1}}+\ldots+x^{e_2}+1$ das Gewicht m; nach Voraussetzung ist das Gewicht $u=g(q'v)$ ungerade, und es ist $u\geq u_0=n+1$. Die Summe $q(x)+q'(x)=x^a+x^b=x^b(x^{a-b}+1)$ ist ein Binom. Das Produkt eines Binoms mit dem vollständigen Polynom v hat stets eine besondere Gestalt:

__Behauptung 3__: Für $d\geq 1$ gilt $(x^d+1)v(x)=x^{d+n}+\ldots+x^{d+n-k+1}+x^{k-1}+\ldots+x+1$, dabei ist $k=\min(d,n+1)$ und folglich $d+n-k+1\geq n+1$.

Diese Behauptung ergibt sich einfach durch "Ausmultiplizieren" mit der Unterscheidung der Fälle $d\geq n+1$, in dem das Produkt das Gewicht $2(n+1)$ hat, und $d\leq n$, in dem sich wegen der modulo-2-Arithmetik bei der Produktbildung Glieder aufheben. Das Produkt $(x^d+1)v(x)$ besteht also aus einem "oberen" und einem "unteren" Block benachbarter Potenzen von x; beide Blöcke haben die Länge k, damit auch das Gewicht k.
Mit $d=a-b$ gilt   nun $q(x)v(x)=x^b(x^d+1)v(x)+q'(x)v(x)$.   Die beiden Summanden dieses Ausdruckes können offenbar nur im Bereich der Exponenten $b,b+1,\ldots,c+n$ gemeinsame Glieder enthalten. Die Länge dieses Bereiches ist $l=n+1+c-b$, und wegen $b>c$ gilt $l\leq n$. Deshalb können nach Behauptung 3 in diesem Bereich nur Glieder aus dem unteren Block des ersten Summanden liegen, der ja das Produkt von v mit dem Binom x^a+x^b ist. Jedes derartige Glied x^{c+j} mit $1\leq j\leq n$, das auch im Produkt $q'v$ vorkommt und somit eines der $u\geq u_0$ Glieder des Polynoms $q'v$ "neutralisiert", hat aber im oberen Block einen "Partner" (nämlich $x^{c+j+n+(d-(n+1))}$), der außerhalb des "Überschneidungsbereiches" liegt und somit den "Gewichtsverlust" ausgleicht. Folglich gilt $g(qv)\geq u\geq u_0$. Damit ist die Behauptung 2 bewiesen, aus der aber nach Satz 34 unmittelbar unser Satz 39 folgt.

##

Satz 34 liefert uns gleich auch eine erste Konsequenz aus Satz 39:

__Folgerung 39.1__: Ist R ein Signaturregister mit reduziblem Rückführungspolynom, unter dessen Faktoren ein vollständiges Polynom m-ten Grades vorkommt, $m\geq 4$, so wird durch R keine Fehlfolge mit einem ungeraden Gewicht $u<m$ maskiert.

Wir merken an, daß die Umkehrung i.allg. nicht gilt: Das Signaturregister mit dem irreduziblen, aber nicht primitiven Rückführungspolynom $x^8+x^5+x^4+x^3+1$ maskiert keine Fehlfolge mit dem Gewicht 3.

Von allen Polynomen n-ten Grades ist das vollständige Polynom v offensichtlich das einzige mit dem maximal möglichen Gewicht n+1.

Für eine gerade Registerlänge n hat daher auch das maximal rückgekoppelte Register M_n die beste "Fehlererkennungsfähigkeit" bei Fehlfolgen mit ungeradem Gewicht. Damit spielen die vollständigen Polynome eine besondere Rolle.

Wir merken an, daß $v_2(x)=x^2+x+1$ das einzige primitive vollständige Polynom ist. Im Anhang 1 geben wir die Faktorzerlegungen für die vollständigen Polynome $v_4, v_6, \ldots, v_{32}$ an.

Ist n dagegen ungerade, so wird durch das ausgeartete Signaturregister mit dem Basisregister M_{n-1} keine Fehlfolge mit dem ungeraden Gewicht n-2 maskiert. Auch in diesem Fall ist das der maximal mögliche Wert; nach Satz 38 kann es in beiden Fällen kein Register der Länge n geben, das noch Fehlfolgen mit dem ungeraden Gewicht n+1 bzw. n maskiert.

Damit ist der oben erwähnte "obere Extremfall" charakterisiert.

Als weitere Folgerung aus Satz 39 ergibt sich, daß für jede Registerlänge n auch alle Fälle vorkommen, die zwischen diesem und dem "unteren Extremfall" liegen, in dem es schon maskierte Fehlfolgen mit dem Gewicht 3 gibt.

Folgerung 39.2: Zu jedem n≥2 und zu jeder ungeraden Zahl u<n gibt es ein Signaturregister der Länge n, durch das eine Fehlfolge mit dem Gewicht u+2, aber keine Fehlfolge mit dem Gewicht u maskiert wird.

Nach Satz 39 leistet das durch das Basisregister M_{u+1} und dem Ausartungsgrad n-(u+1) definierte Signaturregister das Verlangte.

Für die Signaturregister, die schon Fehlfolgen mit dem Gewicht 3 maskieren, haben wir neben der trivialen Konsequenz aus Folgerung 34.2, daß ihr Rückführungspolynom Teiler eines Trinoms $x^a+x^b+x^c$ mit a>b>c ist, kein Kriterium. Der folgende Satz stellt einige hinreichende Bedingungen zusammen.

Satz 40: Ist das Rückführungspolynom eines Signaturregisters R nicht durch x+1 teilbar und
a) primitiv oder
b) das Produkt zweier primitiver Polynome, die zu zwei teilerfremden Exponenten gehören, oder
c) eine Potenz eines primitiven Polynoms,
so werden durch R schon Fehlfolgen mit dem Gewicht 3 maskiert.

Zum Beweis: Wie oben schon allgemeiner bemerkt, ist durch R die Maskierung einer Fehlfolge vom Gewicht 3 genau dann möglich, wenn in der ersten Schicht des Erreichbarkeitsgraphen G_R^E eine Querverbindung existiert. Das ist aber für die Register mit einem primitiven Rückführungspolynom vom Grad $n \geq 2$ nach Satz 25(b) der Fall, und für die unter b) genannten Register haben wir dies im Beweis zu Satz 32 gesehen.

Ist p primitiv, $r=p^e$ mit $e>0$, und $d=2^{\lceil \log e \rceil}$, so gibt es wegen a) ein Trinom $t(x)=x^a+x^b+x^c$ und ein Faktorpolynom q mit $p(x)q(x)=t(x)$. Daraus folgt aber

$$p(x)^e \cdot p(x)^{d-e} \cdot q(x)^d = (p(x)q(x))^d = t(x)^d = t(x^d) = x^{ad}+x^{bd}+x^{cd},$$

so daß auch das Register mit dem Rückführungspolynom p^e eine Fehlfolge vom Gewicht 3 maskiert.

##

Bis hierher haben wir bei den betrachteten Fehlfolgen F mit festem Gewicht $g(F)=h$ keine Voraussetzungen über die Folgenlänge gemacht. Wie wir schon beim Beweis der Folgerung 37 feststellten, wird eine solche Folge durch ein Signaturregister R genau dann maskiert, wenn es in G_R^E einen in Z_0 beginnenden und auch dort endenden Weg der Länge h gibt.

Mit diesem Hintergrund kann auch diese speziellere Maskierung von Fehlfolgen in der Sprache der Automatentheorie ausgedrückt werden. So wie wir am Ende von 2.1.7.1. den Registergraphen G_R als Graphen eines deterministischen endlichen Automaten interpretiert haben, ordnen wir nun dem Erreichbarkeitsgraphen G_R^E einen endlichen Automaten $\mathcal{E}_R$ zu. Dieser ist autonom, d.h., er hat nur **ein** Eingabesymbol (die 1), und er ist i.allg. nichtdeterministisch (vergl. /St/,/HU/); er akzeptiert - wiederum mit Z_0 als Anfangs- und Endzustand - eine Eingabe 1^h genau dann, wenn durch R eine Fehlfolge mit $g(F)=h$ maskiert wird.

Von allen Automaten, die hinsichtlich der Akzeptierung mit Z_0 als Anfangs- und Endzustand zu $\mathcal{E}_R$ äquivalent sind, also genau dieselben Eingaben wie $\mathcal{E}_R$ akzeptieren, hat $\mathcal{E}_R$ i.allg. nicht die wenigsten Zustände. Dies bedeutet in der Sprache der Automatentheorie (vergl./St/, /Gös1/), daß $\mathcal{E}_R$ nicht reduziert ist. Den Automatengraphen des (bis auf Isomorphie eindeutig bestimmten) zu $\mathcal{E}_R$ äquivalenten reduzierten Automaten $\mathcal{E}_R'$ wollen wir den <u>reduzierten Erreichbarkeitsgraphen</u> des Registers R nennen und mit $G_R^{E'}$ bezeichnen.

Wenn die Zustände des Erreichbarkeitsgraphen G_R^E in die Schichten $s_0,\ldots,s_m$ eingeordnet werden können (vergl. 2.1.6.), so wird im reduzierten Erreichbarkeitsgraphen $G_R^{E'}$ jede Schicht s_i durch einen einzigen

Knoten s_i repräsentiert. Die Kanten von $G_R^{E'}$ sind (s_{i-1}, s_i) für $i=1,\ldots,m$; dazu kommen noch Kanten (s_i, s_i), und zwar genau dann, wenn in der Schicht s_i eine Querverbindung existiert.

So gehören etwa zu den in Beispiel 18a, b und d (vergl. Seite 123/124) betrachteten Erreichbarkeitsgraphen die folgenden reduzierten Graphen:

$$\text{a) } s_0 \!-\! \overset{\curvearrowright}{s_1} \!-\! \overset{\curvearrowright}{s_2} \, , \quad \text{b) } s_0 \!-\! s_1 \!-\! \overset{\curvearrowright}{s_2} \!-\! s_3 \, , \quad \text{d) } s_0 \!-\! s_1 \!-\! s_2 \!-\! s_3 \!-\! s_4 \, .$$

Nach Definition der reduzierten Erreichbarkeitsgraphen wird allgemein eine Fehlfolge F mit $g(F)=h$ durch R genau dann maskiert, wenn es in $G_R^{E'}$ einen Weg der Länge h von s_0 nach s_0 gibt.
Neben Fehlfolgen mit festem Gewicht, aber beliebiger Länge, kann man auch Fehlfolgen mit festem Gewicht und fester Länge (etwa 2^n-1 für Register der Länge n) auf Maskierung untersuchen, wir verweisen dazu z.B. auf /He/,/Le3/ und /Ya3/.

Von ähnlicher Art sind die aus der Kodierungstheorie (vergl. /Pe/) bekannten Fehlerbündel: Eine Fehlfolge F wird als (j,k)-Fehlerbündel bezeichnet, wenn $g(F) \leqslant k$ gilt und wenn der Abstand zwischen der ersten und der letzten Eins in F nicht größer als j-1 ist (vergl. /Sm/).
Einige Resultate dieses Teilabschnittes können als Ergebnis über die Maskierung von Fehlerbündeln interpretiert werden: So folgt etwa aus Satz 33, daß durch ein Signaturregister der Länge n keine (n,n)-Fehlerbündel maskiert werden, und aus dem Beweis von Satz 36 geht hervor, daß Register mit primitiven Rückführungspolynomen die wenigsten $(j,2)$-Fehlerbündel maskieren (vergl. z.B. /BCA/,/Fr/).
Untersuchungen zur Maskierung von Fehlerbündeln sind auch in der Arbeit /No/ zu finden.
In /Sm/ werden neben Fehlerbündeln noch Fehlfolgen einer weiteren speziellen Art untersucht, die dadurch charakterisiert sind, daß ihre Fehlpolynome die Form $x^i p(x^b)$ mit $b>1$ haben. Besonders wichtig für die Anwendung auf die Diagnose von Mikroprozessorschaltungen ist dabei der Fall, daß der "Wiederholungsparameter" b eine Zweierpotenz ist.
Für die zuletzt genannten speziellen Typen von Fehlfolgen findet man in der Literatur neben "qualitativen" Aussagen über die Möglichkeit bzw. Unmöglichkeit der Maskierung durch ein spezielles Register R auch "quantitative" Resultate, etwa die exakte oder nach oben abgeschätzte Anzahl aller durch R maskierten Fehlfolgen einer bestimmten Art in Abhängigkeit von der Folgenlänge l. Nach Division durch die Anzahl 2^l-1 aller von 0^l verschiedenen Folgen kommt man dann zu Wahrscheinlichkeitsaussagen, auf die wir nun im folgenden Teilabschnitt eingehen wollen.

2.1.7.3. Untersuchungen zur Maskierungswahrscheinlichkeit

Schon im Abschnitt 2.1.2. haben wir (als Folgerung 2.1) gezeigt, daß
die durch ein Signaturregister R realisierte Datenkompression gleichmäßig ist. Da alle R-Signaturen dieselbe Länge haben, ist diese auch
beschränkt, so daß wir die Folgerung aus dem in 1.3.3. formulierten
Satz über die Maskierungswahrscheinlichkeit anwenden können.

Satz 41: Sind für jedes $l \geqslant 1$ die Fehlfolgen der Länge 1 gleichverteilt,
so ist die Wahrscheinlichkeit dafür, daß eine Fehlfolge durch
ein Signaturregister der Länge n maskiert wird, nicht größer
als 2^{-n}.

Schon für "handliche" Registerlängen, etwa n=12 oder n=16, wird diese
Wahrscheinlichkeit sehr klein. Vor allem in früheren Veröffentlichun-
gen zur Signaturanalyse (z.B. /GoN/) wurde dies recht optimistisch als
Indiz für ihre guten Fehlererkennungseigenschaften gewertet. Da der
Satz aber auch für das (nicht rückgekoppelte!) triviale Register T_n
gilt (/Sm/; vergl. auch /La/) und andererseits kaum angenommen werden
kann, daß die durch reale Fehler hervorgerufenen Fehlfolgen gleichver-
teilt sind (/CL/,/CW/,/Mu2/), wird die Praxisrelevanz dieses Satzes
heute kritischer bewertet. Unbestritten ist aber die Bedeutung des
Resultates im Rahmen theoretischer Untersuchungen.
Von David wurde gezeigt, daß für einfach rückgekoppelte Register die
Voraussetzung der Gleichverteilung durch die schwächere Forderung
ersetzt werden kann, daß die Fehlfolgen zufällig sind (/Da1/,/Da2/).
Wie im vorigen Teilabschnitt angekündigt, wollen wir uns nun der
Untersuchung von Maskierungswahrscheinlichkeiten spezieller Fehlfolgen
zuwenden. Voraussetzung bleibt auch hierfür die **Gleichverteilung**, ohne
daß wir dies im folgenden noch explizit erwähnen.

Zunächst betrachten wir wieder Fehlfolgen mit festgehaltenem Gewicht
und beliebiger Länge. Dazu stellen wir die Grundzüge eines Verfahrens
zur Berechnung von Maskierungswahrscheinlichkeiten vor, das von Leisengang und seinen Mitarbeitern entwickelt wurde und in /Le2/ sowie
ausführlicher in /Le3/, /He/ und /Scm/ dargestellt ist; einige (speziellere) Resultate sind in /HL/ veröffentlicht.

G_R^E sei der Erreichbarkeitsgraph eines (wieder ohne Beschränkung der
Allgemeinheit nicht ausgearteten) Signaturregisters R der Länge n.
Nach Definition von G_R^E ist K=(X,Y) genau dann eine Kante in diesem
Graphen, wenn es Zustände $x \in X$ und $y \in Y$ gibt, so daß k=(x,y) eine 1-
Kante im Registergraphen G_R ist. Eine solche Kante ist aber i.allg.

durch K nicht eindeutig bestimmt (so werden etwa im Beispiel 18a vier
der sechs Kanten des Graphen G_S^E durch jeweils zwei 1-Kanten erzeugt).

Für beliebige Zyklen X,Y von R-Zuständen sei b'(X,Y) die Anzahl aller
1-Kanten (x,y) mit $x \in X$ und $y \in Y$ aus dem Graphen G_R. Offenbar gilt genau
dann b'(X,Y)>0, wenn (X,Y) eine Kante in G_R^E ist. Die Einschränkung von
b' auf die Kantenmenge von G_R^E ist dann eine Kantenbewertung des Erreichbarkeitsgraphen, deren Werte positive ganze Zahlen sind.
Wenn X die Anzahl der Zustände des Zyklus X symbolisiert, so ist die
durch b(X,Y)=b'(X,Y)/ X definierte Abbildung b eine rationalwertige
Kantenbewertung von G_R^E. Den zugehörigen kantenbewerteten Graphen
$G_R^U=(G_R^E,b)$ nennen wir dann (nach /He/, vergl. auch /Le2/) den <u>Über-
gangsgraphen</u> des Signaturregisters R.
Nach Definition von b gilt offenbar für jeden Zyklus X:

$$\sum_Y b(X,Y)=(1/ X)\cdot\sum_Y b'(X,Y)=(1/|X|)\cdot|X|=1, \tag{39}$$

denn von jedem R-Zustand geht genau eine 1-Kante aus, und bei der
Definition von b' wurden alle Zustände aus X berücksichtigt.
Damit kann b(X,Y) als die Wahrscheinlichkeit interpretiert werden, mit
der man bei Eingabe einer Eins aus dem Zyklus X in den Zyklus Y kommt.

In analoger Weise kann man für die (die Schichten von G_R^E repräsentie-
renden) Knoten des reduzierten Erreichbarkeitsgraphen $G_R^{E'}$ Abbildungen b' und b definieren:

       b'(s,s')= Anzahl aller 1-Kanten (x,y) von Zuständen x aus
               der Schicht s zu Zuständen y der Schicht s',
       b(s,s') = b'(s,s')/ |s| .

Den kantenbewerteten Graphen $G_R^{U'}=(G_R^{F'},b)$ bezeichnen wir dann als den
<u>reduzierten Übergangsgraphen</u> von R.
Da nun auch für jede Schicht s des Erreichbarkeitsgraphen

$$\sum_{s'} b(s,s')=1 \tag{40}$$

gilt, kann b(s,s') als Wahrscheinlichkeit dafür angesehen werden, bei
Eingabe einer Eins aus der Schicht s von G_R^E in die Schicht s' zu
gelangen.
Besteht G_R^E aus den k Zyklen $Z_0', Z_1', \ldots Z_{k-1}'$ (die wir nun nicht mehr
durch ihre Repräsentanten bezeichnen!), so wird der Übergangsgraph G_R^U
von R vollständig durch eine Matrix $U_R=(u_{ij})$ vom Typ (k,k) beschrieben, die als <u>Übergangsmatrix</u> von R bezeichnet wird und deren Elemente
durch $u_{ij}=b(Z_{i-1}',Z_{j-1}')$ definiert sind; i,j=1,...,k.

Wenn sich die k Zyklen des Erreichbarkeitsgraphen in die m Schichten $s_0, s_1, \ldots, s_{m-1}$ einordnen, so definieren wir durch $u'_{ij} = b(s_{i-1}, s_{j-1})$ in analoger Weise eine m-reihige quadratische Matrix $U' = (u'_{ij})$, die reduzierte Übergangsmatrix von R.

Beispiel 21: Wir betrachten wieder einmal unser Standardbeispiel, das Register 1.Art S mit dem Rückführungspolynom $x^4 + x^2 + 1$, dessen Erreichbarkeitsgraph in Beispiel 18a dargestellt wurde. Den (ungerichteten) Graphen G' mit der Kantenbewertung b' und den Übergangsgraphen G_S^U kann man wie folgt veranschaulichen, wenn $Z'_0 = Z_0$, $Z'_1 = Z_1$, $Z'_2 = Z_3$ und $Z'_3 = Z_6$ gilt:

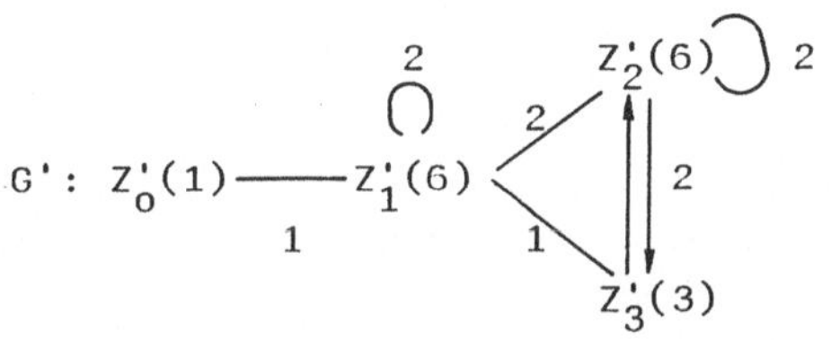

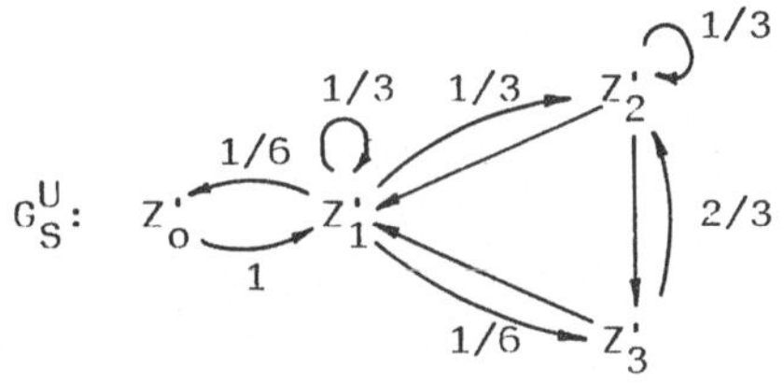

Wir bemerken zum Graphen G', daß man aus dem Symmetriebeweis für Satz 28 leicht die Beziehung $b'(Y,X) = b'(X,Y)$ erschließen kann.
Die zugehörigen reduzierten Graphen sind dann

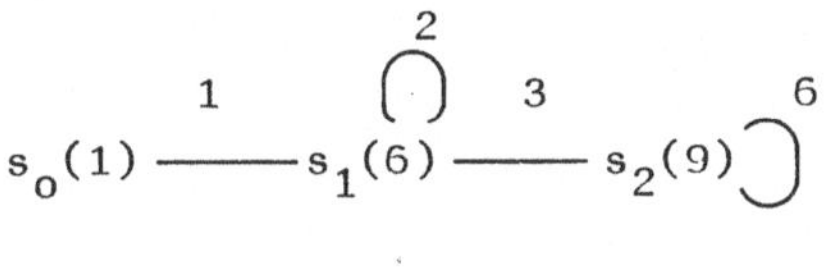

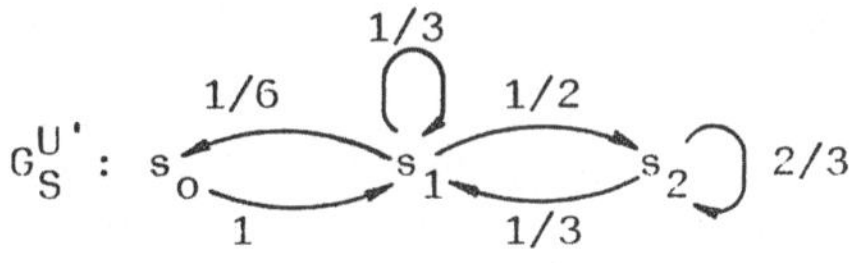

und als Übergangsmatrizen erhalten wir daraus

$$U_S = \begin{bmatrix} 0 & 1 & 0 & 0 \\ 1/6 & 1/3 & 1/3 & 1/6 \\ 0 & 1/3 & 1/3 & 1/3 \\ 0 & 1/3 & 2/3 & 0 \end{bmatrix} \quad \text{und} \quad U'_S = \begin{bmatrix} 0 & 1 & 0 \\ 1/6 & 1/3 & 1/2 \\ 0 & 1/3 & 2/3 \end{bmatrix} .$$

##

Aus den Gleichungen (39) und (40) folgt, daß allgemein für jede m-reihige Übergangsmatrix $U = (u_{ij})$ stets $u_{i1} + u_{i2} + \ldots + u_{im} = 1$ gilt $(i = 1, \ldots, m)$; die Übergangsmatrix U_R und die reduzierte Übergangsmatrix U'_R eines Signaturregisters sind also stochastische Matrizen (vergl. z.B. /Ga/, 13.6.).
Ein bekanntes Resultat über die Potenzen von stochastischen Matrizen (vergl. /Ga/, 13.7.), das wir für den uns interessierenden Spezialfall auch direkt durch vollständige Induktion über den Exponenten h

beweisen könnten, liefert als Folgerung eine Aussage über die Maskierungswahrscheinlichkeit von Fehlfolgen mit festem Gewicht h>0.

Satz 42: (a) Die Wahrscheinlichkeit dafür,im Erreichbarkeitsgraphen G_R^E
eines Signaturregisters R über einen Weg der Länge $h \geqslant 1$ vom
Zyklus Z_i' zum Zyklus Z_j' zu gelangen, ist gerade das Element
$u_{i+1,j+1}^{(h)}$ der h-ten Potenz U_R^h der Übergangsmatrix U_R von R.
(b) Die Wahrscheinlichkeit dafür, über einen Weg der Länge
$h \geqslant 1$ aus der i-ten Schicht von G_R^E in die j-te Schicht zu gelangen, ist das Element $u_{i+1,j+1}^{\cdot(h)}$ aus $U_R^{\cdot h}$.

Folgerung 42: Für die Wahrscheinlichkeit $m_R(h)$, mit der eine Fehlfolge
mit dem Gewicht h durch ein Signaturregister R maskiert wird,
gilt $m_R(h)=u_{11}^{(h)}=u_{11}^{\cdot(h)}$.

Diese Folgerung ergibt sich aus dem Satz auf Grund der schon mehrfach
erwähnten Tatsache, daß jeder Fehlfolge F mit g(F)=h in eindeutiger
Weise ein Weg w_F im Registergraphen zugeordnet ist, der genau h 1-Kan-
ten enthält, im Zustand 0^n beginnt und genau dann auch dort endet,
wenn F durch R maskiert wird Die Matrixelemente $u_{11}^{(h)}$ und $u_{11}^{\cdot(h)}$ geben
nach Satz 42 aber gerade das Verhältnis aus der Anzahl der in 0^n beginnenden und auch dort endenden Wege aus G_R, die genau h 1-Kanten
enthalten, zu der Anzahl aller von 0^n ausgehenden Wege mit genau h
1-Kanten an, und das ist gerade unsere Maskierungswahrscheinlichkeit
$m_R(h)$.

##

Wir merken an, daß die Beziehung $u_{11}^{(h)}=u_{11}^{\cdot(h)}$ für beliebige Exponenten
h>0 auch mit Hilfsmitteln aus der Automatentheorie bewiesen werden
kann. Wie schon den Graphen G_R und G_R^E können wir nämlich auch dem
Übergangsgraphen G_R^U eines Signaturregisters einen Automaten $\mathcal{U}_R$ zuordnen, der nun ein autonomer stochastischer Automat ist (vergl. /St/,
/Gös2/,/Scm/).
Bezüglich der Akzeptierung mit dem Anfangs- und Endzustand Z_0 ist $\mathcal{U}_R$
i.allg. nicht reduziert, und der zu $\mathcal{U}_R$ äquivalente reduzierte Automat
$\mathcal{U}_R'$ wird gerade durch den reduzierten Übergangsgraphen $G_R^{U'}$ beschrieben.

Durch Folgerung 42 wird das Problem der Bestimmung der Maskierungswahrscheinlichkeit für Fehlfolgen mit festem Gewicht auf das der
Berechnung von Potenzen der Übergangsmatrix reduziert. Die "traditionelle" Methode erfordert für größere Gewichte die Ausführung vieler
Matrizenmultiplikationen, was neben (auch bei schnelleren Verfahren)

größerem Aufwand auch Genauigkeitsprobleme bringt, da die Übergangsmatrizen nicht mehr binär, sondern rationalwertig sind. Der oben
erwähnte Ansatz von Leisengang besteht nun in der Anwendung einer in
/Fer/ vorgestellten Formel zur expliziten Berechnung von U_R^h bzw. $U_R^{\prime\,h}$
mit Hilfe der Eigenwerte der Matrizen U_R bzw. $U_R^\prime$. Für nähere Einzelheiten dazu verweisen wir auf /Le3/,/He/ und /Fer/.

Bevor wir auf relativ einfache Spezialfälle eingehen, wollen wir noch
bemerken, daß im Anhang der Dissertation /Le3/ für jedes Signaturregister R einer Länge $n \leqslant 8$ eine Formel für die Maskierungswahrscheinlichkeiten $m_R(h)$ zu finden ist. In /HL/ wird für vier verschiedene
"Registertypen" jeweils eine Formel für die Maskierungswahrscheinlichkeit in Abhängigkeit von der Registerlänge (dort r) und vom Fehlfol-
gengewicht (dort z) vorgestellt, und für $r=4,8,16$ und $1 \leqslant z \leqslant 10$ sind die
Zahlenwerte dieser Wahrscheinlichkeiten angegeben.

Wir betrachten zunächst ein Signaturregister R der Länge $n \geqslant 2$, dessen
Rückführungspolynom primitiv ist. Aus dem in Satz 25 bestimmten
Erreichbarkeitsgraphen G_R^E (der in diesem Fall übrigens einmal mit dem
reduzierten Graphen $G_R^{E\prime}$ zusammenfällt!) erhalten wir leicht den Übergangsgraphen G_R^U:

$$Z_0 \underset{1/2^n-1}{\overset{1}{\rightleftarrows}} Z_1 \circlearrowright \frac{2^n-2}{2^n-1} \qquad \text{und die Übergangsmatrix} \quad U_R = \begin{pmatrix} 0 & 1 \\ \dfrac{1}{2^n-1} & \dfrac{2^n-2}{2^n-1} \end{pmatrix}.$$

Satz 43: Für ein Signaturregister der Länge $n \geq 2$ mit primitivem Rückführungspolynom hat die Wahrscheinlichkeit dafür, daß eine
Fehlfolge mit dem Gewicht $h \geq 2$ maskiert wird, den Wert

$$m_R(h) = \sum_{i=1}^{h-1} (-1)^{i+1}/(2^n-1)^i.$$

Beweisidee:
Mit $t=1/(2^n-1)$ ergibt sich für die Übergangsmatrix $U_R = \begin{pmatrix} 0 & 1 \\ t & 1-t \end{pmatrix}$.

Durch vollständige Induktion über h kann man ohne große Mühe zeigen,
daß $U_R^h = \begin{pmatrix} m_R(h) & 1-m_R(h) \\ m_R(h+1) & 1-m_R(h+1) \end{pmatrix}$
gilt, womit nach Folgerung 42 der Satz bewiesen ist.

                                                          ##

Wir wollen noch bemerken, daß $m_R(h)=(1/2^n)(1+(-1)^h/(2^n-1)^{h-1})$ (vergl.
/HL/,/Le3/) eine äquivalente Formel ist; ein weiterer dazu äquivalen-
ter Ausdruck wird (mit einer anderen Methode, die direkt die Wege im

Registergraphen untersucht) in /Jo/ hergeleitet.

Wir betrachten die Wahrscheinlichkeit der Maskierung von Fehlfolgen
mit festem Gewicht noch für einen zweiten Typ von Signaturregistern:

Folgerung 43: Ist R ein Signaturregister der Länge $n \geqslant 3$, dessen Rückführungspolynom als Produkt $r(x)=(x+1)q(x)$ dargestellt werden
kann, in dem q primitiv ist, und ist Q das Signaturregister
mit dem Rückführungspolynom q, so ergibt sich die Wahrscheinlichkeit dafür, daß eine Fehlfolge mit dem Gewicht h durch R
maskiert wird, durch

$$m_R(h)=\begin{cases} m_Q(h), & \text{falls g gerade,} \\ \\ 0 & \text{sonst.} \end{cases}$$

Beweisidee: Aus dem Beweis von Satz 32, in dem das Register R gerade
als Fall a) behandelt wurde, erhält man leicht, daß der Erreichbarkeitsgraph von R zusammen mit den Zustandsanzahlen der einzelnen
Zyklen die folgende Form hat:

$$Z_0 \!-\!\!-\!\!-\! Z_{11}(2^{n-1}-1) \!-\!\!-\!\!-\! Z_{01}(2^{n-1}-1) \!-\!\!-\!\!-\! Z_{10}(1).$$

Mit $t=1/(2^{n-1}-1)$ ergibt sich daraus über den Übergangsgraphen (auf
dessen Darstellung wir verzichten) die Übergangsmatrix von R, die wir
nach Satz 43 auch gleich durch $m_Q(2)$ ausdrücken können, wenn wir noch
beachten, daß nach Satz 35 $m_Q(1)=0$ ist:

$$U_R=\begin{bmatrix} 0 & 1 & 0 & 0 \\ t & 0 & 1-t & 0 \\ 0 & 1-t & 0 & t \\ 0 & 0 & 1 & 0 \end{bmatrix}=\begin{bmatrix} 0 & 1-m_Q(1) & 0 & m_Q(1) \\ m_Q(2) & 0 & 1-m_Q(2) & 0 \\ 0 & 1-m_Q(2) & 0 & m_Q(2) \\ m_Q(1) & 0 & 1-m_Q(1) & 0 \end{bmatrix}.$$

Durch vollständige Induktion über h kann man zeigen, daß für **jedes** $h \geqslant 1$
gilt:

$$\text{(a)} \quad U_R^h=\begin{bmatrix} 0 & 1-m_Q(h) & 0 & m_Q(h) \\ m_Q(h+1) & 0 & 1-m_Q(h+1) & 0 \\ 0 & 1-m_Q(h+1) & 0 & m_Q(h+1) \\ m_Q(h) & 0 & 1-m_Q(h) & 0 \end{bmatrix} \quad \text{für **ungerades** h,}$$

$$\text{(b)} \quad U_R^h=\begin{bmatrix} m_Q(h) & 0 & 1-m_Q(h) & 0 \\ 0 & 1-m_Q(h+1) & 0 & m_Q(h+1) \\ m_Q(h+1) & 0 & 1-m_Q(h+1) & 0 \\ 0 & 1-m_Q(h) & 0 & m_Q(h) \end{bmatrix} \quad \text{für **gerades** h.}$$

Register dieser Klasse keine Fehlfolgen mit ungeradem Gewicht maskiert werden (vergl. /HL/). Demnach liegt ein Register R genau dann in Klasse I, wenn es eine ungerade Zahl u gibt (wenn R nicht trivial ist, so gilt nach Satz 35 u>1), so daß R eine Fehlfolge F mit $g(F)=u$ maskiert. Wegen Satz 38 gilt stets $u \leqslant n+1$ (n ist die Registerlänge), aber der maximal mögliche Wert $u_o = \begin{cases} n+1, & \text{falls } n \text{ gerade,} \\ n & \text{sonst} \end{cases}$

wird auch tatsächlich angenommen.

Damit ist eine weitere Unterteilung der Klasse I möglich: Für eine ungerade Zahl $u \geqslant 1$ sei

$I_u^n = \{$R: R ist ein Signaturregister der Länge n, durch das eine Fehlfolge F mit $g(F)=u$, aber keine Fehlfolge F' mit ungeradem Gewicht $g(F')$ u maskiert wird$\}$, und

$I_u = \bigcup_{n=1}^{\infty} I_u^n$.

Nur wenige dieser Klassen können wir durch ein Kriterium charakterisieren. So liegen etwa in I_1 genau die trivialen Register, während für gerades n gilt: $I_{n+1}^n = \{M_n\}$ (nach Satz 35 bzw. Satz 39).

Insbesondere für die interessante Teilklasse I_3 aller nichttrivialen Register, durch die schon Folgen mit dem Gewicht 3 maskiert werden, haben wir neben einigen hinreichenden Bedingungen (vergl. Satz 40) nur die folgenden Äquivalenzen:

$R \in I_3 \Leftrightarrow$ in der ersten Schicht von G_R^E gibt es eine Querverbindung

$\Leftrightarrow$ das Rückführungspolynom $r(x)$ ist Teiler eines Trinoms $x^a + x^b + x^c$ mit $a > b > c \geqslant 0$.

Diese Bedingungen ergeben sich unmittelbar aus den Überlegungen aus 2.1.7.2., insbesondere Folgerung 34.2. Sie sind jedoch nicht sehr aussagekräftig; es fehlt ein "schönes" Kriterium, das die Teilklasse I_3 in Abhängigkeit vom Rückführungspolynom beschreibt.

Demzufolge ist auch die Komplementklasse $C = I \setminus I_3$, in der alle Signaturregister der Klasse I liegen, durch die keine Fehlfolge mit dem Gewicht 3 maskiert werden kann, nicht befriedigend charakterisiert.
Satz 39 und Folgerung 39.1 liefern die hinreichende Bedingung, daß zur Teilklasse C alle Register mit Rückführungspolynomen der Form qv_{2m} mit $q(1)=1$ und $m \geqslant 2$ gehören. Wie schon bemerkt, ist auch diese Bedingung nicht notwendig.

Die folgende Tabelle enthält für die Registerlängen n=2,3,...,24 eine Abschätzung der Anzahl von nicht ausgearteten Signaturregistern der Länge n, die auf Grund der oben genannten hinreichenden Bedingungen zur Teilklasse I_3 bzw. C gehören.

In der ersten Spalte steht die Registerlänge n, in der zweiten die Anzahl 2^{n-2} aller nicht ausgearteten Register der Länge n, die zur Klasse I gehören. Ein solches Register ist dadurch charakterisiert, daß sein Rückführungspolynom die Form $x^n+r_{n-1}x^{n-1}+\ldots+r_1x+1$ und ein ungerades Gewicht hat.

Die dritte Spalte enthält die Anzahl P(n) aller primitiven Polynome n-ten Grades. Diese ergibt sich nach der Formel $P(n)=\varphi(2^n-1)/n$ aus der Eulerschen φ-Funktion; dabei ist $\varphi(m)$ die Anzahl der Zahlen aus der Menge $\{1,2,\ldots,m-1\}$, die zu m teilerfremd sind (/Go/,S.40,Tab.III-3).

In der vierten Spalte ist die Anzahl PT(n) derjenigen Polynome n-ten Grades angegeben, die Produkte zweier primitiver Polynome mit teilerfremden Exponenten sind und daher nach Satz 40b auch zu Signaturregistern aus der Teilklasse I_3 gehören. Bei der Berechnung dieser Werte stützten wir uns auf die Faktorisierung von Zahlen der Form 2^n-1, die in /Pe/, S.332 zu finden ist. Als ein Beispiel illustrieren wir die Berechnung von PT(16):

Von den sechs zunächst in Frage kommenden "Grad-Paaren" mit der Summe 16 ((2,14),(3,13),...,(7,9)) fallen schon drei heraus, da die Exponenten der zugehörigen primitiven Polynome nicht teilerfremd sind:
$2^2-1=3$, $2^{14}-1=3\cdot5461$; $2^4-1=15$, $2^{12}-1=15\cdot273$; $2^6-1=3\cdot21$, $2^{10}-1=3\cdot341$.
Für die drei anderen Paare ist die Teilerfremdheit erfüllt. Wegen
P(3)=2, P(13)=630; P(5)=6, P(11)=176; P(7)=18 und P(9)=48 gilt dann
PT(16)=2·630 + 6·176 + 18·48 = 1260+1056+864=3180.

Die fünfte Spalte enthält die Anzahl PP(n) aller Potenzen von primitiven Polynomen, die ein Polynom n-ten Grades ergeben; nach Satz 40c liegt das zu einem solchen Polynom gehörende Register ebenfalls in der Teilklasse I_3. Die Zahl $U_3(n)=P(n)+PT(n)+PP(n)$ aus der sechsten Spalte ist nach Satz 40 dann eine untere Schranke für die Anzahl der Signaturregister aus der Teilklasse I_3.

In analoger Weise ist die in der siebenten Spalte angeführte Zahl $U_C(n)$ als Anzahl aller Polynome n-ten Grades der Form qv_{2m} mit $m\geqslant2$ und q(1)=1 eine untere Schranke für die Mächtigkeit der Teilklasse C.

Der Wert $D(n)=2^{n-2}-(U_3(n)+U_C(n))$ in der achten Spalte schließlich ist die Anzahl derjenigen Register aus der Klasse I, über deren Zugehörigkeit zu einer der Teilklassen I_3 oder C mit unseren hinreichenden Bedingungen keine Aussage gemacht werden kann.

Wir weisen noch einmal darauf hin, daß sich die Angaben der Tabelle nur auf nicht ausgeartete Register beziehen. Die entsprechenden Werte für allgemeine, also auch ausgeartete Register n-ten Grades erhält man einfach durch Addition der entsprechenden Zahlen aus den Zeilen für 2,3,...,n.

n	2^{n-2}	$P(n)$	$PT(n)$	$PP(n)$	$U_3(n)$	$U_C(n)$	$D(n)$
2	1	1	0	0	1	0	0
3	2	2	0	0	2	0	0
4	4	2	0	1	3	1	0
5	8	6	2	0	8	0	0
6	16	6	0	3	9	2	5
7	32	18	10	0	28	2	2
8	64	16	12	3	31	6	27
9	128	48	30	2	80	10	38
10	256	60	36	7	103	22	131
11	512	176	152	0	328	42	142
12	1024	144	108	11	263	86	675
13	2048	630	596	0	1226	170	652
14	4096	756	640	19	1415	342	2339
15	8192	1800	1270	8	3078	682	4432
16	16384	2048	3180	19	5247	1366	9771
17	32768	7710	8340	0	16050	2730	13988
18	65536	8064	6948	57	15069	5462	45005
19	131072	27594	32210	0	59804	10922	60346
20	262144	24000	35208	69	59277	21846	181021
21	524288	84672	75942	20	160634	43690	319964
22	1048576	120032	164088	177	284297	87382	676897
23	2097152	356960	447600	0	804560	174762	1117830
24	4194304	276480	415224	171	691875	249526	3252903

2.1.8. Ergänzungen und Bemerkungen

Wir wollen zunächst für einige Hauptresultate dieses Abschnittes auf Quellen eingehen, soweit dies nicht schon hinreichend ausführlich im Text selbst erfolgt ist.

Die Sätze 1, 2, 3 aus Abschnitt 2.1.2., die natürlich einfache Folgerungen aus der Darstellung eines Signaturregisters als linearer Automat sind, wurden (wie hier ohne die Verwendung des Automatenbegriffes) in /V1/ vorgestellt. Die Verwendung des Begriffs "Superpositionsprinzip" für die Aussage der Folgerung 3.2 geht vermutlich auf Gill zurück (vergl. /Gi/, 4.3.).

Alle Resultate des Abschnittes 2.1.3. finden sich (mit unterschiedlicher Ausführlichkeit) in den Büchern /Pe/ (z.B. Folgerung 5.1, Satz 7, Satz 11), /Gi/ (z.B. Satz 7, Satz 8), /Reu/ (Satz 6, Satz 10 b) und /Gös1/ (Satz 8) sowie in den Arbeiten /He/ und /Le3/.

Die Bücher /Gi/ und /Reu/ sowie die Arbeiten /He/,/Le3/ bildeten auch die Grundlage für die Formulierung der Dekompositionssätze aus 2.1.4.

und der Ergebnisse aus 2.1.5. über die Struktur der autonomen Graphen
von Signaturregistern; die meisten dieser Resultate gehen auf die
fundamentale Arbeit /El/ von Elspas zurück. Einige der in 2.1.6. her-
geleiteten Eigenschaften über Erreichbarkeitsgraphen ergeben sich als
Konsequenzen dieser Ergebnisse.
Die wahrscheinlich erste Zeitschriftenveröffentlichung zur Signaturanalyse, in der dieser Begriff jedoch noch nicht explizit vorkommt,
ist /BCA/. Charakteristisch für diese und auch andere frühe Arbeiten
zur Signaturanalyse (z.B. /GoN/, die ersten deutschsprachigen Artikel
/Bu/,/Scö/,/Hü/,/SH/ und auch die unseres Wissens ersten Arbeiten
/SSS/ und /NSM/ in russicher Sprache) scheint die Behandlung sowohl
praktischer Anwendungen als auch der theoretischen Hintergründe zu
sein, so wird in mehreren dieser Artikel das Wirkungsprinzip der
Signaturanalyse an einem Register der Länge 4 demonstriert. Schon mit
dem Erscheinen des seither viel zitierten Heftes 9 des HP-Journal vom
Mai 1977 beginnt andererseits aber die Spezialisierung auf theoretisch
(/Fr/) und mehr praktisch (/Ch/,/Na1/) orientierte Arbeiten.

In diesem Abschnitt wie überhaupt im gesamten Buch haben wir uns
auf **linear** rückgekoppelte Signaturregister beschränkt. Die Theorie
nichtlinear rückgekoppelter Schieberegister wird ausführlich im Teil 3
des Buches von Golomb (/Go/) dargestellt; für eine Anwendung solcher
Register bei der Signaturanalyse verweisen wir z.B. auf /MSt/ und
/StM/.

Die hier und auch allgemein in der von uns gesichteten Literatur
betrachteten Signaturregister sind sämtlich "artenrein", d.h. entweder
von erster oder von zweiter Art. Vom Standpunkt der Minimierung des
Hardwareaufwandes könnte aber auch die Betrachtung von "Mischformen"
von Interesse sein, bei denen Gatter eingespart werden können. Als
Beispiel dafür geben wir den in /Pe/ als Bild 7.17. dargestellten
Schaltkreis an, dessen Systemmatrix das (primitive) charakteristische
Polynom $x^8+x^6+x^5+x^3+1$ hat:

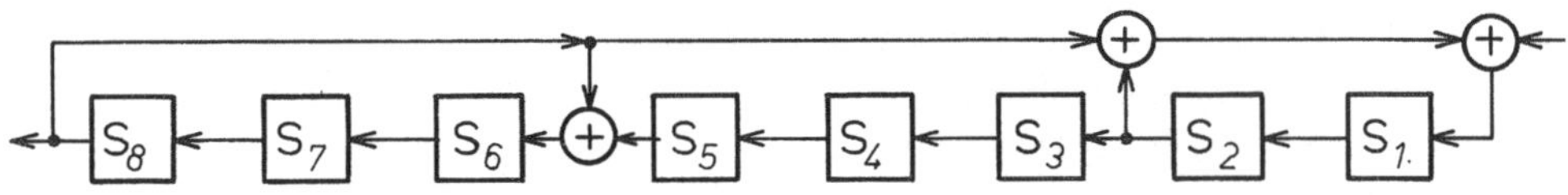

2.2. Signaturregister mit Paralleleingabe

In diesem Teil des Kapitels betrachten wir für $n \geq 2$ die n-stelligen Datenkompressionen, die durch Signaturregister der Länge n dadurch realisiert werden, daß nun binäre n-Tupel **parallel** verarbeitet werden.

2.2.1. Definitionen und grundlegende Eigenschaften

Ein __parallales Signaturregister 1.Art__ der Länge n ist eine Schaltung P mit n Eingängen und einem Ausgang, die aus jeweils n Speicherelementen S_j und Antivalenzgattern A_j ($j=1,\ldots,n$) in einer Weise zusammengesetzt ist, die durch das folgende Schaltbild beschrieben wird:

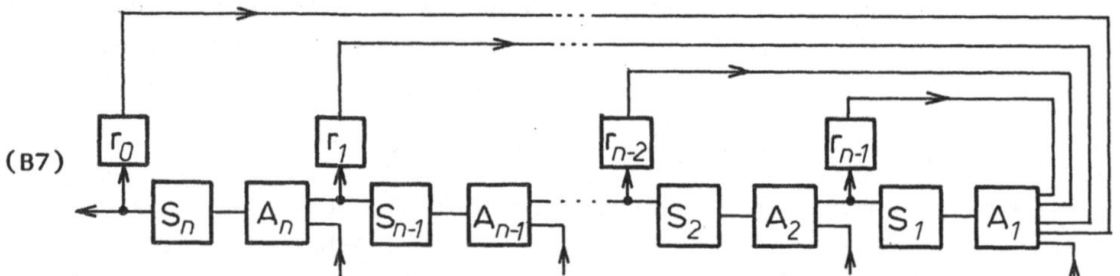

Demgegenüber ist ein __paralleles Signaturregister 2.Art__ der Länge n eine Schaltung Q, die wie folgt aufgebaut ist:

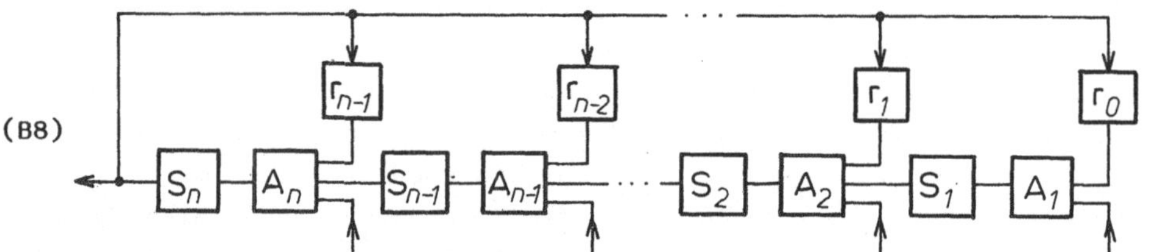

Wie schon früher bedeutet dabei $r_j = 1$, daß die entsprechende Verbindungsleitung in der Schaltung vorhanden ist, während sie im Fall $r_j = 0$ fehlt ($j=0,\ldots,n-1$).

Parallele Signaturregister erster oder zweiter Art wollen wir kurz als **PSR** (parallele Signaturregister) bezeichnen; in der Literatur wird auch die Bezeichnung MISR (multiple input signature register) verwendet. Zur Abgrenzung von diesen nennen wir die im Abschnitt 2.1. betrachteten Signaturregister mit Einzeleingabe nun **SSR** (serielle Signaturregister).

Im Gegensatz zum SSR wird durch eine PSR der Länge n in einem Takt gleich ein binäres n-Tupel $t = (e_n, \ldots, e_2, e_1)$ eingegeben und verarbeitet. Ist $s = (s_n, \ldots, s_2, s_1)$ eine Belegung der Speicherelemente, so ergibt sich die neue Speicherbelegung s' aus s und t für ein PSR aus den "parallelen Registergleichungen" 1.Art (41) bzw. 2.Art (42):

$$s_1' = e_1 + \sum_{j=1}^{n} r_{n-j} s_j; \quad s_{j+1}' = e_{j+1} + s_j, \quad j=1,\ldots,n-1; \tag{41}$$

$$s_{j+1}' = e_{j+1} + s_j + r_j s_n, \quad j=0,\ldots,n-1 \text{ mit } s_o=0. \tag{42}$$

Wie beim seriellen Signaturregister (vergl. S.33 und S.56) läßt sich daraus die Verarbeitung einer Folge $E=(t_0,t_1,\ldots,t_1)$ von binären Eingabe-n-Tupeln $t_i=(e_n^i,\ldots,e_1^i)$, beginnend mit einer Anfangsbelegung $s^O=A$, durch eine Folge $(s^O,s^1,\ldots,s^{1+1})$ von Registerinhalten $s^i=(s_n^i,\ldots,s_1^i)$ wie folgt beschreiben:

$$s_1^{i+1} = e_1^i + \sum_{j=1}^{n} r_{n-j} s_j^i; \quad s_{j+1}^{i+1} = e_{j+1}^i + s_j^i, \quad j=1,\ldots,n-1 \tag{43}$$

für ein PSR 1.Art und

$$s_{j+1}^{i+1} = e_{j+1}^i + s_j^i + r_j s_n^i, \quad j=0,\ldots,n-1 \text{ mit } s_o^i=0 \tag{44}$$

für ein PSR 2.Art.

Ist nun P ein PSR erster und Q ein PSR zweiter Art, so nennen wir die durch E und A bestimmten Endbelegungen s^{1+1} von P bzw. Q die (parallelen) P- bzw. Q-Signaturen von E bezüglich A und bezeichnen sie (in Analogie zum SSR-Fall) mit P(E,A) bzw. Q(E,A). Auch hier werden wir den Bezug auf das Register meist unterdrücken und einfach von der Signatur P(E,A) bzw. Q(E,A) sprechen.

Die Folge $(r_0,r_1,\ldots,r_{n-1})$ bezeichnen wir wieder als die Rückführungsfolge, und das Polynom $r(x)=x^n+r_{n-1}x^{n-1}+\ldots+r_1 x+r_0$ als das Rückführungspolynom eines PSR R. Die durch die Spiegelung (4) (also $g_j=r_{n-j}$ für $j=1,\ldots,n$) erhaltene Folge $(g_1,\ldots,g_n)$ wird wieder die Registerfolge und das Polynom $g(x)=g_n x^n+\ldots+g_1 x+1$ das Registerpolynom von R genannt. Ebenso wenden wir viele der in 2.1. eingeführten Begriffe, wie ausgeartetes, triviales, einfach rückgekoppeltes und maximal rückgekoppeltes Register nun auch auf parallele Signaturregister an.

Beispiel 22: (a) Wir betrachten das PSR P erster Art, das durch das Rückführungspolynom $p(x)=x^3+x^2+x+1=(x+1)^3$ charakterisiert wird. P ist ein maximal rückgekoppeltes Register der Länge 3, sein (vollständiges und reduzibles) Rückführungspolynom zugleich auch das Registerpolynom.

Wir stellen das Register P in einer dem Schaltbild (B7) entsprechenden Form dar und veranschaulichen daneben die Signaturberechnung für die Folge $E=(t_0,t_1,t_2)$ mit $t_0=(111)$, $t_1=(100)$ und $t_2=(110)$ und die Anfangsbelegung $A=(000)$.

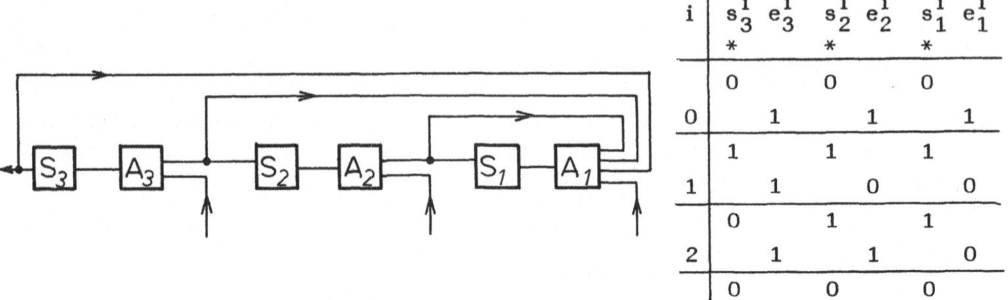

i	s_3^i	e_3^i	s_2^i	e_2^i	s_1^i	e_1^i
	*		*		*	
	0		0		0	
0		1		1		1
	1		1		1	
1		1		0		0
	0		1		1	
2		1		1		0
	0		0		0	

(b) Das ausgeartete PSR Q zweiter Art mit dem Rückführungspolynom $x^6+x^5+x^4+x^3=x^3(x^3+x^2+x+1)$ wird durch folgende spezielle Form des Schaltbildes (B8) dargestellt, in der wir aber die Antivalenzgatter wie schon auf Seite 64 praktiziert durch + symbolisieren:

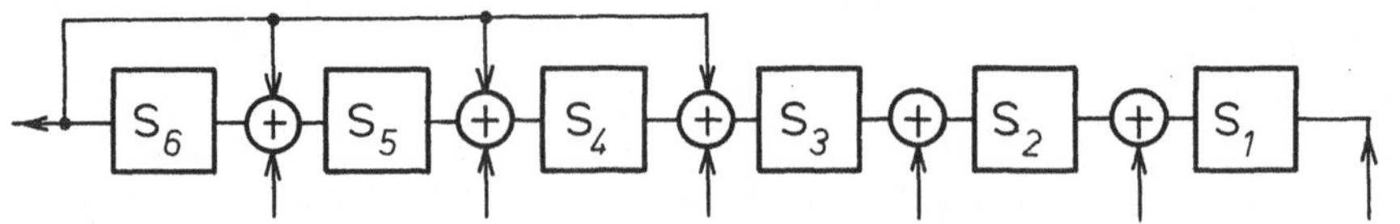

Die Signatur der Folge $F=(110010,101010,010100)$ wird mit folgenden Zwischenschritten berechnet:

i	s_6^i	e_6^i	s_5^i	e_5^i	s_4^i	e_4^i	s_3^i	e_3^i	s_2^i	e_2^i	s_1^i	e_1^i
	*		*		*							
	0		0		0		0		0		0	
0		1		1		0		0		1		0
	1		1		0		0		1		0	
1		1		0		1		0		1		0
	1		1		0		1		1		0	
2		0		1		0		1		0		0
	0		0		0		0		0		0	

##

Ein paralleles Signaturregister R erster oder zweiter Art mit dem Rückführungspolynom $r(x)=x^n+r_{n-1}x^{n-1}+\ldots+r_1x+r_0$ ist offenbar ein linearer Automat mit dem Zustandsraum V^n, der nun auch zugleich Eingaberaum ist, während V^1 wie beim SSR der Ausgaberaum bleibt. Die Systemmatrix A wird in der Form (15) von Seite 51 bzw. in der Form (18) von

Seite 56 gegeben, je nachdem, ob R ein PSR erster oder zweiter Art
ist. In weiterer Übereinstimmung mit dem zugehörigen, d.h. ebenfalls
durch das Rückführungspolynom r(x) beschriebenen SSR gilt auch
C=(0...01) und D=(0) für die Ausgangs- und für die Ein-Ausgangsmatrix
von R. Die Eingangsmatrix B von R ist nun aber gerade die n-reihige
Einheitsmatrix I.
In Analogie zu unserem Vorgehen in 2.1.2. können wir die Linearität
eines PSR auch durch folgenden Satz ausdrücken, der sich unmittelbar
aus den Registergleichungen (43) bzw. (44) ergibt.

Satz 44: Ist R ein paralleles Signaturregister der Länge n, so gilt
für beliebige gleich lange Folgen E, E' von Eingabe-n-Tupeln
und beliebige Anfangsbelegungen A, A' von R:
$R(E+E',A+A')=R(E,A)+R(E',A')$.

Auf die explizite Angabe des Beweises dieses Satzes wollen wir ebenso
verzichten wie auf die Ausführung der Beweise der folgenden Konsequenzen, die sich genau wie im SSR-Fall aus dem Satz ergeben.

Folgerung 44.1: Haben zwei gleich lange Folgen von Eingabe-n-Tupeln
eines parallelen Signaturregisters R bezüglich irgendeiner
Anfangsbelegung von R dieselbe Signatur, so stimmen ihre
Signaturen auch bezüglich jeder anderen Anfangsbelegung von R
überein.

Damit können wir uns wieder auf die Anfangsbelegung 0^n beschränken und
die **R-Signatur** einer Folge E von Eingabe-n-Tupeln durch $R(E)=R(E,0^n)$
definieren. Diese wird, wenn das Register R unmißverständlich festgelegt ist, als die **Signatur** von E bezeichnet. Auch für diese Signatur
ergibt sich aus Satz 44 ein "paralleles Superpositionsprinzip":

Folgerung 44.2: Sind E und E' gleich lang, so gilt $R(E+E')=R(E)+R(E')$.

Als eine Konsequenz hieraus können wieder Untersuchungen zur Maskierung der Abweichung einer Istfolge E' von der zugehörigen Sollfolge E
auf die Betrachtung der Fehlfolge F=E+E' reduziert werden (vergl.
S.44):

Folgerung 44.3: Für gleich lange Folgen E und E' gilt genau dann
$R(E)=R(E')$, wenn $R(E+E')=0^n$.

Aus Folgerung 44.2 ergibt sich leicht eine weitere Konsequenz, die
schon in /KMZ1/ erwähnt und in /Q/ bewiesen wurde.

Sei $F=(t_1,t_2,\ldots,t_1)$ eine Folge von binären n-Tupeln $t_i=(e_n^i,\ldots,e_1^i)$. Für $j=1,\ldots,n$ sei $F_j=(e_j^1,e_j^2,\ldots,e_j^1)$ die j-te Komponentenfolge von F, und die n-Tupel-Folge $F_j'=(t_1',\ldots,t_1')$ entsteht aus F_j durch Auffüllen der übrigen Komponenten mit Nullen: $t_i'=0^{n-j}e_j^i0^{j-1}$.

Satz 45: Für jedes parallele Signaturregister R der Länge n und jede Folge F von Eingabe-n-Tupeln gilt $R(F)=R(F_n')+\ldots+R(F_1')$.

Offensichtlich kann für jedes j mit $1 \le j \le n$ ein solches PSR R, das im betrachteten Zeitraum nur Eingaben der Form F_j' verarbeitet, in denen also Einsen nur in der j-ten Komponente stehen können, durch sein <u>j-tes Komponentenregister</u> R_j ersetzt werden. Dies ist ein linearer Automat mit V^n als Zustands- und V^1 als Ein- und Ausgaberaum, der dieselbe System-, Ausgangs- und Ein-Ausgangsmatrix wie R hat und dessen Eingangsmatrix gerade der j-te Spalteneinheitsvektor $B_j=v_j^T$ ist.
Im Fall $j=1$ ist R_1 offensichtlich das zu R gehörige serielle Signaturregister. Wenn wir allgemeiner auch für $j=2,\ldots,n$ die Endzustände der Register R_j, die sich aus dem Anfangszustand 0^n nach der Verarbeitung einer binären Eingabefolge E ergeben, als die R_j-Signaturen von E bezeichnen und durch $R_j(E)$ symbolisieren, so erhalten wir aus Satz 45:

Folgerung 45.1: Für jedes parallele Signaturregister R und jede Folge F von Eingabe-n-Tupeln mit den Komponentenfolgen $F_n,\ldots,F_1$ gilt $R(F)=R_n(F_n)+\ldots+R_1(F_1)$.

In 2.1.3.4. hatten wir für serielle Signaturregister die Übertragungsfunktionen untersucht, durch die das Ein-Ausgabeverhalten solcher Register beschrieben wird. Die dort benutzten Methoden lassen sich ohne Mühe auf die Komponentenregister R_j eines PSR R anwenden. Beim Resultat zeigt sich erstmalig ein qualitativer Unterschied zwischen Registern erster und zweiter Art. Dieser Unterschied wird sich als geradezu charakteristisch für die nachfolgenden Betrachtungen paralleler Signaturregister erweisen.

Satz 46: P und Q seien parallele Signaturregister erster bzw. zweiter Art der Länge n mit dem Registerpolynom
$$g(x)=r_0x^n+r_1x^{n-1}+\ldots+r_{n-1}x+1,$$
P_j und Q_j die zugehörigen Komponentenregister, $j=1,\ldots,n$.
a) Q_j hat die Übertragungsfunktion
$$U_j^Q(x)=x^{n+1-j}/g(x), \tag{45}$$
b) P_j hat die Übertragungsfunktion
$$U_j^P(x)=(r_{n+1-j}x^n+r_{n+2-j}x^{n-1}+\ldots+r_{n-1}x^{n+2-j}+x^{n+1-j})/g(x). \tag{46}$$

Wir merken an , daß das Zählerpolynom von U_j^P gerade das Produkt $\underline{x} \cdot t_j$ aus dem Zeilenvektor $\underline{x}=(x^n,\ldots,x^2,x)$ und der j-ten Spalte t_j der Transformationsmatrix T ist, die die Ähnlichkeitstransformation vom SSR P_1 erster Art auf das SSR Q_1 zweiter Art realisiert (vergl. S.58). Insbesondere ergibt sich hier wie auch in (45) für $j=1$ die SSR-Übertragungsfunktion $x^n/g(x)$.

Zum Beweis ist nur die Idee des Beweises von Satz 8 (S.68) geringfügig abzuwandeln. In der Formel (29) ist nun die Eingangsmatix B allgemein nicht mehr der erste, sondern der j-te Spalteneinheitsvektor, was dazu führt, daß statt des Elementes u_{n1} der Matrix $(xA+I)^{-1}$ jetzt das Element u_{nj} derselben Matrix zu berechnen ist. Dies ist nun im Fall (a) für das PSR 2.Art Q besonders einfach, es gilt nämlich

$$u_{nj} = \left|\begin{array}{cccccc} 1 & & & & \cdots & 0 \\ x & & & & & \vdots \\ \vdots & 1 & & & & \\ & x & 1 & 0 & & \\ \hline & & 0 & x & 1 & \\ & & & & x & \\ \vdots & & & & & 1 \\ 0 & \cdots & & & & x \end{array}\right\}{\scriptstyle (n-j)} = x^{n-j},$$

und nach (29) erhalten wir daraus sofort unsere Behauptung (45).

Beim Register P erster Art gilt dagegen

$$u_{nj} = \left|\begin{array}{ccccccc} 1+r_{n-1}x & r_{n-2}x & \cdots & r_{j+1}x & r_j x & r_{j-1}x & \cdots & r_1 x \\ x & 1 & & 0 & 0 & 0 & & 0 \\ 0 & x & & 0 & 0 & \vdots & & \vdots \\ \vdots & \vdots & & \vdots & \vdots & & & \\ & & & 1 & 0 & 0 & & \\ & & & 0 & x & 1 & & \\ & & & 0 & 0 & x & & \\ & & & \vdots & \vdots & \vdots & & 1 \\ & & & & & & & x \end{array}\right|$$

und der Nachweis der Beziehung (46) wird technisch schwieriger. Wir überlassen ihn dem Leser.

##

Der Satz 46 hat die weitreichende Konsequenz, daß für $j>1$ die Komponentenregister P_j und Q_j eines PSR P erster und eines PSR Q zweiter Art, die dasselbe Rückführungspolynom haben, im allgemeinen nicht mehr ähnlich sind. Wegen Folgerung 45.1 sind dann auch P und Q im allgemeinen nicht ähnlich!

Will man nun zum PSR P 1.Art (dessen Systemmatrix die Form (15) hat) einen ähnlichen Automaten R konstruieren, dessen Systemmatrix durch (18) gegeben ist,   so muß dieser nach (16) die Eingangsmatrix B'=TB=TI=T haben, die die Transformationsmatrix vom SSR P_1 auf das zugehörige SSR Q_1 2.Art ist. Dieser Automat ist dann aber ein "PSR 2.Art mit linearer Eingangslogik". In analoger Weise kommt man vom PSR Q 2.Art zu einem ähnlichen linearen Automaten S mit einer Systemmatrix A der Form (15) (in dem neben A, C=(0...01) und D=(0) noch die Eingangsmatrix T^{-1} genommen wird), der als "PSR 1.Art mit linearer Eingangslogik" bezeichnet werden kann. Derart verallgemeinerte parallele Signaturregister werden z.B. in /Da3/ und /Ya2/ betrachtet.

Beispiel 23: Für das PSR P 1.Art aus Beispiel 22a,dessen Rückführungsund Registerpolynom $p(x)= x^3+x^2+x+1$ ist,   ergibt sich die Transformationsmatrix

$$T= \begin{pmatrix} 1 & 1 & 1 \\ 0 & 1 & 1 \\ 0 & 0 & 1 \end{pmatrix}.$$

Damit haben wir dann nach Satz 46b neben der Übertragungsfunktion $U_1(x)=x^3/p(x)$ außerdem noch $U_2(x)=(x^3+x^2)/p(x)=x^2(x+1)/(x+1)^3=x^2/x^2+1$ sowie $U_3(x)=(x^3+x^2+x)/p(x)$ als Übertragungsfunktionen für das zweite und dritte Komponentenregister.

Das zu P ähnliche verallgemeinerte PSR R 2.Art mit der Systemmatrix nach (18) hat T als Eingangsmatrix, es wird also nach (13) durch das folgende Schaltbild beschrieben:

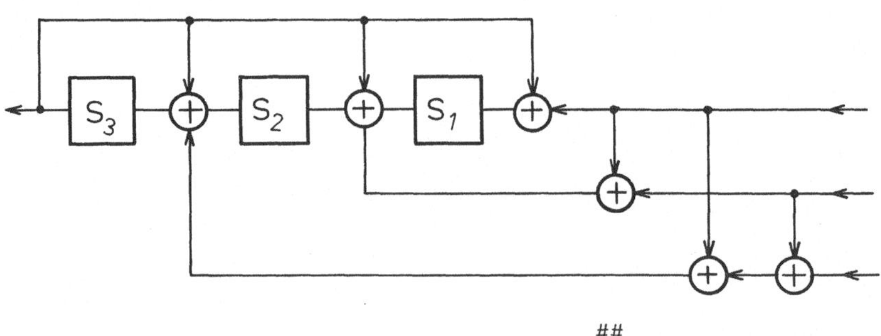

##

Eine interessante Reduktion der Parallelsignatur Q(F), die durch ein PSR Q 2.Art der Länge n 2 gebildet wird, auf eine durch das zugehörige SSR Q_1 erzeugte Signatur wird in /SHP/ vorgestellt.

$F=(t_1,t_2,...,t_1)$ sei eine Folge aus 1 binären n-Tupeln, die wir als PSR-Eingaben wieder von rechts nach links numerieren: $t_i=(e_n^i,...,e_1^i)$.

Dieser Folge ordnen wir nun eine binäre Folge $F_\#$ zu, indem wir die Tupel t_{i+1} gegenüber t_1 jeweils um i Positionen verschieben und dann aufsummieren:

$$
\begin{array}{ll}
t_1\colon & x\ x\ \ldots\ x \\
+\ t_2\colon & \quad x\ \ldots\ x\ x \\
\vdots\ \colon & \vdots \\
+\ t_1\colon & \qquad\qquad x\ \ldots\ x \\
\hline
F_\#\colon & f_1 f_2 \qquad\qquad f_{n+1-1}
\end{array}
\tag{47}
$$

Insbesondere ist: $f_1 = e_n^1$, $f_2 = e_{n-1}^1 + e_n^2, \ldots, f_n = e_1^1 + e_2^2 + \ldots + e_m^m$ ($m = \max(1,n)$), ..., $f_{n+1-2} = e_1^{1-1} + e_2^1$, $f_{n+1-1} = e_1^1$.

Es sei angemerkt, daß der Übergang von F zu $F_\#$ eine Datenkompression darstellt, die allgemeiner ist als die in 1.3.3. betrachteten. Sie erfüllt auch eine "Gleichmäßigkeitsbedingung": Jede Bildfolge der Länge $n+1-1$ hat genau $2^{nl-(n+1-1)}$ Urbilder.

Satz 47: Ist Q ein paralleles Signaturregister 2.Art der Länge n und Q_1 das dazugehörige serielle Signaturregister, so gilt für jede Folge F von binären n-Tupeln: $Q(F) = Q_1(F_\#)$.

Auf den Beweis, den man leicht durch vollständige Induktion über 1 mit Hilfe der Gleichungen (44) führt, wollen wir verzichten. Wir veranschaulichen die Bildung von $F_\#$ am Beispiel der Folge F der drei Eingabesechstupel aus Beispiel 22b:

$$
\begin{array}{l}
1\ 1\ 0\ 0\ 1\ 0 \\
+\ 1\ 0\ 1\ 0\ 1\ 0 \\
+\ 0\ 1\ 0\ 1\ 0\ 0 \\
\hline
F_\# = 1\ 0\ 0\ 0\ 1\ 0\ 0\ 0
\end{array}
$$

Als Q_1-Signatur dieser Folge für das zugehörige SSR Q_1 haben wir schon in Beispiel 20 (Seite 145) die Nullsignatur 0^6 erhalten.

Wir wollen noch bemerken, daß die "tiefere Ursache" für Satz 47 gerade die Beziehung (19) von Seite 57 ist, nach der die Vektoren der kanonischen Basis durch eine SSR 2.Art ineinander überführt werden. Ein analoger Reduktionssatz gilt auch für Register 1.Art. Dieser ist jedoch nicht so durchsichtig, weil eben eine andere Basis zugrundegelegt werden muß, nämlich die durch (20) definierte Basis, die aus den Spalten der inversen Transformationsmatrix besteht (vergl. S.59). Wir wollen darauf nicht näher eingehen.

Wie bei der Behandlung der seriellen Signaturregister im Abschnitt
2.1.7.1. wollen wir dieser "quantitativen" Maskierungsaussage (die den
Satz 33 verallgemeinert) ein "qualitatives" Resultat nach dem Vorbild
von Satz 34 gegenüberstellen. Dazu ziehen wir die Überlegungen zur
Polynomdivision aus 2.1.3.4. sowie die Aussagen von Satz 46 heran.
Nach diesem hat die Übertragungsfunktion U_j des j-ten Komponentenregi-
sters R_j eines PSR R der Länge n mit dem Registerpolynom g allgemein
die Form $U_j(x)=q_j(x)/g(x)$, wobei das "Zählerpolynom" q_j höchstens den
Grad n hat; j=1,...,n. Wie wir in Beispiel 23 gesehen haben, können
die Polynome q_j und g gemeinsame Faktoren enthalten. Nach Kürzen durch
solche Faktoren kann dann U_j in der Form $U_j(x)=z_j(x)/y_j(x)$ dargestellt
werden.

Wir erinnern daran, daß das Fehlpolynom p_F einer binären Folge
$F=(f_0,...,f_{l-1},f_l)$ durch $p_F(x)=f_0x^l+...+f_{l-1}x+f_l$ (vergl. Seite 142)
und das zu einem Polynom p vom Grad n reziproke Polynom p^* durch
$p^*(x)=x^n p(1/x)$ (vergl. S.18) definiert ist.

Zunächst formulieren wir ein Kriterium für die Maskierung von Fehlfolgen durch PSR-Komponentenregister.

Satz 50: Eine binäre Fehlfolge wird genau dann durch das j-te
Komponentenregister R_j eines parallelen Signaturregisters R
der Länge n maskiert, wenn ihr Fehlpolynom durch das Polynom
y_j^* teilbar ist, das zum Nennerpolynom y_j aus der Darstellung
$U_j(x)=z_j(x)/y_j(x)$ der Übertragungsfunktion U_j von R_j, in der
z_j und y_j teilerfremd sind, reziprok ist.

Der Beweis dieses Satzes ergibt sich leicht mit Hilfe der Formel (27D)
von Seite 67, wir verzichten auf die explizite Ausführung.
Wir wollen aber bemerken, daß der Grad von y_j echt kleiner als die
Registerlänge n sein kann, so daß für $j \geqslant 2$ die Folgerung 34.1 i.allg.
nicht mehr gilt. So wird durch das Komponentenregister P_2 des PSR P
aus Beispiel 22a, das die Übertragungsfunktion x^2+1 hat, eine Fehlfolge der Länge 3 maskiert. Dies ist gerade die Komponentenfolge $E_2=101$
aus Beispiel 22a.
Hieraus ergibt sich die Konsequenz, daß für $j \geqslant 2$ die Komponentenregister R_j gegenüber dem SSR R_1 schlechtere Eigenschaften hinsichtlich
der Erkennung von Fehlerbündeln haben (vergl. S.145 und S.152).
Für j=1 ergibt sich aber aus Satz 50 nun der Satz 34: Nach Satz 8 ist
$U_1(x)=x^n/g(x)$, und da das Registerpolynom g stets das absolute Glied 1
hat, sind Zähler und Nenner auch teilerfremd. Eine Fehlfolge F wird
demnach genau dann vom SSR R_1 maskiert, wenn das Polynom $g^*=r$ ein
Teiler des Fehlpolynoms p_F ist.

Der folgende Satz charakterisiert die Maskierung einer Folge von Eingabe-n-Tupeln durch ein PSR.

__Satz 51__: Eine Folge F von Eingabe-n-Tupeln, die die Komponentenfolgen
$F_n, \ldots, F_1$ hat, wird durch ein paralleles Signaturregister R der Länge n genau dann maskiert, wenn das Polynom $q_n^*(x)F_n(x)+\ldots+q_1^*(x)F_1(x)$, in dem die q_j die Zählerpolynome der Übertragungsfunktionen der Komponentenregister R_j sind, durch das Rückführungspolynom r von R teilbar ist.

Die Grundidee des Beweises ist folgende Überlegung. Nach Folgerung 45.1 wird F durch R genau dann maskiert, wenn $R_n(F_n)+\ldots+R_1(F_1)=O^n$ ist. Das ist aber dann und nur dann der Fall, wenn die Summe der von den Komponentenregistern erzeugten Ausgabefolgen von der (l+1)-ten Stelle an nur noch Nullen enthält. Nach den Ausführungen aus 2.1.3.4., insbesondere (27D) ist dafür aber notwendig und hinreichend, daß die Funktion $U^n(x)F_n^*(x)+\ldots+U^1(x)F_1^*(x)=(q_n(x)F_n^*(x)+\ldots+q_1(x)F_1^*(x))/g(x)$ ein Polynom ist, was aber nur dann sein kann, wenn der Zählerausdruck durch g(x) teilbar ist.

$$\#\#$$

Da nach Satz 46 für ein PSR 2.Art $q_1(x)=x^n,\ldots,q_n(x)=x$ ist, ergibt sich $q_n^*(x)=x^{n-1},\ldots,q_2^*(x)=x$ und $q_1^*(x)=1$. Damit erhalten wir:

__Folgerung 51.1__: Eine Folge F von Eingabe-n-Tupeln wird durch ein paralleles Signaturregister Q 2.Art genau dann maskiert, wenn das Polynom $p(x)=x^{n-1}F_n(x)+\ldots+xF_2(x)+F_1(x)$ durch das Rückführungspolynom von Q teilbar ist.

Es zeigt sich, daß p gerade das Fehlpolynom der in Satz 47 betrachteten Folge $F_\#$ ist: Die Koeffizientenfolge von p erhält man gerade durch Verschiebungen und Additionen nach dem Schema

$$
\begin{array}{rll}
 & F_n & : x\;x\;\ldots\;x \\
+ & F_{n-1} & : \quad x\;\ldots\;x \\
\vdots & \vdots & \\
+ & F_1 & : \qquad\qquad x\;x\ldots x \\
\hline
 & F_p & : p_h p_{h-1} \qquad p_0 \;\text{ mit } h=n+l-1,
\end{array}
\tag{48}
$$

und in den Diagonalen des Schemas (48) stehen offenbar gerade die n-Tupel $t_1, t_{1-1}, \ldots, t_1$, die als Zeilen im Schema (47) vorkommen.

Damit haben wir als triviale Konsequenz aus Satz 47 bzw. aus der Folgerung 51.1:

Folgerung 51.2: Eine Folge F wird durch ein PSR Q 2.Art genau dann
maskiert, wenn das zur Fehlfolge $F_{\#}$ (die nach dem Schema (47)
oder (48) aus F erzeugt wird) gehörende Fehlpolynom durch das
Rückführungspolynom von Q teilbar ist.

Zu der Eingabefolge F aus Beispiel 22b gehört, wie wir weiter oben
gesehen haben, die Folge $F_{\#}$=10001000, und das zugehörige Polynom
$x^7+x^3=x^3(x^4+1)=x^3(x^3+x^2+x+1)(x+1)$ ist ein Vielfaches des Rückführungspolynoms von Q.

Wir wollen nun auf die Maskierung von speziellen Fehlfolgen aus binären n-Tupeln durch PSR eingehen. Wie für eine binäre Folge bezeichnen
wir die Anzahl aller Einsen, die in einer Folge $F=(t_1,...,t_1)$ von n-
Tupeln vorkommen, als das <u>Gewicht</u> von F, Symbol g(F).

Da Satz 34 als Spezialfall von Satz 50 erfaßt wird, gelten alle
"positiven" Maskierungsaussagen für Folgen mit festem Gewicht, die wir
in 2.1.7.2. für SSR formuliert haben, auch für PSR. Insbesondere
trifft dies auf Satz 36 und seine Folgerungen, Satz 38 und Satz 40 zu.
Hinsichtlich der "negativen" Resultate, die die Nichtexistenz von
maskierten Folgen mit festem Gewicht behaupten, müssen für PSR aber
gesonderte Überlegungen angestellt werden, da die Einsen hier in verschiedenen Komponentenfolgen liegen können.

Eine interessante Klasse von Fehlfolgen, die in /Q/ betrachtet wurde,
wollen wir noch in diese Überlegungen einbeziehen.
Eine Folge $F=(t_1,...,t_1)$ von binären n-Tupeln wird als <u>Einwort-
Fehlfolge</u> bezeichnet, wenn alle in F vorkommenden Einsen auch schon
innerhalb eines "Wortes" t_i liegen, $1 \leqslant i \leqslant l$. Spezielle Einwort-Fehlfol-
gen sind <u>Einbit-Fehlfolgen</u> mit dem Gewicht 1.

Satz 52: (a) Durch ein paralleles Signaturregister R erster oder
zweiter Art wird genau dann keine Einwort-Fehlfolge maskiert,
wenn R nicht ausgeartet ist.
(b) Durch ein ausgeartetes nichttriviales paralleles Signaturregister Q 2.Art wird keine Einbit-Fehlfolge maskiert.
(c) Durch ein ausgeartetes paralleles Signaturregister P
1.Art werden Einbit-Fehlfolgen maskiert.

Zur Veranschaulichung der Beweisidee verweisen wir auf die Darstellung
(B6) ausgearteter Register 1. und 2.Art auf Seite 114, die in naheliegender Weise für PSR zu verallgemeinern ist. Ist P ein PSR 1.Art mit

dem Ausartungsgrad $a>0$, so gelangt eine Eins in einer Komponentenfolge F_j mit $j>n-a+1$ in das Speicherelement S_j von P, das nicht mehr rückgekoppelt ist. Sie fällt damit nach $n-j+1$ Schritten heraus, die zugehörige Einbit-Fehlfolge wird also von P maskiert.

Sind $S_{k_m},\ldots,S_{k_1}$ mit $k_m > \ldots > k_2 > k_1 > 1$ die rückgekoppelten Speicherelemente des ausgearteten PSR 2.Art Q, so wird offenbar das n-Tupel $10^{n-k_m}10^{k_m-k_{m-1}-1}1\ldots10^{k_1-1}$, das also genau $m+1$ Einsen enthält, maskiert. Andererseits überlegt man sich leicht, daß dies auch die einzige durch Q maskierte Einwort-Fehlfolge ist. (Für das ausgeartete PSR Q aus Beispiel 22b ist $m=3$, das Sechstupel 111100 leistet hier das Verlangte.) Damit sind (c), (b) und eine Richtung von (a) bewiesen.
Der noch verbleibende Beweisschritt, daß durch ein nicht ausgeartetes PSR keine Einwort-Fehlfolge maskiert wird, kann mit Hilfe von Satz 51 geführt werden, wir verzichten auf die Ausführung.

##

Hinsichtlich der Maskierung von Fehlfolgen mit ungeradem Gewicht $u \geq 3$ unterscheiden sich PSR erster und zweiter Art erheblich voneinander.

Satz 53: Durch ein paralleles Signaturregister 2.Art Q der Länge n wird genau dann eine Folge von n-Tupeln mit dem ungeraden Gewicht $u \geq 3$ maskiert, wenn das zugehörige serielle Signaturregister Q_1 eine binäre Folge mit dem Gewicht u maskiert.

Beweis. Die Richtung von rechts nach links ergibt sich leicht aus dem Satz 45 und der Gewichtsdefinition.
Sei andererseits F eine von Q maskierte Folge von n-Tupeln mit dem ungeraden Gewicht u. Man zeigt leicht, daß dann die durch das Schema (47) oder (48) aus F erzeugte binäre Folge $F_{\#}$ ein ungerades Gewicht $u' \leq u$ hat. Nach Folgerung 51.2 und Satz 34 wird aber die Folge $F_{\#}$ durch das SSR Q_1 maskiert, und nach Folgerung 36.2 gibt es auch eine durch Q_1 maskierte Fehlfolge mit dem Gewicht u.

##

Satz 54: Durch ein paralleles Signaturregister 1.Art P wird genau dann keine Folge mit einem ungeraden Gewicht $u \geq 3$ maskiert, wenn R einfach rückgekoppelt ist.

Beweis. Man zeigt leicht unter Ausnutzung der Gleichungen (43) durch Induktion über die Länge l der Eingabefolge E, daß für ein einfach

rückgekoppeltes PSR P die Parität der Signatur P(E) mit der Parität der Folge E übereinstimmt. Daraus ergibt sich die Richtung unseres Satzes von rechts nach links.
Sei nun P nicht einfach rückgekoppelt. Dann gibt es in P ein "inneres" rückgekoppeltes Speicherelement S_m mit $m<n$, und man kann nun leicht nachprüfen, daß die Eingabefolge $(0^{n-m}10^{m-1}, 0^{n-m-1}10^{m-1}1)$ von P maskiert wird.

##

Eine Klassifikation der PSR nach der Maskierung von Fehlfolgen mit festem Gewicht, wie wir sie in 2.1.7.4. für SSR vorgenommen haben, ergibt für PSR 2.Art nach Satz 53 keinen Unterschied zu dieser SSR-Einteilung, während die Klassen für PSR 1.Art nach Satz 54 wesentlich einfacher werden: Klasse I enthält alle nicht einfach rückgekoppelten Register, und zu I_3 gehören alle derartigen nichttrivialen PSR; die Registerklasse II dagegen besteht nur aus den einfach rückgekoppelten parallelen Signaturregistern.

Als Resultat über die Wahrscheinlichkeit für die Maskierung von Fehlfolgen durch ein PSR erhalten wir aus Satz 48 und aus der Folgerung des Maskierungssatzes aus 1.3.3. ein Ergebnis, das für PSR 1.Art schon in /KMZ1/ zu finden ist.

__Satz 55__: Sind für jedes 1 die Fehlfolgen aus 1 binären n-Tupeln gleichverteilt, so ist die Wahrscheinlichkeit dafür, daß eine Fehlfolge aus binären n-Tupeln durch ein paralleles Signaturregister der Länge n maskiert wird, nicht größer als 2^{-n}.

2.2.3. Ergänzungen und Bemerkungen

Parallele Signaturregister 1.Art wurden 1979 von Könemann, Mucha und Zwiehoff eingeführt (/KMZ1/,/KMZ2/). Ihre Hauptanwendung war von Anfang an der Selbsttest hochintegrierter Schaltkreise; wir kommen im Abschnitt 3.3. darauf zurück. Die Arbeit /KMZ1/ enthält schon einige der in den beiden letzten Abschnitten vorgestellten Resultate.
Die älteste uns bekannte Quelle, in der ein PSR 2.Art vorgestellt wird, ist die Diplomarbeit /Q/. Weitere Arbeiten, die theoretische Resultate über PSR 2.Art enthalten, sind /SHP/,/HM1/ und /HM2/.
Simulationsresultate zur Fehlermaskierung durch PSR finden sich unter anderem in /KMZ1/,/ZKM/,/SM/ und /SHP/. Der Satz 55 über die Maskierungswahrscheinlichkeit unter der Voraussetzung der Gleichverteilung

stammt aus der Arbeit /KMZ1/. Eine Diskussion zur Zweckmäßigkeit
dieser Voraussetzung und interessante Abschätzungen der Maskierungswahrscheinlichkeit ohne diese sind in /CL/ enthalten.

Bei einem Vergleich der Schwerpunkte von 2.1. und 2.2. fällt auf, daß
wir in 2.2. gar nicht auf Graphen von parallelen Signaturregistern
eingegangen sind. Während der autonome Graph G_R^O eines PSR R der Länge
n offenbar mit dem autonomen Graphen G_R^O des zugehörigen SSR R_1 zusammenfällt, ist der Registergraph G_R ein vollständiger gerichteter
Graph, der neben den 2^n Knoten also alle möglichen 2^{2n} Kanten enthält
(nach Behauptung 1 aus dem Beweis von Satz 48). Der Erreichbarkeitsgraph eines PSR kann nun analog zum SSR-Fall beispielsweise dadurch
eingeführt werden, daß man als Kanten diejenigen des Graphen G_R zugrunde legt, die zu "Einheitsvektor-Eingaben" der Form $0^{n-j}10^{j-1}$ gehören, j=1,...,n. Nach Satz 53 haben der Erreichbarkeitsgraph G_R^E eines
PSR R 2.Art und der Graph G_R^E des zugehörigen SSR weitgehend dieselben
Eigenschaften, während dies nach Satz 54 für PSR 1.Art nicht der Fall
ist. Auf nähere Einzelheiten wie auch auf Übergangsgraphen von PSR und
reduzierte Graphen, deren SSR-Gegenstücke wir im Abschnitt 2.1. betrachtet haben, wollen wir im Rahmen dieses Buches nicht weiter eingehen.

3. Signaturregister: Anwendungen

In diesem Kapitel geben wir einen Ausblick auf Anwendungen von Signaturregistern. Schwerpunkt dabei ist der Einsatz der Signaturregister zur Kompression von Diagnosedaten im Sinne unserer Definition der Signaturanalyse aus 1.1., er wird gleich im Abschnitt 3.1. behandelt. Signaturregister können aber in der Fehlerdiagnose neben der Datenkompression noch eine andere Rolle übernehmen, nämlich die der Testdatenerzeugung. Dies liegt daran, daß speziell die von Signaturregistern mit privitiven Rückführungspolynomen erzeugten Impulsantworten einige Eigenschaften haben, die man von Pseudozufallsfolgen erwartet; darauf gehen wir in 3.2. ein. Der Abschnitt 3.3. ist der Anwendung von Signaturregistern sowohl zur Testdatenerzeugung als auch zur Datenkompression beim Selbsttest gewidmet, und der Abschnitt 3.4. enthält kurze Ausführungen zum Einsatz der Signaturanalyse beim Datentest.

3.1. Signaturanalyse als Kompaktverfahren zur Fehlerdiagnose

Wie wir im ersten Kapitel schon erwähnt haben, wurde die Signaturanalyse speziell für den Kundendienst von komplexen digitalen Geräten (vorwiegend von solchen, die Mikroprozessoren enthalten) entwickelt (/GoN/,/Fr/,/Ch/,/Na1/). Schon in /BCA/ wurde aber der Einsatz von Signaturregistern beim System-Selbsttest vorgestellt, und bereits in /Na1/ findet sich auch ein Hinweis auf die erfolgreiche Anwendung der Signaturanalyse im Produktionstest.
Heute kann eingeschätzt werden, daß die Signaturanalyse in nahezu allen der in 1.3.1. genannten Etappen der Entwicklung einer digitalen Schaltung angewandt werden kann und daß sich ihr Einsatz nicht nur auf Geräte mit Mikroprozessorsteuerung beschränkt, sondern auch für zahlreiche andere Arten von digitalen Schaltungen möglich ist. Dabei sollte die Signaturanalyse jedoch stets nur **eine** Komponente neben anderen wirksamen Teststrategien sein, um im Zusammenwirken mit diesen für den jeweiligen Anwendungsfall möglichst gute Ergebnisse zu liefern.

3.1.1. Realisierungsmöglichkeiten

In 1.3.2. hatten wir festgestellt, daß ein "traditionelles" Diagnose-
verfahren aus den beiden Hauptetappen Stimulierung und Datenauswertung
besteht. Bei einem Kompaktverfahren wird, wie wir in 1.3.3. gesehen
haben, die Datenauswertung durch die Datenkompression (die während der
Stimulierungsphase abläuft!) und die (anschließende) Auswertung der
komprimierten Daten ersetzt.
Speziell für die Diagnose durch Signaturanalyse haben wir damit die
folgenden drei Hauptetappen des gesamten Diagnoseverfahrens:

        I   Stimulierung,

        II Signaturbildung,

        III Signaturauswertung.

Jede dieser drei Etappen kann nun nach verschiedenen Kriterien klassifiziert werden. So kann die Stimulierung einmal von der zu prüfenden
Schaltung selbst realisiert werden ("Eigenstimulierung"), sie kann
aber auch durch eine spezielle externe Einrichtung hervorgerufen werden, die dann meist Bestandteil des Prüfgerätes ist ("Fremdstimulie-
rung"). Unter diesem Aspekt können auch die Etappen II und III betrachtet werden. Wenn neben der Stimulierung auch die Signaturbildung
und die Auswertung von der zu prüfenden Baugruppe übernommen werden,
liegt ein kompletter Selbsttest vor (vergl. 3.3.).

Die Signaturauswertung kann unter dem Aspekt klassifiziert werden, ob
nur eine Prüfung oder - im Fehlerfall - auch eine Fehlerlokalisierung
durchzuführen ist, im zweiten Fall auch nach der Art des angewandten
Lokalisierungsverfahrens. Verwandt mit dieser Einteilung ist sicher
die Fallunterscheidung zwischen paralleler (vorzugsweise dann, wenn
keine Lokalisierung folgt, vergl. 1.3.3.) und serieller Signaturbildung.

Sowohl für die Stimulierungs- als auch für die Signaturbildungsetappe
können wir schließlich noch die Fälle unterscheiden, daß diese durch
Hardware- oder durch Softwarekomponenten erfolgt. So ist die Stimulierung etwa durch spezielle "Mustergeneratoren" möglich, sie kann aber
auch von einem Programm übernommen werden. In analoger Weise kann die
Bildung der Signaturen durch einen aus geeigneten Baugruppen konstruierten "Signaturanalysator", aber auch durch ein im Steuercomputer
ablaufendes "Signaturregister-Simulationsprogramm" realisiert werden.

Die weitere Gliederung dieses Abschnittes folgt der zuletzt genannten
Fallunterscheidung.

3.1.2. Signaturbildung durch Hardware

Die Signaturbildung durch "hardwaremäßig" realisierte Schieberegister
hat gegenüber der schon erwähnten "Softwarevariante" den Vorteil, daß
die Diagnose mit der vollen Arbeitsgeschwindigkeit der zu überprüfen-
den Schaltung ablaufen kann. Damit können auch dynamische Fehler gefunden werden.
Wir behandeln zuerst einen wichtigen Einsatzfall der Signaturanalyse,
der auch in der mehr auf Anwendungen orientierten Literatur dominiert.

3.1.2.1. Fehlersuche mit Signaturanalysator

Ein Signaturanalysator ist ein tragbares Prüfgerät, das vor allem für
den Einsatz im Kundendienst konzipiert ist. Anliegen dieses Einsatzes
ist die Fehlerlokalisierung bis zum fehlerhaften Bauelement schon beim
Kunden als eine Alternative zum Leiterplattenaustausch mit der Fehlersuche erst beim Hersteller.

3.1.2.1.1. Einsatzvoraussetzungen

Ein Signaturanalysator wird unter den Voraussetzungen dieses Abschnittes ausschließlich zur Signaturauswertung verwendet. Die zur Diagnose
notwendige Stimulierung muß also von der zu testenden Schaltung selbst
realisiert werden (Eigenstimulierung).
Kernstück eines Signaturanalysators ist ein serielles Signaturregister, das (wie im Kapitel 2 illustriert) aus Speicherelementen zusammengesetzt ist. Ein reales Signaturregister ist eine synchron getak-
tete Schaltung. Die Taktleitung, die wir in den Illustrationen im
Kapitel 2 zur Vereinfachung der Darstellungen stets weggelassen haben,
spielt dagegen in praktischen Realisierungen eine fundamentale Rolle.
Gerade der _Takt_ ist ein für den Einsatz eines Signaturanalysators
notwendiges Signal, das von der zu testenden Schaltung erzeugt werden
muß. Für das Takt-Signal ist ein spezieller Eingang des Signaturanalysators reserviert.
Ein weiterer wichtiger Eingang des Signaturanalysators ist der für die
Daten, nämlich die vom Testobjekt ausgegebenen Signale, über die die
Signatur gebildet werden soll. Der Daten-Eingang des Signaturanalysators ist mit dem Signaturregistereingang verbunden.

Um den Anfang und das Ende einer Signaturbildung eindeutig festzule-
gen, benötigt der Signaturanalysator noch zwei wichtige Signale: _Start_

und <u>Stop</u>. Ein zusätzlicher Eingang des Analysators ist schließlich mit
der <u>Masse</u> des Testobjektes zu verbinden.
Bei modernen Signaturanalysatoren kann für jedes der Signale Takt,
Start und Stop die Schaltflanke separat gewählt werden (entweder LH,
also die steigende, oder HL, die fallende Flanke). Die erste Schaltflanke des Takt-Signals, die **nach** der Schaltflanke des Start-Signals
auftritt (genauer: nach einer bestimmten Minimalzeit, die vom Geräte-
hersteller angegeben wird und üblicherweise in der Größenordnung weniger Nanosekunden liegt), öffnet das sogenannte <u>Meßfenster</u> (bzw. <u>Tor</u>).
Dieses ist dadurch charakterisiert, daß jedes Daten-Signal, das zum
Zeitpunkt der schaltenden Takt-Flanke anliegt (auch hier sind wieder
bestimmte, vom Hersteller angegebene Voreinstell- und Haltezeiten zu
beachten!), vom Signaturregister verarbeitet wird. Durch die erste
Schaltflanke des Takt-Signals, die **nach** der Schaltflanke des Stop-
Signals auftritt, wird das Meßfenster geschlossen; der zu diesem Zeitpunkt auf der Datenleitung anliegende Wert wird (als erster) **nicht
mehr** zur Signaturbildung verwendet.
Das folgende Diagramm veranschaulicht die Definition des Meßfensters
durch die LH-Flanke des Takt- sowie die HL-Flanken des Start- und des
Stop-Signals und die zugehörige Signaturberechnung mit einem SSR der
Länge 4, dem Registerpolynom x^4+x^2+1 und der Anfangsbelegung 0000
(vergl. Beispiel 3, Seite 45).

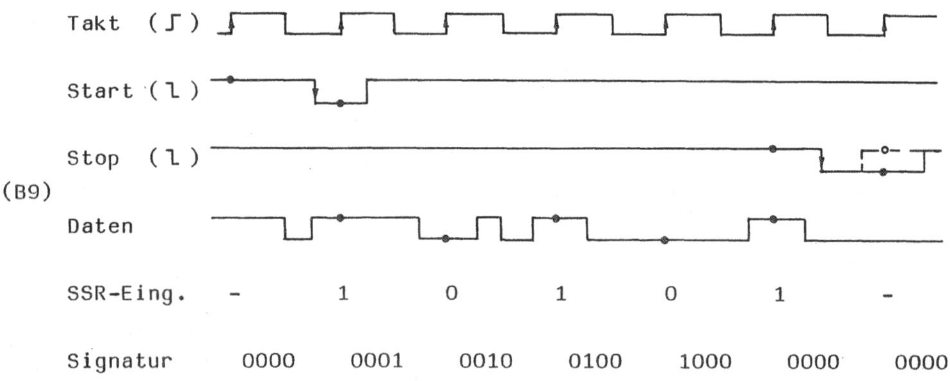

Für das korrekte Öffnen und Schließen des Meßfensters ist es notwendig, daß die schaltende Flanke des Start- bzw. Stop-Signals von der
schaltenden Taktflanke auch "erkannt" wird, und zwar dadurch, daß zwei
aufeinanderfolgende Takt-Flanken das jeweilige Signal auch in unterschiedlichen Potentialen vorfinden. Beim gestrichelt gezeichneten
Verlauf des Stop-Signals im Diagramm (B9) ist dies nicht der Fall, das
Meßfenster würde daher nicht geschlossen.

Ausführliche Betrachtungen zum Zusammenspiel des Start-, Stop- und Takt-Signals sind in /HPN4/,/ESA/ und /Wi/ zu finden.

3.1.2.1.2. Prinzipieller Ablauf

Der Takt-, Start-, Stop- und Masseeingang eines Signaturanalysators können in der Regel durch Klemmen fest mit bestimmten Meßpunkten (vorzugsweise IC-Anschlüssen oder Steckerstiften) verbunden werden. Der Dateneingang dagegen führt meist über eine Tastspitze, mit der beliebige Schaltungspunkte angetastet werden können. Auf diese Weise kann bei fixiertem Takt-, Start- und Stop-Signal die Signatur der Datenfolge gebildet werden, die an dem angetasteten Schaltungspunkt während des eingestellten Meßfensters auftritt. Neben der einmaligen Signaturaufnahme bieten die meisten Signaturanalysatoren die Möglichkeit, mehrere Signaturmessungen unter denselben Anschlußbedingnungen hintereinander auszuführen und auf diese Weise die **Stabilität** (vergl. 3.1.2.1.4.) der ermittelten Signatur zu überprüfen.
Eine (ein- oder mehrmalige) Signaturbildung an **einem** Schaltungspunkt, die mit einem Vergleich der gemessenen Istsignatur mit der zum ange- tasteten Punkt gehörenden Sollsignatur verbunden ist, wollen wir kurz als einen Test des Schaltungspunktes mit dem Signaturanalysator be- zeichnen. Unter einer Testserie wollen wir eine Folge von Tests ver- schiedener Schaltungspunkte verstehen, die aber alle mit derselben Anschaltung des Takt-, Start- und Stop-Eingangs erfolgen.

Gestützt auf eine zum jeweiligen Gerätetyp gehörige Dokumentation, führt ein Servicetechniker bei der Fehlersuche in einem defekten Gerät mit Hilfe des Signaturanalysators eine Reihe von Testserien durch, die nach dem Prinzip der Fehlerpfadverfolgung dann endet, wenn ein Bauele- ment gefunden wird, dessen Eingangssignaturen sämtlich korrekt sind, zu dem aber eine fehlerhafte Ausgangssignatur gehört.
Die Dokumentation muß einmal die Anschaltbedingungen für Takt, Start und Stop in den einzelnen Testserien und die Reihenfolge der Testse- rien bzw. der Tests innerhalb einer Serie (die i.allg. von den Resul- taten vorangegangener Tests abhängt) angeben, sie muß andererseits die Sollsignaturen der anzutastenden Schaltungspunkte enthalten. Diese können beispielsweise in den Stromlaufplan eingetragen werden (vergl. die Definition der Signaturanalyse aus /Fr/ in 1.1!), in Form von Signaturtabellen vorliegen oder direkt auf die Leiterplatte gedruckt werden. Nähere Ausführungen bzw. Beispiele zur Dokumentation sind z.B. in /GoN/,/HPN/,/HPN10/,/HPN11/,/Sh2/,/NG/ und /RSA1/ zu finden.

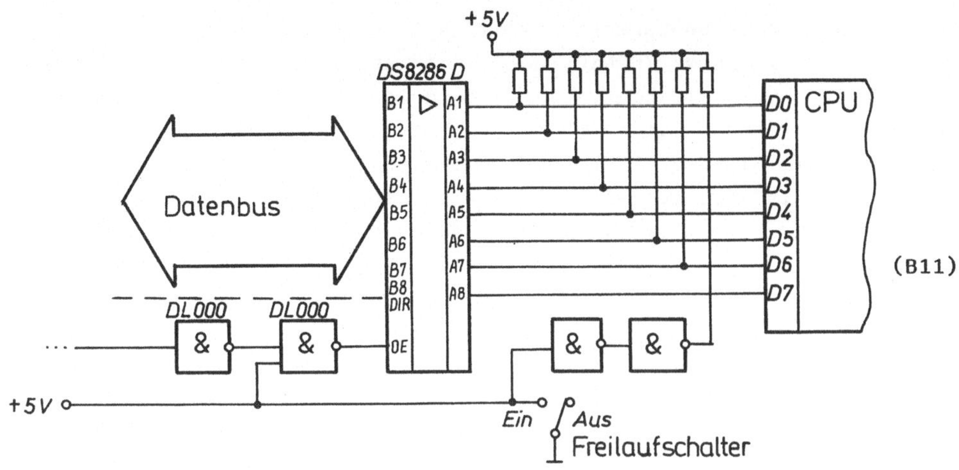

Unter diesen Voraussetzungen kann nun die erste Testserie gestartet
werden, der Freilauf des Prozessors. Dabei bildet die CPU alle Adres-
sen ihres gesamten Adreßraumes. Der Freilauf wird durch folgende
Anschaltung der Signaturanalysatoreingänge an Anschlußstifte der CPU
erreicht: Masse an Masse (beim U880/Z80 Stift 29), Start und Stop an
das höchstwertige Bit (MSB) des Adreßbus (beim U880/Z80 ist dies A15 -
Stift 5, als Schaltflanke wird HL empfohlen). Als Takt ist ein hinreichend aktives CPU-Signal auszuwählen (beim U880/Z80 etwa $\overline{RD}$ - Stift
21, auch mit der Schaltflanke HL).

In den einzelnen Tests dieser Testserie können nun Punkte aus folgen-
den Schaltungsteilen angetastet werden, die man zusammen mit der CPU,
der Stromversorgung und dem Systemtakt als den Kern (engl. kernel oder
hardcore) der Mikroprozessorschaltung bezeichnet:
- Adreßbus und spezielle Steuersignale,
- Adreßdekodierung und Chip-Select-Eingänge der Speicher,
- Datenbus jenseits der Unterbrechung, zunächst bei abgeschalteten
  Speichern (Voraussetzung 3!), dann bei schrittweise zugeschalteten
  ROM's/EPROM's - dadurch werden zugleich die Festwertspeicher ge-
  testet.
Stimmen alle ermittelten Signaturen mit den zugehörigen Sollsignaturen
überein, so sind die Bestandteile des Kerns mit einer hohen Wahr-
scheinlichkeit fehlerfrei. Für die CPU betrifft dies zumindest die
Adreßbildung; zum Nachweis ihrer völligen Funktionstüchtigkeit müßte
noch ein ausführlicherer Selbsttest aufgerufen werden.
Wir weisen darauf hin, daß die Sollsignaturen der Adreßbusleitungen
A0,A1,...,A15 für das Signaturregister R 1.Art mit dem "HP-Registerpo-
lynom" $x^{16}+x^{12}+x^9+x^7+1$(vergl. 3.1.2.3.) bezüglich der oben angegebenen

Anschaltung der Signaturanalysator-Eingänge Takt, Start, Stop und Masse z.B. in /Ste/,/HPN10/ und /RSA1/ angegeben sind. Bei dieser Anschaltung läuft die Signaturbildung genau über 2^{16} Takte, und die zum niederwertigsten Bit (also zu AO) gehörige Sollfolge $(01)^z$, $z=2^{15}$ hat gerade die Signatur FFFFH (oder UUUU in der "HP-Notation", vergl. 3.1.2.3.). Als weitere Beispiele wollen wir noch A1 mit der Sollfolge $(0011)^y$, $y=2^{14}$ und der Sollsignatur 5555H sowie A15 mit der zugehörigen Sollfolge 0^z1^z, $z=2^{15}$ und der Sollsignatur 755FH (bzw. 755U) nennen.

Stimmen schon die Adreßbus-Signaturen bei der Überprüfung des Kernes nicht mit den Sollsignaturen überein, so ist mit anderen Mitteln zu testen, ob die Stromversorgung und der Systemtakt korrekt arbeiten; ihre Funktionsfähigkeit ist eine prinzipielle Voraussetzung für die Wirksamkeit dieser Teststrategie.
Wenn dies der Fall ist, kann man sich durch Antasten eines Punktes mit ständigem H-Signal (d.h. +5V) davon überzeugen, ob das richtige Meßfenster auch tatsächlich vorliegt. Die Sollsignatur der Folge E aus 2^{16} Einsen ist gerade 0001. Dies kommt übrigens folgendermaßen zustande: Der um eine Eins kürzeren Folge E', die wir als Fehlfolge interpretieren, entspricht das vollständige Fehlpolynom v_m mit $m=2^{16}-2$. Offenbar gilt nun $v_m(x)(x+1)=x^{m+1}+1$, wobei $m+1=2^{16}-1$ ist. Nach Satz 11e und Satz 34 wird die zugehörige Folge 10^m1 von R maskiert. Da das Rückführungspolynom r irreduzibel ist, muß auch v_m durch r teilbar sein. Folglich wird auch E' durch R maskiert, und die um eine Eins längere Folge E hat deshalb die Sollsignatur 0001.

Wir wollen noch anmerken, daß zum ROM-Test außer der Freilauf-Testserie auch andere Anschaltungen möglich sind, z.B. für Start die HL- und für Stop die LH-Flanke des Chip-Select-Signals des entsprechenden ROM (vergl. /RSA1/).

Die übrigen Schaltungsteile (z.B. RAM, PIO, CTC, "äußere Logik" u.a.) werden dann in hierarchischer Weise überprüft, und zwar nach "artspezifischen" Testprogrammen. Diese sind im allgemeinen in einem besonderen ROM enthalten, das vor dem Aufruf des ersten Testprogramms überprüft worden sein muß.
Auf nähere Einzelheiten dieser Testprogramme, die maßgeblich von der Natur der zu prüfenden Teilschaltungen abhängen, können wir nicht eingehen, wir verweisen dazu z.B. auf /HPN/,/HPN10/,/HPN11/,/RSA1/ sowie (insbesondere zum RAM-Test) auf /Be/.
Auf der Hierarchieebene, auf der zum ersten Mal fehlerhafte Signaturen auftreten, ist dann unter den neu hinzugeschalteten Bauelementen eine

Fehlerursache zu finden. Dies fällt umso leichter, wenn die Anzahl der
"neuen" Bauelemente klein ist (im Idealfall nur ein Bauelement!).

3.1.2.1.4. Probleme

Innerhalb einer Rückkopplungsschleife, in der sämtliche Schaltungskno-
ten fehlerhafte Signaturen aufweisen, kann die Fehlerursache i.allg.
ohne eine Auftrennung der Schleife nicht ermittelt werden. Neben der
"Haupt-Schleife" CPU - Adreßbus - Speicher/Systembaustein - Datenbus -
CPU, deren Auftrennbarkeit beim Test als erste Voraussetzung für den
Freilauf schon erwähnt wurde, können in der zu testenden Baugruppe
noch weitere Rückkopplungsschleifen auftreten. Auch diese stellen den
Prüftechniker vor erhebliche Probleme, wenn keine Möglichkeit zu ihrer
Auftrennung während der Testphase besteht.

Eine Fehlersuche, die in der in 3.1.2.1.3. beschriebenen Weise abläuft, hat von vornherein keine große Aussicht auf Erfolg, wenn nicht
gesichert ist, daß alle fehlerfreien Exemplare des betreffenden Typs
an allen in den einzelnen Tests anzutastenden Punkten eindeutig bestimmte Signaturen haben, eben **die** Sollsignaturen. Diese müssen also
reproduzierbar sein. Dies bedeutet, daß nicht nur zwei verschiedene
Tests innerhalb derselben Testserie an demselben Punkt einer fehlerfreien Schaltung dieselbe Signatur liefern müssen, sondern daß die
Signatur eines anzutastenden Punktes für jede Messung an einem beliebigen fehlerfreien Schaltungsexemplar mit irgendeinem Signaturanalysator desselben Typs **nur** von den Anschaltungen des Takt-, Start-, Stop-
und Masseeingangs des Signaturanalysators abhängt.

Notwendig für reproduzierbare Sollsignaturen ist die Initialisierbar-
keit aller Speicherelemente. Wird beispielsweise nur das erste Signal
einer Folge vom zufälligen Stand eines Flipflops bestimmt, so gehören
zum entsprechenden Antastpunkt auch schon zwei "Sollsignaturen". Mit
zweien könnte man zwar noch (über "Alternativanweisungen" der Form
"wenn $S=S_1$ oder $S=S_2$, so ...") eine Prüfdokumentation aufbauen, aber
für größere Anzahlen wird diese schnell unübersichtlich. Als Ausweg
für den Fall, daß eine Speicherinitialisierung nicht sofort (z.B. mit
dem Anlegen der Betriebsspannung) möglich ist, bietet sich die Variante an, das Start-Signal erst nach Abschluß der Initialisierung zu geben.
Probleme für die Reproduzierbarkeit der Signaturen ergeben sich auch
durch asynchrone Schaltungskomponenten, unsaubere bzw. verrauschte

Takt-, Start- oder Stop-Signale sowie undefinierte Pegel an angetasteten Tristate-Ausgängen. Zu asynchronen Komponenten wird in /HPN/, S.25 kurz und bündig konstatiert: "There are four basic ways to deal with the testing of asynchronous circuits in general: 1) don't design them in, 2) make them synchronous during the SA test, 3) test them by themselves, 4) don't test them". Die (neben 3) am ehesten zu akzeptierende Variante 2 ist so zu interpretieren, daß durch zusätzlichen Hardwareaufwand eine taktbezogene Zwangssynchronisation erreicht werden muß.

Für eine ausführliche, durch Beispiele illustrierte Darstellung der Probleme, die durch verrauschte bzw. unsaubere Signale entstehen, verweisen wir auf /HPN4/ bzw. /ESA/. Dort finden sich auch Ausführungen zur Tristate-Problematik. Zur Behandlung des hochohmigen Zustandes gibt es zwei mit relativ geringem Aufwand realisierbare Möglichkeiten. Durch eine geeignete Auswahl des Taktsignals kann in manchen Fällen dafür gesorgt werden, daß nur definierte Signale (0 oder 1) zur Signaturbildung herangezogen werden. Andererseits kann man durch schaltungstechnische Maßnahmen im Signaturanalysator erreichen, daß an Stelle des hochohmigen Zustandes das definierte Signal zum Signaturregister gelangt, das zuletzt am Dateneingang anlag. In /H11/ und /H12/ wird eine Methode beschrieben, mit der Nachteile dieses Verfahrens überwunden werden können.

In einer fehlerhaften Schaltung kann es vorkommen, daß zwei Tests innerhalb einer Testserie für denselben Schaltungspunkt unterschiedliche Signaturen liefern oder daß die mehrmals hintereinander ausgeführte Signaturbildung (vergl. 3.1.2.1.2.) verschiedene Werte ergibt. Moderne Signaturanalysatoren verfügen über einen internen Speicher für die zuletzt ermittelte Signatur, so daß eine Signaturabweichung festgestellt und dem Prüftechniker angezeigt werden kann. In diesem Fall spricht man von <u>instabilen</u> Signaturen.
Die oben erhobene Forderung nach der Reproduzierbarkeit der Sollsignaturen schließt auch deren Stabilität mit ein. Demgegenüber hat man im allgemeinen keinen Einfluß auf die Stabilität von "Fehlsignaturen", jedoch kann es für die Fehlersuche von entscheidender Bedeutung sein, ob eine stabile oder instabile Fehlsignatur vorliegt. Nähere Ausführungen zur Stabilitätsproblematik sind in /HPN4/ und /ESA/ zu finden.

3.1.2.1.5. Richtlinien für den Entwurf

Eine Lösung der im vorigen Teilabschnitt genannten Probleme, die eine effiziente Fehlersuche mit einem Signaturanalysator erschweren oder sogar unmöglich machen, ist nicht allein durch den Prüftechnologen und nicht erst angesichts des produzierten oder produktionsreifen Erzeugnisses zu erreichen. Bestenfalls kann noch unter Ausnutzung der Möglichkeiten, die eine leistungsfähige automatische Testeinheit (ATE) bietet, die Signaturanalyse als eine Komponente im Produktionstest eingesetzt werden, wir kommen darauf im folgenden Abschnitt zurück.

Die Anwendung der Signaturanalyse als Strategie für die Fehlersuche im Kundendienst muß dagegen schon langfristig in der Entwicklung des Erzeugnisses berücksichtigt werden. Dazu ist insbesondere eine enge Zusammenarbeit zwischen Schaltungsentwicklern und Prüftechnologen erforderlich, und zwar schon in einem frühen Entwicklungsstadium.

Diese Problematik wird - unter verschiedenen Aspekten - in zahlreichen Arbeiten zur Signaturanalyse behandelt, wir nennen als Beispiele /Be/,/GLR/,/GoN/,/HPN3/,/HPN10/,/HS/,/KS/,/Ne/,/NG/,/RSA1/,/SH/,/Sh1/, /Sh2/. Wir wollen hier noch auf einige Ausführungen aus den frühen Arbeiten /Na1/ und /Fr/ eingehen, die in den gut zehn Jahren seit ihrem Erscheinen nichts an Aktualität eingebüßt haben, wenn auch manche dort für Leiterplatten angesprochene Probleme heute auf der Chip-Ebene anstehen.

Nadig vergleicht den Einsatz der Signaturanalyse für den Test eines Erzeugnisses mit der Einbeziehung eines Mikroprozessors in ein Gerät. Während sich der Geräteentwickler im letzteren Fall mit der Arbeitsweise, den Vorzügen und den Grenzen des Mikroprozessors auseinandersetzen müsse, sei es auch in der zuerst genannten Situation notwendig, daß sich der Entwickler mit der "Service-Philosophie" der Signaturanalyse vertraut macht und insbesondere die "Test-Stimuli" für die einzelnen Komponenten mitliefert.

Dieser Aspekt der Erzeugung der Testsätze wird auch von Frohwerk unterstrichen, der feststellt, daß es keine günstige Lösung ist, wenn der Geräteentwickler die Test-Prozedur einem Prüftechnologen überläßt, der aus Zeitmangel nicht jeden Fall individuell behandeln kann, sondern eine allgemeine Lösung suchen muß. Offensichtlich wäre es besser, wenn der Entwickler die Fehlersuche im Service schon in seinem ersten Entwurf berücksichtigen würde, da kein anderer die Schaltung so gut wie er kennt und daher auch keinen so guten Einblick haben kann, wie diese zu testen ist.

In /Na1/, S.18 werden unter der Überschrift "Entwickler-Richtlinien für die Anwendung der Signaturanalyse auf Erzeugnisse mit Mikroprozessoren" als "allgemeine Richtlinien" unter anderem Empfehlungen zur

Zusammenarbeit zwischen Entwicklern und Prüftechnologen gegeben. Als "technische Regeln" werden neben anderen die Eigenstimulierung, der Freilauf-Betrieb, die Notwendigkeit definierter Datensignale zum Zeitpunkt der Taktflanken innerhalb des Meßfensters, die leichte Erreichbarkeit solcher Schaltungspunkte, die die Signale Takt, Start und Stop liefern können sowie die Auftrennbarkeit von Rückkopplungsschleifen genannt. Unter "zusätzlichen Richtlinien" sind schließlich die Festlegung des Kernes (aus Stromversorgung, Systemtakt und µP), die Nutzung von ROM's für Stimulierungsprogramme, die klare Partitionierung der Schaltung unter Berücksichtigung verschiedener Testserien sowie Warnungen vor Bauelementen mit taktunabhängigen Verzögerungen (z.B. Monoflops) und dem hochohmigen Zustand von Tristate-Leitungen innerhalb des Testfensters zu finden.

3.1.2.2. Signaturanalyse im Produktionstest

Während die Signaturanalyse für die Anwendung im Kundendienst in /HPN/ durch die beiden Grundeigenschaften Datenkompression und Eigenstimulierung charakterisiert wird, finden sich in /HPN1/ zum Einsatz im Produktionstest als Schlüsselbegriffe die hohe Testgeschwindigkeit und die Datenkompression.
Angesichts der im Prüffeld des Herstellers verfügbaren Geräte, z.B. komfortabler automatischer Testeinrichtungen (ATE), die über eigene Mustergeneratoren verfügen, oder auch kleinerer Einrichtungen zum Mikrorechnertest (vergl. 3.1.2.3.), kann hier bei der Fehlerdiagnose von Mikrorechnerbaugruppen auf die Eigenstimulierung verzichtet werden. Darüber hinaus sind leistungsfähige ATE, z.B. solche mit Möglichkeiten des In-Circuit-Tests, in der Lage, auch solche Schaltungen mit Signaturanalyse zu testen, die einige der in 3.1.2.1. genannten Voraussetzungen (etwa die Auftrennung von Rückkopplungsschleifen oder die Aktivierung der CPU zum Freilauf) nicht in vollem Umfang erfüllen. Eine ausführliche Darstellung der Möglichkeiten einer speziellen ATE beim Produktionstest von Mikroprozessorschaltungen durch Signaturanalyse wird in /HPN1/ gegeben, weitere Arbeiten dazu sind z.B. /Co1/, /Fi1/,/Fi2/,/Fl/,/HF1/,/HF2/,/HPN11/,/Nas/,/We/.

Die Signaturanalyse kann auch zum Test von ROM's auf der noch unzersägten Siliziumscheibe eingesetzt werden (/TL/), diese Anwendung trägt schon wesentliche Züge des Selbsttests. Schließlich ist der Einsatz von Signaturregistern zur Datenkompression auch zur Diagnose von traditionellen Leiterplatten möglich, um die Vorteile eines Kompaktverfahrens gegenüber der Auswertung der unkomprimierten Diagnosedaten auszunutzen (vergl. dazu auch 3.1.4.). Damit die für die "Hardware-Variante" der Signaturbildung charakteristische hohe Testgeschwindig-keit erreicht wird, können beispielsweise die Eingangsbelegungen durch schnelle Mustergeneratoren erzeugt werden (vergl. z.B. /BCA/,/TD/), es ist aber auch möglich, mit traditionellen Methoden gewonnene Testsätze aus schnellen Pufferspeichern abzurufen (/Scu/,/HZ/).

3.1.2.3. Geräte zur Signaturanalyse

Bisher wurde die Signaturanalyse relativ unabhängig von ihrer geräte-technischen Realisierung behandelt. In diesem Abschnitt wollen wir nun einige Geräte vorstellen, die eine Fehlerdiagnose von digitalen Bau-gruppen durch Signaturanalyse ermöglichen. Zunächst gehen wir auf tragbare Signaturanalysatoren ein, die vorrangig für die Anwendung im Kundendienst konzipiert sind, aber auch im Prüffeld und in der Ent-wicklungsphase eines Erzeugnisses mit Erfolg eingesetzt werden können. Das erste derartige Gerät, der Signaturanalysator 5004A der Firma Hewlett-Packard, wurde 1977 vorgestellt (/GoN/ und /Ch/, vergl. auch /HPE/, S.132). Das dort verwendete Signaturregister 1.Art der Länge 16 mit dem Registerpolynom $x^{16}+x^{12}+x^9+x^7+1$(in /Fr/, S.8 sind einige Aus-führungen über die Auswahl dieses (primitiven) Polynoms zu finden) wurde inzwischen zu einem "inoffiziellen Standard" (/Ya3/). Diese Festlegung hat den Vorteil, daß bei international weit verbreiteten Prozessortypen die Sollsignaturen für bestimmte Tests bzw. Testserien einheitlich sind.
Die mit diesem Gerät ermittelten Signaturen werden dem Bediener über eine vierstellige Siebensegmentanzeige mitgeteilt. Statt des bei vie-len Mikrorechnern praktizierten Vorgehens, wegen der "Siebensegment-Ununterscheidbarkeit" der Hexadezimalziffern O und D sowie 8 und B auf die Symbole d und b auszuweichen, wurden für die Ziffern oberhalb von A (das wie üblich zur Darstellung von 1010 dient) andere Symbole gewählt: C für 1011, F für 1100, H für 1101, P für 1110 und U für 1111. Diese "HP-Bezeichnung" wurde auch für viele Signaturanalysatoren anderer Firmen übernommen.
Sämtliche HP-Applikationsnoten (außer HPN1) und viele der übrigen in diesem Abschnitt zitierten Artikel sind auf die Arbeit mit diesem Gerät zugeschnitten.

International wurden in den letzten Jahren zahlreiche Signaturanalysa-toren hergestellt, einen Überblick geben beispielsweise die Arbeiten /San/ und /Pal/.

Über die ersten in der DDR gebauten Signaturanalysatoren, die Labormuster KT01 (Registerlänge 8) und KT02 (Registerlänge 16) wurde in /SH/ und /DKT/ berichtet, ein weiteres Gerät wurde in /GLR/ vorgestellt.

Der **Signaturanalysator 31020** vom VEB Robotron-Meßelektronik "Otto Schön" Dresden enthält ein Signaturregister, das sich hinsichtlich des Registerpolynoms und der Signaturanzeige dem "Standard" des HP5004A anschließt. Er besteht aus einer Auswerteeinheit mit Anzeige- und Bedienelementen, einer Datensonde, die außer einer Tastspitze zur Aufnahme der Datensignale (über die die Signatur gebildet wird) auch noch Anzeige- und Bedienelemente enthält, und einer Treibersonde, mit der die Klemmen zur Aufnahme der Signale Takt, Start und Stop verbunden sind.

Neben diesem eigenständigen Gerät wird vom VEB Robotron-Meßelektronik auch noch eine Leiterplatte Signaturanalysator mit Sondeneinheit sowie eine Leiterplatte Anschlußsteuerung für Signaturanalysator angeboten, diese sind vorwiegend für den Einsatz im Mikrorechnersystem K1520 konzipiert.

Näheres zum Aufbau und zur Bedienung dieser Geräte findet man in /RSA2/ und /RSA3/; über die Anwendung informieren die Arbeiten /RSA1/ und /Wi/.

Ein komfortableres Gerät, mit dem eine Fehlerdiagnose durch Signaturanalyse in verschiedenen Varianten realisiert werden kann, ist das **Mikrorechnerdiagnosegerät 1.6430** vom VEB Robotron-Meßelektronik (vergl. /RMD/,/NOM/). Es verfügt in der Betriebsart SIGNATUR über die Alternativen SIGNATUR INTERN (Takt, Start, Stop vom Gerät, Daten über den Mikrorechnerbus, über den das Testobjekt adaptiert wird - keine Handantastung), SIGNATUR/DATEN EXTERN (Takt, Start, Stop wie oben, Daten über Tastspitze) und SIGNATUR EXTERN (hier "Simulation" der Arbeit eines "echten" Signaturanalysators).

Von internationalen Geräten, die in ihrem Komfort über den "gewöhnlichen" Signaturanalysator hinausgehen bzw. ihn ergänzen, wollen wir als Beispiele das HP 5005A/B Signatur-Multimeter (/Ma3/,/HPE/, S.126-128) und den HP 5001A Mikrorechner-Tester (/HPN11/) nennen. Eine komfortable ATE, die die Diagnose durch Signaturanalyse erlaubt, ist die HP 3060A (/HPN1/,/HPE/, S.116-118). Die ATE 1600 aus dem Kombinat Robotron ist eine leistungsfähige Testeinrichtung, die ebenfalls die Signaturanalyse als integrierten Bestandteil der Systemsoftware zur Prüfung und Fehlerortung enthält (/Kä/).

bei der immer benachbarte Punkte angetastet werden, kann die Fehlersuche auch nach abgewandelten, im Mittel schnelleren Verfahren ablaufen
(z.B. "half-splitting", vergl. /HPN/).
Wird dagegen die Diagnose durch Signaturanalyse als spezielle Betriebsart eines komfortableren Testgerätes angewandt, so kann auch die
Signaturauswertung rechnergestützt erfolgen. Außer Abtastverfahren,
die im Dialog mit dem Bediener verlaufen und hinsichtlich der Anzahl
der Antastungen optimiert sein können, sind dann wegen der durch die
Signaturbildung erreichten drastischen Datenkompression auch Fehler-
handbuchmethoden anwendbar, die mit unkomprimierten Daten zu viel
Speicherplatz erfordern würden.
Eine recht flexible Lokalisierungsstrategie ist die Kombination aus
einem Fehlerhandbuch- und einem Abtastverfahren (/MM/). Das letztere
wird dann aktiviert, wenn die durch den vorliegenden Fehler verursachte "Fehlsignatur" noch nicht im Handbuch abgespeichert ist. Mit wenig
Aufwand kann diese aber dann zusammen mit der durch das Abtastverfahren (oder auf eine andere Weise) ermittelten Fehlerursache in das
Fehlerhandbuch eingetragen werden. Auf diese Weise wird der Fehler,
wenn er noch ein zweites Mal auftritt, wesentlich schneller als allein
durch das Abtastverfahren gefunden. Nähere Ausführungen zu einem solchen Lokalisierungsverfahren, das sich an eine Softwarevariante zur
Signaturbildung anschließt, findet man in /EPV/,/PV1/,/V2/.

Zur Signaturauswertung gehören auch Überlegungen zur Maskierungsproblematik. Nach /Mu2/ (S.364) wird diese von Praktikern nicht allzu
ernst genommen, sollte aber weiter untersucht werden. ("Though practi-
cians think to have no indication that masking is a serious problem
further investigations seem to be necessary.") In der Tat entsteht
aus einem mit unreduzierten Daten arbeitenden Prüfverfahren, mit dem
p_E Prozent aller möglichen Fehler erkannt werden, durch Datenkompression mit einem Signaturregister R, dessen Maskierungswahrscheinlichkeit m_R ist, ein Kompaktverfahren, das nur $m_R p_E$ Prozent aller möglichen Fehler erkennt. In analoger Weise wird sich die Lokalisierungsrate p_L eines Lokalisierungsverfahrens durch die Kompression um den
Faktor m_R verschlechtern. Dabei sollte bei der Abschätzung der Maskierungswahrscheinlichkeit nicht unbedingt von der Annahme der Gleichverteilung ausgegangen werden (vergl. /CaL/,/Mu2/,/Sm/; auch S.153).
Der oben zitierte Praktikerstandpunkt wird vielleicht dadurch gerechtfertigt, daß für komplexere (und nicht unbedingt prüffreundlich entworfene!) Schaltungen die Differenz zwischen p_E und dem Idealwert 100%
erheblich größer sein dürfte als die zwischen $m_R p_E$ und p_E. Das gleiche
gilt für die Lokalisierungsrate.

Die Wahrscheinlichkeit dafür, daß auf Grund der Maskierung einer Soll-
Ist-Abweichung durch das verwendete Signaturregister ein Fehler nicht
korrekt lokalisiert wird oder sogar ein Fehler nicht entdeckt wird,
kann offensichtlich dadurch reduziert werden, daß man statt einer
Signatur mehrere betrachtet, die unter veränderten Bedingungen gebildet werden. Folgende Varianten bieten sich dafür an:

(a) die Wahl eines anderen Signaturregisters (vergl. /HM2/);

(b) eine ("zufällig") veränderte Zuordnung zwischen den Ausgängen der
    zu testenden Schaltung und den Eingängen eines PSR (nach /CL/);

(c) eine veränderte (etwa geringfügig permutierte, erweiterte oder re-
    duzierte) Stimulierung (nach /CL/);

(d) bei der Lokalisierung durch Fehlerpfadverfolgung nach dem Auffin-
    den der ersten richtigen Signatur auf einem Fehlerpfad noch Kon-
    troll-Antastungen benachbarter Punkte.

Vor allem beim Produktionstest von Schaltungen, die in großer Serie
gefertigt werden, kann eine ausführliche Fehlerstatistik einen Beitrag
dazu leisten, Einsichten in die Verteilung der tatsächlich auftretenden Fehlfolgen zu erhalten. Unter Berücksichtigung dieser Erkenntnisse
und der Maskierungsresultate aus Kapitel 2 könnten dann die zum Test
(z.B. als "Alternativ-Register" für die oben genannte Variante a) verwendeten Signaturregister so ausgewählt werden, daß die Maskierungswahrscheinlichkeit hinreichend klein wird.

3.2. Signaturregister zur Testdatenerzeugung

Wie wir schon im Abschnitt 1.3.2. angedeutet haben, sind Methoden der
traditionellen Fehlerdiagnose, insbesondere solche zur Testsatzgene-
rierung, nicht mehr uneingeschränkt auf LSI/VLSI-Schaltungen anwendbar. Durch Maßnahmen des prüffreundlichen Entwurfes kann aber gesichert werden, daß zur Stimulierung relativ einfach aufgebaute und vor
allem relativ einfach erzeugbare Testfolgen verwendet werden können.
Solche Folgen, die die Rolle der (manuell oder algorithmisch erzeugten) herkömmlichen Testsätze übernehmen, können (nach /Mu2/) in "pseudozufällige" und "universelle" Testfolgen unterteilt werden.

In /Go/, Kapitel III, wird gezeigt, daß Signaturregister mit primitiven Rückführungspolynomen als Generatoren für Pseudozufallsfolgen
eingesetzt werden können, vergl. auch /Gös3/, 3.1.3.3. Bei Frohwerk
(/Fr/) findet sich sogar die Bezeichnung "PRBS generator" (von
"pseudorandom binary sequence") als Synonym für ein Signaturregister
mit primitivem Register- (und damit auch Rückführungs-) Polynom. Als
Beispiele für Arbeiten, in denen Zufalls-Eigenschaften von Folgen
untersucht werden, die durch Schieberegister erzeugt werden, nennen
wir /SLC/ und /Dö/.
Die Anwendung eines speziellen Signaturregisters (der Länge 12) mit
primitivem Registerpolynom $(x^{12}+x^6+x^4+x+1)$ zur Erzeugung von Testfolgen wird schon in /BCA/ beschrieben. Seither sind zahlreiche Arbeiten
erschienen, in denen Signaturregister als Testfolgen-Generatoren betrachtet werden. Dabei überwiegt - vornehmlich in neueren Artikeln -
der Einsatz zum Selbsttest, wir kommen in 3.3. darauf zurück.

Wichtigster Spezialfall der universellen Testfolgen sind die vollständigen (engl. exhaustive) Tests, die für eine kombinatorische Schaltung
mit n Eingängen alle 2^n Eingangsbelegungen verwenden. Wird eine sequentielle Schaltung so entworfen, daß im Testmodus alle Speicherelemente zu Schiebeketten zusammengeschaltet werden können, und ist deren
Lesen und Beschreiben von außen direkt möglich (Scan-Path-Methode bzw.
LSSD-Entwurf, vergl. z.B. /Mu1/,/WP/), so reduziert sich ihr Test auf
die Tests ihrer kombinatorischen Teilschaltungen. Damit ist eine solche Stimulierung auch hier anwendbar.
Das vollständige Testen ist jedoch nur für relativ kleine Eingangs-
zahlen mit vertretbarem Zeitaufwand realisierbar. Als Ersatzlösung
bietet sich an, die zu testende Schaltung so zu entwerfen, daß sie in
der Testphase in kleinere Teilschaltungen zerlegt werden kann, deren
Ausgänge jeweils nur von relativ wenigen Eingängen abhängen (pseudo-
vollständiges Testen, vergl. z.B. /WM2/).

Da ein autonomes Signaturregister der Länge n mit primitivem Rückführungspolynom die Zyklenlänge 2^n-1 hat (Satz 11e bzw. Satz 19), also
mit einer Ausnahme alle möglichen Belegungen erzeugt, bietet sich sein
Einsatz als Testfolgengenerator zum vollständigen bzw. peudovollständigen Testen an. Das Fehlen einer Eingangsbelegung (0^n im autonomen
Zyklus bzw. 1^n im Zyklus mit der Eingabe 1) kann dadurch überwunden
werden, daß man die Registerlänge größer als die Eingangsanzahl wählt
(vergl. z.B. /BCR/ /WM2/). Eine Alternative dazu ist der Einsatz von
Schieberegistern mit nichtlinearen Rückkopplungen (z.B. in /DM/ beschrieben). Mit solchen ist bei einer Registerlänge n die Erzeugung
aller 2^n Folgen von einer einzigen Anfangsbelegung aus möglich (/Go/,
Teil III; /Gös3/).

3.3. Selbsttest durch Signaturanalyse

Wegen ihrer Bedeutung für die schaltungstechnische Realisierung fehlererkennender und fehlerkorrigierender Kodes (vergl. /Pe/) spielen
Signaturregister eine schon traditionelle Rolle in Einrichtungen zum
Selbsttest größerer digitaler Systeme (z.B. in /BCA/ dargestellt). Als
natürliche Weiterentwicklungen strukturell orientierter Maßnahmen des
prüffreundlichen Entwurfes gewinnen Selbsttestvorrichtungen auch auf
der Chipebene zunehmend an Bedeutung (/WP/). Durch die Unterbringung
von Einrichtungen zur Stimulierung und zur Testdatenauswertung (die
zur Unterscheidung von "passiven" Maßnahmen des prüffreundlichen Entwurfes als "aktive Testhilfen" bezeichnet werden) kann die Prüfbarkeit
komplexer Schaltungen wesentlich verbessert werden. Da der zusätzliche
Hardwareaufwand möglichst gering bleiben soll, andererseits aber diese
zusätzliche Hardware die Leistungsparameter des Chips (vor allem sein
Zeitverhalten) nur geringfügig beeinträchtigen darf, werden für den
Selbsttest Kompaktverfahren bevorzugt.
Überblicke über unterschiedliche Selbsttestkonzepte, die oft mit den
Kürzeln BIT (von "built-in test", z.B. /BCA/,/AC/) oder BIST (von
"built-in self-test", z.B. /HM2/) bezeichnet werden, findet man beispielsweise in /AC/,/MCB/,/HJA/,/Ts/,/WM1/ und /WM2/. In mehreren
dort genannten Einrichtungen zum Selbsttest spielen Signaturregister
(in verschiedenen Varianten) sowohl zur Testdatenerzeugung als auch
zur Kompression der von der zu testenden Schaltung ausgegebenen Signalfolgen eine Rolle. Eines dieser Konzepte, das 1979 von Könemann,
Mucha und Zwiehoff (/KMZ1/,/KMZ2/) eingeführt und kurz als BILBO (von
"built-in logic block observer") bezeichnet wurde, wollen wir im folgenden etwas näher vorstellen.

Ausgangspunkt ist das oben schon genannte Prinzip des scan path bzw. LSSD-Entwurfes, bei dem Speicherelemente einer sequentiellen Schaltung im Testmodus zu Schiebeketten zusammengeschaltet werden können. Darüber hinaus werden aber beim BILBO nicht nur solche trivialen Signaturregister aufgebaut, sondern in speziellen Betriebsarten des Testmodus auch nichttriviale Signaturregister erzeugt. Diese können wahlweise zur Testdatenerzeugung oder zur Testdatenkompression eingesetzt werden. Für den ersten Einsatzfall bieten sich autonome SSR mit primitiven Registerpolynomen (als PRBS-Generatoren) an, für den zweiten Fall werden (da auf Chip-Ebene eine Fehlerlokalisierung nicht sinnvoll ist) parallele Signaturregister bevorzugt.

Die folgenden Abbildungen, die sich an Vorbilder aus /MCB/ und /WP/ anlehnen, zeigen zunächst eine mögliche derartige Konfiguration aus .drei Speicherelementen und einigen Logikgattern in allgemeiner Form und anschließend die vereinfachten Schaltbilder für die vier möglichen Belegungen der beiden Steuersignale s_1 und s_2. Ferner sind e, e_1, e_2, e_3 Eingangs- und a, a_1, a_2, a_3 Ausgangssignale, von denen die e_i und die a_i die Verbindung zu benachbarten Teilschaltungen herstellen und i.allg. nicht von außen zugänglich sind, $i=1,2,3$. Die Signale e und a dagegen dienen zur Eingabe bzw. Ausgabe für die beim scan path bzw. LSSD-Entwurf erzeugte Schiebekette. Zur Vereinfachung haben wir wieder die Taktleitung weggelassen.

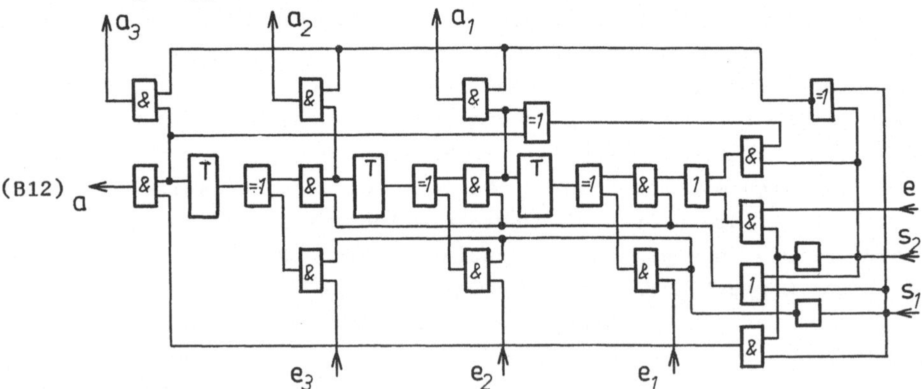

Das folgende Schaltbild zeigt den durch $s_1=s_2=0$ eingestellten "Arbeitszustand" der Schaltung aus (B12), in dem die Eingangssignale e_i jeweils um einen Takt verzögert werden, ehe sie über a_i ausgegeben werden, $i=1,2,3$.

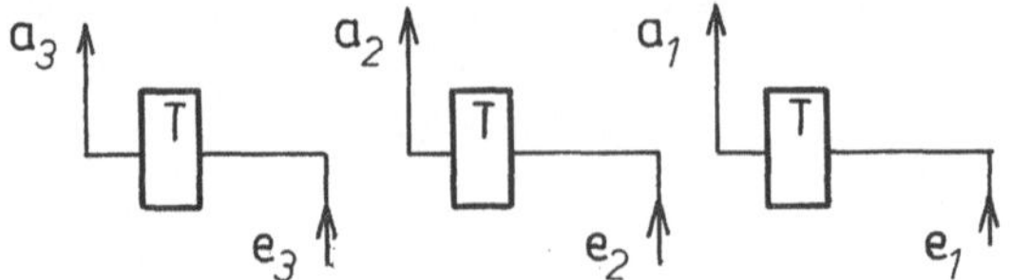

Mit s_1=1 und s_2=0 wird der "scan path" eingestellt - die drei Speicherelemente bilden nun eine einfache Schiebekette, die über e geladen
und über a gelesen werden kann.

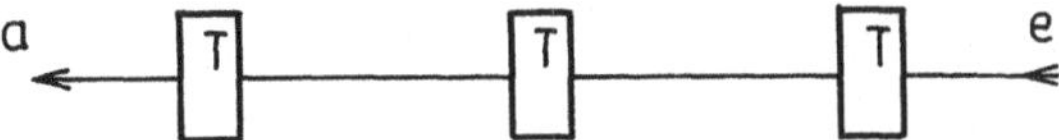

Durch s_1=s_2=1 wird die Schaltung aus (B12) zu dem im folgenden dargestellten autonomen Signaturregister 1.Art mit dem primitiven Registerpolynom x^3+x+1, bei dem nun aber die Ausgänge des ersten und zweiten
Speicherelementes auch nach außen geführt werden. Wenn die Speicher in
der zuletzt betrachteten Betriebsart (1,0) in einen von (0,0,0) verschiedenen Anfangszustand gebracht werden, so kann die Schaltung in
der Betriebsart (1,1) zur Stimulierung der "nachgeordneten" Teilschaltung genutzt werden.

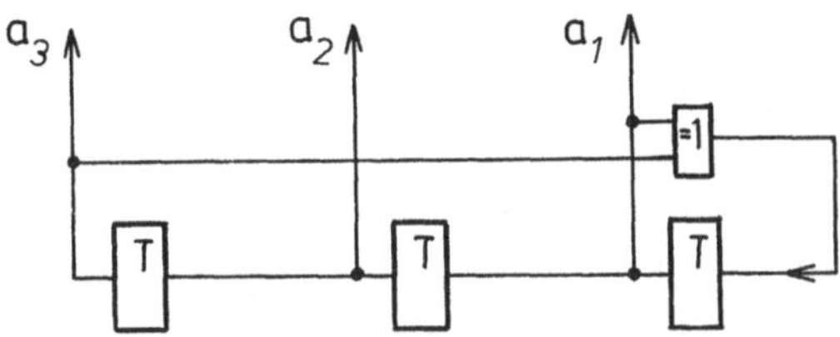

Mit s_1=0 und s_2=1 wird schließlich ein paralleles Signaturregister
eingestellt. Dieses kann zur Bildung der Parallelsignatur über die auf
den "Kanälen" e_1,e_2,e_3 ankommenden Datenfolgen eingesetzt werden, wenn
die Teilschaltung, die diese Leitungen als Ausgänge hat, in geeigneter
Weise stimuliert wird. Die durch den Test erzeugte Signatur kann dann
in der Betriebsart (1,0) ausgegeben und mit der zugehörigen Sollsignatur verglichen werden.

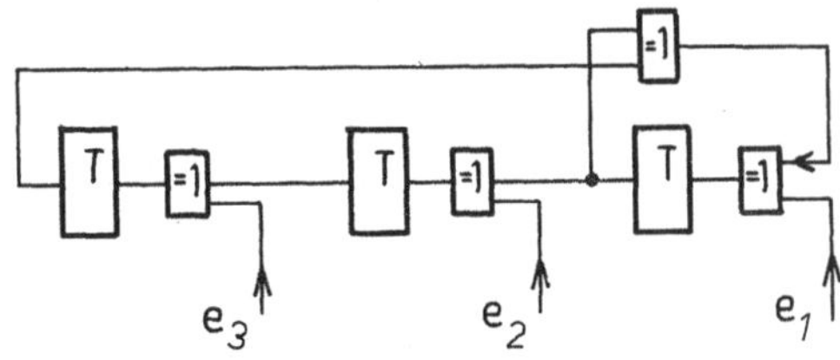

Für eine Schaltung, die durch das folgende Schaltbild illustriert
wird, bietet sich eine einfache Selbsttest-Strategie an (vergl. /WP/
bzw. /KMZ1/).

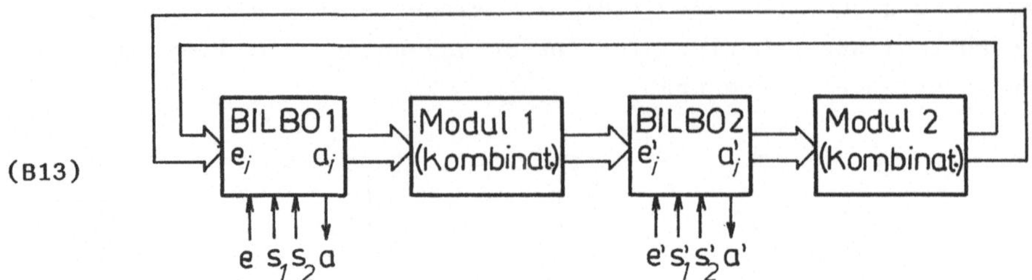

Nachdem beide BILBO-Schaltungen in der Betriebsart (1,0) initialisiert worden sind (etwa BILBO1 mit dem Anfangszustand 0...01 und BILBO2 mit 0...00), wird Modul 1 getestet, indem BILBO1 (mit $s_1 = s_2 = 1$) als Testmustergenerator (TMG) und BILBO2 (in der Betriebsart (0,1)) als PSR bzw. Testdatenauswerter (TDA) arbeitet. Nach dem Auslesen der im TDA ermittelten Signatur (dies kann gleich mit dem Initialisieren für den nächsten Einsatz verbunden werden!) und ihrem Vergleich mit der Sollsignatur kann bei deren Übereinstimmung der Test fortgesetzt werden Mit einer Rollenvertauschung der beiden BILBOs wird der Modul 2 getestet, indem BILBO2 nun als TMG und BILBO1 als TDA arbeitet.

Zum Abschluß dieses Abschnittes wollen wir noch anmerken, daß die Schaltung aus (B12) nur zur Erläuterung des beschriebenen Selbsttestkonzeptes dient; für einen praktischen Einsatz ist die Anzahl der zusätzlichen Steuergatter sicher zu hoch. In den oben genannten Arbeiten, die verschiedene Selbsttestmöglichkeiten miteinander vergleichen, finden sich auch Abschätzungen des jeweils benötigten zusätzlichen Hardwareaufwandes.

3.4. Signaturregister zum Datentest

Signaturregister werden häufig zur Kontrolle bei der Datenübertragung eingesetzt. Ein vielfach dazu verwendetes Register (vergl. z.B. /Fr/,/LW/) hat die Länge 16 und das Registerpolynom $x^{16} + x^{15} + x^2 + 1$, es wird auch als CRC-Register (von "cyclic redundancy check") bezeichnet. Das Anwendungsprinzip ist dasselbe wie beim Schaltungstest. Die Signatur der zu übertragenden Datenfolge wird gebildet und mit den Daten übertragen. Der Empfänger überprüft, ob die Signatur der empfangenen Daten mit der Sollsignatur übereinstimmt (/LW/).
Ein Einsatzfall für einen solchen Datentest ist beispielsweise die Überprüfung der Diagnosedaten beim rechnergesteuerten Schaltungstest nach dem Einlesen in den RAM bzw. in einer "Selbsttest-Betriebsart"

(z.B. nach dem Einschalten des Prüfautomaten) für den Fall, daß die
Daten im ROM/PROM stehen.

Die Signaturauswertung wird vereinfacht, wenn statt eines "einfachen"
Signaturregisters erster oder zweiter Art ein linearer Automat verwendet wird, der nach dem Schaltbild (B14) aufgebaut ist.

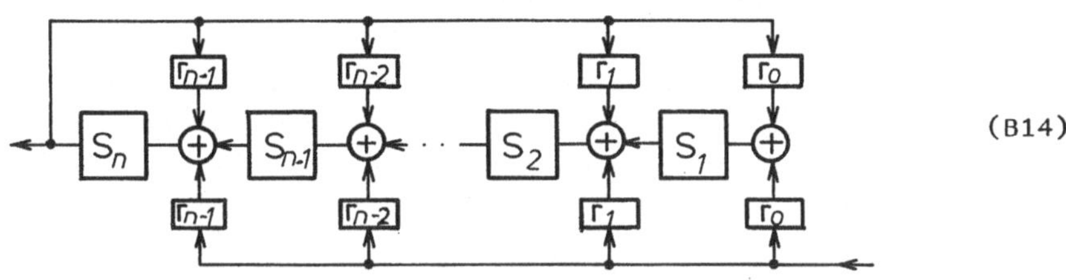

(B14)

Dieser Automat hat die Eigenschaft, daß die Signatur $S'=S(E')$ einer
Istfolge E' genau dann mit der Sollsignatur $S_0=S(E)$ der zugehörigen
Sollfolge übereinstimmt, wenn die Folge $E_1=E'S_0$, die durch die Verknüpfung der Istfolge mit der Sollsignatur entsteht (wobei die letztere in der Reihenfolge $s_n s_{n-1}\cdots s_1 s_0$ anzufügen ist), die Signatur
$S(E_1)=0^n$ hat (/LW/,/Lei3/).

Bei paralleler Datenübertragung bzw. beim Testen von Daten mit Byte-
Struktur wird sich der Einsatz paralleler Signaturregister i.allg.
als vorteilhaft erweisen. Unabhängig davon, ob ein SSR oder ein PSR
verwendet wird, ist zur Signaturbildung auch für diese Anwendung
wieder eine Hardwarevariante (vornehmlich für hohe Übertragungsge-
schwindigkeiten!) und auch eine Softwarevariante möglich. Programme
zur seriellen und parallelen Signaturberechnung in der 8080-Assembler-
sprache sowie ein PASCAL-Programm zur Simulation des linearen Automaten mit dem Schaltbild (B14) sind in /LW/ zu finden. Im Anhang 2 geben
wir einige Programme in der U880/Z80-Assembler- und Maschinensprache
sowie in BASIC an, mit denen ebenfalls serielle und parallele Signaturregister erster und zweiter Art simuliert werden. Insbesondere das
Programm Nr.7 kann zum Datentest verwendet werden; eine etwas komfor-
tablere Variante wurde dazu in dem in /PSW/ und /EPV/ beschriebenen
Diagnosesystem eingesetzt. Durch eine einfache Erweiterung kann im
Fall einer Abweichung die Fehlerursache bis zum Speicherbaustein lokalisiert werden.

3.5. Ergänzungen und Bemerkungen

Der in diesem Kapitel gegebene Ausblick auf Anwendungen der Signaturanalyse soll und kann keinen Anspruch auf Vollständigkeit erheben. Von
den aus der Literatur bekannten Anwendungen, auf die wir nicht eingegangen sind, wollen wir an dieser Stelle einige noch summarisch erwähnen:
- das speziell auf den Prozessor 8085 zugeschnittene Selbsttest-
  Konzept aus /BS/;
- die Kombination der Signaturanalyse mit anderen Diagnose-Strategien,
  wie Logikanalyse (/Sp/) und In-Circuit-Emulation (/We/);
- den Einsatz der Signaturanalyse in der Automatentheorie, insbesondere für Identifikations- und Testexperimente (/Ha/,/SD/).

Wir wollen noch bemerken, daß wir in das Literaturverzeichnis auch
Arbeiten zur Signaturanalyse aufgenommen haben, die im Text nicht
zitiert worden sind.

Wie schon zu Beginn von 3.1. erwähnt, sollte die Signaturanalyse nur
eine Komponente innerhalb eines umfassenden Testkonzeptes für ein
bestimmtes Produkt sein. Sie ist kein Allheilmittel zur Lösung aller
Testprobleme und ist insbesondere dann überfordert, wenn sich angesichts eines schon zur Produktionsreife entwickelten Erzeugnisses
herausstellt, daß dieses nicht mit vernünftigem Aufwand testbar ist.
Andererseits kann aber die Signaturanalyse, wenn neben allgemeinen
Fragen der Diagnosefreundlichkeit im Rahmen des "Diagnoseentwurfs"
(vergl. /Rei2/, Nr.6) auch ihr späterer Einsatz schon in einem hinreichend frühen Entwurfsstadium berücksichtigt wird, wesentlich zur Sen-
kung des für die Fehlerdiagnose benötigten Aufwandes beitragen.

Anhang

1. Faktorisierung und Zyklenmengen maximal rückgekoppelter Register

In 2.1.7.2. und 2.1.7.4. haben wir gesehen,daß die maximal rückgekoppelten Signaturregister M_n gerader Länge hinsichtlich der Maskierung von Fehlfolgen mit konstantem Gewicht eine ausgezeichnete Rolle spielen. Es zeigt sich, daß die zugehörigen Rückführungspolynome, die vollständigen Polynome $v_n(x)=x^n+x^{n-1}+...+x+1$, auf sehr unterschiedliche Arten in irreduzible Faktoren zerlegt werden können.
Die folgende Tabelle enthält diese Zerlegungen für n=2,4,...,32. Bei der Ermittlung der Zerlegungen haben wir den Anhang C in /Pe/, die Tabelle P4 in /Gi/ sowie die Tabelle V-1 in /Go/ benutzt.
Zur Vereinfachung der Schreibweise stellen wir die Polynome durch ihre nach absteigenden Potenzen von x geordnete Koeffizientenfolge dar, so ist z.B. die Folge 1011 Repräsentant des Polynoms x^3+x+1.
Darüber hinaus geben wir noch die Zyklenmengen der maximal rückgekoppelten Signaturregister M_n an, die mit Hilfe der Zerlegungen der Polynome v_n unter Ausnutzung von Satz 20 aus 2.1.5.1. gewonnen wurden.

n	Faktorisierung von v_n	Zyklenmenge von M_n
2	primitiv	1/1,1/3
4	irreduzibel	1/1,3/5
6	1011·1101	1/1,9/7
8	111·1001001	1/1,1/3,28/9
10	irreduzibel	1/1,93/11
12	irreduzibel	1/1,315/13
14	111·11111·10011·11001	1/1,1/3,3/5,1091/15
16	100111001·111010111	1/1,3855/17
18	irreduzibel	1/1,13797/19
20	1111111·100000010000001	1/1,1/3,9/7,49929/21
22	101011100011·110001110101	1/1,182361/23
24	11111·10000100001000100001	1/1,3/5,671088/25
26	111111111·1000000001000000001	1/1,1/3,28/9,2485504/27
28	irreduzibel	1/1,9256395/29
30	100101·101001·101111·110111·111011·111101	1/1,34636833/31
32	111·10010101001·11000100011·11111111111	1/1,1/9,93/11,
		130150493/33

2. Programme zur Signaturregistersimulation

Neben "hardwareseitig" aus entsprechenden elektronischen Bauelementen
aufgebauten Signaturregistern spielen "Software-Realisierungen" sowohl
für die verschiedensten praktischen Anwendungen als auch für theoretische Untersuchungen eine bedeutende Rolle (vergl. z.B. /Dam/,/DKT/,
/EPV/,/Gä/,/Ki/,/Ku/,/LW/ und /SHP/).

Wir geben zunächst einige Unterprogramme in der Assembler- und Maschinensprache des Mikroprozessors U880 bzw. Z80 an.
In allen Signaturdarstellungen liegt wieder der Eingang rechts, d.h.
im niederwertigsten Bit der höchsten Speicheradresse bzw. des zuletzt
genannten CPU-Registers. Bei der Angabe der Rückkopplungen, die in
Form von Direktoperanden erfolgt, ist zu beachten, daß die Koeffizienten des Rückführungspolynoms bei Registern 1.Art von links nach
rechts, bei Registern 2.Art dagegen von rechts nach links numeriert
werden (vergl. (B2), S. 36 und (B3), S. 55 sowie S. 64).

Wir beginnen mit vier Programmen zur Simulation eines autonomen
Schrittes für Register unterschiedlicher Art und Länge.

1) Länge 8, Rückführungspolynom $x^8+x^6+x^4$ $(=x^4(x^4+x^2+1))$,
   Signaturregister 1.Art, Darstellung im CPU-Register L.

```
3000   3E 0A        AN1:  LD    A,0AH    ;Parität der rückgekoppelten...
3002   A5                 AND   L        ;Registerpositionen ermitteln...
3003   EA 07 30           JPPE  M1
3006   37                 SCF            ;und in das Carry-Flag bringen
3007   CB 15        M1:   RL    L        ;Verschiebung
3009   C9                 RET
```

2) Länge 8, Rückführungspolynom $x^8+x^4+x^3+x+1$ (irred., nicht primitiv),
   Signaturregister 2. Art, Darstellung in (HL).

```
300A   B7           AN2:  OR    A        ;CY=0
300B   CB 16              RL    M        ;Verschiebung
300D   D0                 RNC            ;fertig, wenn Bit 7 = 0; sonst...
300E   3E 1B              LD    A,1BH    ;rückgekoppelte Positionen...
3010   AE                 XOR   M        ;negieren
3011   77                 LD    M,A
3012   C9                 RET
```

3) Länge 16, Rückführungspolynom $x^{16}+x^9+x^7+x^4+1$(d.h. "HP"-Registerpoly-
   nom $x^{16}+x^{12}+x^9+x^7+1$), Signaturregister 1.Art, Darstellung in (IX)
   und (IX+1).

```
3013   3E 89          AN3: LD   A,89H      ;Rückkopplungen Bit 16,12,9
3015   DD A6 00            AND  (IX)
3018   57                  LD   D,A         ;Resultat in D speichern
3019   3E 40               LD   A,40H       ;Rückkopplung Bit 7
301B   DD A6 01            AND  (IX+1)
301E   AA                  XOR  D           ;D berücksichtigen
301F   EA 23 30            JPPE M3
3022   37                  SCF              ;CY=Rückk.-Parität
3023   DD CB 01 16     M3: RL   (IX+1)      ;Verschiebung L-Teil
3027   DD CB 00 16         RL   (IX)        ;Verschiebung H-Teil
302B   C9                  RET
```

4) Länge 24, Rückführungspolynom beliebig,
   Signaturregister 2. Art, Darstellung in H,L,D.

```
302C   B7             AN4: OR   A           ;CY=0
302D   CB 12               RL   D           ;Verschiebung
302F   CB 15               RL   L
3031   CB 14               RL   H
3033   D0                  RNC              ;fertig, wenn Bit 7 = 0,
3034   3E xx xx            LD   A,"R1"       ;sonst Negation der
3037   AA                  XOR  D           ;rückgekoppelten Positionen:
3038   57                  LD   D,A         ;niedrigstes,
3039   3E xx xx            LD   A,"R2"
303C   AD                  XOR  L
303D   57                  LD   L,A         ;mittleres...
303E   3E xx xx            LD   A,"RK3"
3041   AC                  XOR  H
3042   67                  LD   H,A         ;und höchstes Byte
3043   C9                  RET
```

Diese Programme sind für die Registerlängen 8, 16, 24 konzipiert. Ein
echt kürzeres Signaturregister 1.Art kann zunächst als ausgeartetes
Register mit einer dieser Längen angesehen werden, die zugehörige
Signatur erhält man dann einfach durch die Anwendung eines AND-Befeh-
les mit einer entsprechenden "Maske". So simuliert beispielsweise das
Programm 1 mit der Maske OFH das Signaturregister der Länge 4 mit dem
Rückführungspolynom x^4+x^2+1.

Ein Signaturregister 2.Art mit einer von 8 und 16 verschiedenen Länge
$n \leqslant 24$ kann in ganz analoger Weise durch ein ausgeartetes Register der
nächstgrößeren Länge m=8, 16, 24 repräsentiert werden.
Bei der Verarbeitung einer seriellen Eingabe ist jedoch zu beachten,
daß das Eingabesignal dann nicht (wie im folgenden Programm 5) durch
Bit 0 des Eingabebytes übergeben wird, sondern durch Bit m-n. Als Maske für das niederwertigste Byte sowohl bei der Paralleleingabe   als
auch für die Gewinnung der Endsignatur dient in diesem Fall das Byte
$X_7 X_6 \ldots X_0$ mit $X_7 = \ldots = X_{m-n} = 1$ und $X_{m-n-1} = \ldots = X_0 = 0$.

5) Simulation eines Schrittes eines in L dargestellten Signaturregisters der Länge 8 mit Eingabe über das CPU-Register C (seriell
   durch Bit 0 oder parallel durch Bit 0,...,7).

```
3044  CD 00 30      AN5:  CALL  AN1        ;autonomer Schritt
3047  79                  LD    A,C        ;Verarbeitung...
3048  A5                  XOR   L
3049  6F                  LD    L,A        ;der Eingabe
304A  C9                  RET
```

6) Simulation eines Schrittes eines in (IX) und (IX+1) dargestellten
   Signaturregisters der Länge 16 mit Parallel-Eingabe über BC.

```
304B  CD 13 30      AN6:  CALL  AN3        ;autonomer Schritt
304E  DD 7E 00            LD    A,(IX)     ;Verarbeitung der Eingabe:
3051  A8                  XOR   B
3052  DD 77 00            LD    (IX),A     ;H-Teil
3055  DD 7E 01            LD    A,(IX+1)
3058  A9                  XOR   C
3059  DD 77 01            LD    (IX+1),A ;L-Teil
305C  C9                  RET
```

7) Anwendung von 6) zur Parallelsignaturberechnung über einen
   Speicherbereich: Signatur in (IX), (IX+1), Anfangsadresse des
   Bereiches in HL, Anzahl Doppelbytes (halbe Länge!) in DE.

```
305D  AF            AN7:  XOR   A          ;Anfangsbelegung Null
305E  DD 7E 00            LD    (IX),A
3061  DD 7E 01            LD    (IX+1),A
3064  46            M7:   LD    B,M        ;Eingabe nach B...
3065  23                  INC   HL
3066  4E                  LD    C,M        ;und C.
3067  23                  INC   HL
3068  CD 4B 30            CALL  AN6        ;Signaturschritt
306B  1B                  DEC   DE
306C  7A                  LD    A,D        ;Test, ob Bereich abgearbeitet:
```

```
306D  B3              OR    E          ;DE=0 ?
306E  20 F4           JRNZ  M7-#       ;nein - zurück
3070  C9              RET              ;ja - Ende
```

Die folgenden BASIC-Unterprogramme sind für den Kleincomputer KC 85/3
geschrieben. Die Signaturen und Rückkopplungen werden dabei durch
binäre Strings (S1$,S2$;RK$) der festen Länge N gespeichert, auch hier
liegt der Registereingang wieder rechts. E$ bezeichnet eine binäre
Eingabefolge, die wieder von links nach rechts abgearbeitet wird; E1$
ist das erste (aktuelle) Eingabebit.

8) Das erste Unterprogramm simuliert einen Schritt für ein Signaturregister 1.Art der Länge N mit der Eingabe E1$.

```
200 X$=E1$: S2$=RIGHT$(S1$,N-1)
210 FOR I=1 TO N
220 IF MID$(S1$,I,1)="0" OR MID$(RK$,I,1)="0" THEN 240
230 N$=RIGHT$(STR$(1-VAL(X$)),1): X$=N$
240 NEXT I
250 S2$=S2$+X$
260 RETURN
```

9) Für ein Signaturregister 2.Art leistet folgendes Unterprogramm das
   Verlangte.

```
300 S2$=RIGHT$(S1$,N-1) + E1$
310 IF LEFT$(S1$,1)="0" THEN RETURN
320 FOR I=1 TO N
330 X$=MID$(S2$,I,1): N$=X$
340 IF MID$(RK$,I,1)="1" THEN N$=RIGHT$(STR$(1-VAL(X$)),1)
350 S2$=LEFT$(S2$,I-1) + N$
360 NEXT I: RETURN
```

Ein kleines Programm, das unter Verwendung dieser Unterprogramme zu
einzugebender Registerart, zu richtig zueinander passenden Rückkopplungen und einer Anfangsbelegung sowie zu einer Eingabefolge die
Signatur berechnet, könnte dann wie folgt aussehen:

```
100 INPUT "ART:";A: INPUT "RÜCKKOPPL:"RK$
110 INPUT "ANF.-BELEGUNG:";AB$: INPUT "EINGABEFOLGE:";E$
120 N=LEN(RK$): L=LEN(E$): S1$=AB$
130 FOR T=1 TO L
140 E1$=MID$(E$,T,1)
150 IF A=1 THEN GOSUB 200: ELSE GOSUB 300
160 S1$=S2$: NEXT T
170 PRINT S2$: GOTO 110
```

Der Wert solcher Programme besteht vor allem darin, daß mit Hilfe verschiedener Zwischenausgaben Einzelheiten der Signaturbildung gut auf
dem Bildschirm veranschaulicht werden können.
Ein längeres Demonstrationsprogramm (ca. 400 Programmzeilen) kann von
Interessenten bei den Autoren angefordert werden.

Für längere Eingaben sollten zur Signaturberechnung Unterprogramme in
der U880-Maschinensprache verwendet werden, da die BASIC-Varianten
doch relativ langsam sind (Laufzeit für eine Eingabelänge L 60 etwa
eine Minute). Diese kann man mit einem mehr oder weniger komfortablen
BASIC-Rahmenprogramm zur Ein- und Ausgabe versehen. Mit wenig Aufwand
können aber dazu auch Systemunterprogramme des Betriebssystems CAOS
genutzt werden.

10) Das folgende Beispielprogramm simuliert autonome Signaturregister
    2.Art mit einer Registerlänge $n \leq 24$ (Signatur in H,L,D) unter Ver-
    wendung des Programmes 4 mit einer Schrittzählung in BCE.

```
3071   7F 7F 53 01                      ;CAOS-Prolog "S"
3075   CD 2C 30     ANA: CALL AN4       ;Signatur-UP 4
3078   1D                DEC  E         ;Schrittzählung 1
3079   20 FA             JRNZ ANA-#
307B   78                LD   A,B        ;Schrittzählung 2,3
307C   B1                OR   C
307D   28 03             JRZ  MA-#       ;Ende, wenn B=C=D=0
307F   OB                DEC  BC
3080   18 F3             JR   ANA-#
3082   CD 03 FO     MA:  CALL F003       ;CAOS-Verteiler I
3085   1B                DB   1BH        ;System-UP "HLDE"
3086   C9                RET
```

Das Programm wird durch die Eingabe

$$S \quad X_5 X_4 X_3 X_2 \quad X_1 X_0 Y_1 Y_0 \quad Y_5 Y_4 Y_3 Y_2$$

gestartet, in der $X_5 \ldots X_0$ die Hexadezimaldarstellung der Ausgangssignatur ist, und die Schrittzahl hexadezimal durch $Y_5 \ldots Y_0$ gegeben wird
($Y_1 Y_0 \neq 0$ beachten!). Die Ausgabe der Endsignatur $s_5 \ldots s_0$ erfolgt in der
Form $s_5 s_4 s_3 s_2 \ s_1 s_0 00\%$.

Literaturverzeichnis

Erläuterung der Abkürzungen:

AiT - Avtomatika i Telemechanika, Moskau (russisch)
BI   - Bibliographisches Institut
DVW - VEB Deutscher Verlag der Wissenschaften
er   - Elektronische Rechenanlagen
FTCS - Fault Tolerant Computing Symposium, Digest of Papers
HP   - Hewlett-Packard Co.
HPJ - Hewlett-Packard Journal
HPA - Hewlett-Packard Applikationsnote
IEEE Tr.C   - IEEE Transactions on Computers
IEEE Tr.CAS - IEEE Transactions on Circuits and Systems
NTE - Nachrichtentechnik-Elektronik
rfe - radio fernsehen elektronik
SREE - Sozialistische Rationalisierung in der Elektrotechnik/Elektronik
STOC - Symposium on Theory of Computing
VT   - VEB Verlag Technik

/AC/   Agarval, V.K.; Cerny, F.: Store and Generate Built-In-Testing
       Approach. FTCS-11 (1981) 35-40

/As/   Asser, G.: Grundbegriffe der Mathematik. DVW, Berlin 1973

/AW/   Alabaster, M.B.; Williams, B.R.: The Effectiveness of Short
       Pseudorandom Binary Sequences as Test Vectors. IEEE Coll. on
       Design for Testability, 1985, 1-6

/BC/   Badagliacca, L.; Catterton, R.: Combining Diagnosis and
       Emulation Yields Fast Fault Finding. Electronics 50/23 (1977)
       107-110

/BCA/ Benowitz, N.; Calhoun, D.F.; Alderson, G.E.; Bauer, J.E.;
       Joeckel, C.T.: An Advanced Fault Isolation System for Digital
       Logic. IEEE Tr.C-24/5 (1975) 489-497

/BCR/ Bazilai, Z.; Coppersmith, D.; Rosenberg, A.L.: Exhaustive
       Generation of Bit Patterns with Applications to VLSI Self-
       Testing. IEEE Tr.C-32/2 (1983) 190-194

/Be/   Bennetts, R.G.: Techniques for Testing Microprocessor Boards.
       IEEE Proceedings 128 (1981) 473-491

/BeS/ Beuthner, U.; Salomo, A.: Untersuchung zur binären
       Signaltheorie. Diplomarbeit, Karl-Marx-Stadt 1978

/BF/   Breuer, M.A.; Friedman, A.D.: Diagnosis and Reliable Design of
       Digital Systems. Woodland Hills (Cal.) 1976

/BH/   Bhavsar, D.K.; Heckelman, R.W.: Self Testing by Polynomial
        Division. IEEE Test Conf.1981, 208-216

/BK/   Bhavsar, D.K.; Krishnamurthy, R.W.: Can We Eliminate Fault
        Escape in Self Testing by Polynomial Division (Signature
        Analysis). IEEE Test Conf. 1984, 134-139

/BM/   Beckmann, B.; Mucha, J.: Was ist Signaturanalyse? er 24(1982)
        16-18

/Boc/   Bochmann, D.: Automaten. /Wu/, S. 256-287

/Bos/   Boseck, H.: Lineare Vektorräume. DVW, Berlin 1965

/BS/   Büren, G., Schütz, W.: Mikroprozessor-Selbsttest durch
        Signaturvergleich. er 22 (1980) 237-242

/Bu/   Buesen, J.: Digital-Signaturanalyse - eine interessante
        Servicemethode für Digital- und Mikroprozessor-Systeme.
        elektronikpraxis Nr. 11 (Nov.1977) 28-32

/Ch/   Chan, A.Y.: Easy-to-Use Signature Analyzer Accurately
        Troubleshoots Complex Logic Circuits. HPJ 28/9 (1977) 9-14

/CL/   Carter, J.L.: The Theorie of Signature Testing for VLSI.
        14.ACM-STOC 1982

/CMM/   Chang, H.Y.; Manning, F.; Metze, G.: Fault diagnosis of Digital
        Systems. New York 1970

/Co1/   Comerford, R.W.: Board Tester Adds Signature Analysis.
        Electronics 53/25 (1980) 44

/Co2/   Comerford, R.W.: Signature Analysis Revisited. Electronics
        54/4 (1981); auch in /HPN11/.

/CW/   Carter, W.C.: The Ubiquitous Parity Bit. FTCS-12 (1982) 289-296

/Da1/   David,R: Feedback Shift Register Testing. FTCS-8(1978) 103-107

/Da2/   David, R.: Testing by Feedback Shift Register. IEEE Tr.C-29
        (1980) 668-673

/Da3/   David, R: Signature Analysis of Multi-Output Circuits. FTCS-14
        (1984) 366-371

/Dam/   Damnjanovic, L.B.: The Software Implementation of Signature
        Analysis. Mikroproc. and Mikroprogr. 16/4-5 (1985) 203-206

/DKT/   Dokumentation Kennzeichentester 01 (02). TU Karl-Marx-Stadt
        1978 (1981)

/DM/   Daehn, W.; Mucha, J.: A Hardware Approach to Self-Testing of
        Large PLA's. IEEE Tr.CAS-28/11 (1981) 1033-1037

/Dö/   Dörfel, G.: The Concept of the m n Feedback Shift Register
        Generator with Optimum (Pseudo-) Randomness Properties. Archiv
        für Elektronik und Übertragungstechnik 40/4 (1986) 213-218

/El/   Elspas, B.: The Theorie of Autonomous Linear Sequential
        Circuits. IRE Transact. on Circuit Theory, CT-6 (1959) 45-60

/EPV/   Exner, J.; Pliquett, J.; Voelkel, L.: Softwarelösung zur
        Prüfung und Fehlerlokalisierung von PCM-Baugruppen durch
        Signaturanalyse. SREE 14 (1985) 279-280

/ESA/   Die Signaturanalyse. Artikelserie. Elektronik 32 (1983) H.14,
        31-35; H.16, 41-44; H.18, 95-98; H.20, 115-118; H.22, 95-98

/Fer/   Ferschl, F.: Markov-Ketten. LNOR Math. Syst. 35, Springer, 1970

/Fl/   Flynn, H.: Augmenting VLSI Self-Test with ATE Diagnostics.
        Proc. ATE West 1985, 12-22

/Fo/   Forgue, B.: Signature Analysis: Prepare Your Maintenance Tests.
        Measures 50/12 (1985) 27-33

/Fey/   Fey, P.: Schieberegister und ihre Anwendungen. NTE 20 (1971)
        H.5, 189-195; H.6, 227-230; H.7, 274-278

/Fi1/   Firooz, K.: Board Testing with Signature Analysis. HPJ, March
        1979, S.31

/Fi2/   Firooz, K.: Signature Analysis- a Technique for Board Test and
        Field Service Applications. Boston ATE Show, June 1979

/FK/   Fujiwara, H.; Kinoshita, K.: Testing Logic Circuits with
        Compressed Data. FTCS-8 (1978) 108-113

/Fr/   Frohwerk, R.A.: Signature Analysis: A New Digital Field Service
        Method. HPJ 28/9 (1977) 2-8; auch /HPN2/,9-15

/FT/   Fujiwara, H.; Toida, S.: The Complexity of Fault Detection.
        FTCS-12 (1982) 101-108

/Fu/   Fujiwara, H.: Logic Testing and Design for Testability. MIT
        Press, Cambridge (Ma.) 1985

/Ga/   Gantmacher: Matrizentheorie. DVW, Berlin 1986

/Gä/   Gärtner, J.: 8-Bit-Zufallsgenerator. rfe 33/7 (1984) 461-462

/Gei/   Geisselhardt, W.: Fehlerdiagnose in Geräten der Digitaltechnik.
        München - Wien 1978

/Gi/   Gill, A.: Linear Sequential Circuits. New York 1966 (russ.
        Übersetzung Moskau 1974)

/GLR/   Gülke, C.; Lauck, W.; Riedel, F.: Signaturanalysegerät. rfe 30
        (1981) 4, 207-209

/Go/   Golomb, S.: Shift Register Sequences. San Francisco 1966

/GoN/   Gordon, G.; Nadig, H.: Hexadezimal Signatures Indentify
        Troublespots in Microprocessor Systems. Electronics 50/5 (1977)
        89-96; auch /HPN2/,1-8

/Gör/   Görke, W.: Fehlerdiagnose digitaler Schaltungen. Teubner,
        Stuttgart 1973

/Gös1/ Gössel, M.: Angewandte Automatentheorie. Akademie-Verlag,
        Berlin 1972

/Gös2/ Gössel, M.: Wahrscheinlichkeitsautomaten und Zufallsfolgen.
        Akademie-Verlag, Berlin 1975

/Gös3/ Gössel, M.: Lineare Automaten. /Wu/, S. 223-256

/Gös4/ Gössel, M.: Bemerkung über die Existenz von Signaturregistern
        zur Erkennung geradzahliger Fehler. er 25 (1983) S. 233

/Gr/   Gröbner, W.: Matrizenrechnung. BI, Mannheim 1966

/GrN/   Grason, J.; Nagle, A.W.: Digital Test Generation and Design for
         Testability. 17. Design Aut. Conf. (1980) 175-189

/Gro/   Grossman,R.: Signature Analysis Simplifies Service. Electronic
         Business, March 1979; auch /HPN2/,41

/Has/   Hassan, S.Z.: Signature Testing of Sequential Machines. IEEE
         Tr.C-33/8 (1984) 762-768

/Hau/   Hauser, N.: Signatur Analyse. /Sce/, Kap.9, S.169-178

/Ha1/   Hayes, J.P.: Transition Count Testing of Combinational Logic
         Circuits. IEEE Tr.C-25 (1976) 613-620

/Ha2/   Hayes, J.P.: Check Sum Test Methods. FTCS-6 (1976), 114-119

/He/   Heckmaier, J.H.: Mathematische Beschreibung und Klassifikation
         von Signaturregistern. Diplomarbeit, München 1982

/Hei/   Heine, K.: Die Signatur-Analyse. Elektronik 28/1 (1979) 48-51

/HF1/   Humphrey, J.R.; Firooz, K.: ATE Brings Speedy Complete Testing
         via Signature Analysis to LSI-Board Production. Electronic
         Design, Febr. 1980, S.75-79

/HF2/   Humphrey, J.R.; Firooz, K.: Signature Analysis for Board
         Testing. The Radio and Electronic Engineer 51/1 (1981) 37-50

/HJA/   Hua, K.A.; Jou, J.Y.; Abraham, J.A.: Built-In Tests for VLSI
         Finite-State Machines. FTCS-14 (1984) 292-297

/Hl1/   Hlaviczka, A.: Compression of Multiple-Valued Data Serial
         Streams by Means of a Parallel LFSR Signature Analyzer.
         Fehlertolerante Rechensysteme. Informatik-Fachberichte, Bd.84
         (1984) 404-416

/Hl2/   Hlaviczka, A.: Compression of Three-State Data Serial Streams
         by Means of a Parallel LFSR Signature Analyzer. IEEE Tr.C 35/8
         (1986) 732-741

/HL/   Heckmaier, J.H.; Leisengang, D.: Fehlererkennung mit
         Signaturanalyse. er 25 (1983) 109-116

/HM1/   Hassan, S.Z.; McCluskey, E.J.: Testing PLA's Using Multiple
         Parallel Signature Analysers. FTCS-13 (1983) 422-425

/HM2/   Hassan, S.Z.; McCluskey, E.J.: Increased Fault Coverage Through
         Multiple Signatures. FTCS-14 (1984) 354-359

/HPE/   Hewlett-Packerd Co.: Electronic Instruments and Systems, 1983

/HPN/   HPA 222: A Designer's Guide to Signature Analysis. (1980)

/HPN1/   HPA 222-1: Implementing Signature Analysis for Production Test.

/HPN2/   HPA 222-2: Application Articles on Signature Analysis. (1980;
         enthält /GoN/,/Fr/,/Ne/,/Sh1/,/Sh2/,/NG/,/Ste/ und /Gro/)

/HPN3/   HPA 222-3: A Managers Guide to Signature Analysis. (1980)

/HPN4/   HPA 222-4: Guidelines for Signature Analysis: Understanding the
         Signature Measurement. (1981)

/HPN10/ HPA 222-10: A Signature Analysis Case Study of a Z80-Based
        Personal Computer. (1980)

/HPN11/ HPA 222-11: A Signature Analysis Case Study of a 6800-Based
        Display Terminal. (1980), Enthält die Arbeiten /RB1/ und /Co2/.

/HPP/   DDOS 25 38 651: Verfahren und Vorrichtung zum Testen digitaler
        Schaltungen. Hewlett-Packard Co., 1975; Int.Cl.:G01R31-28

/HR/   Hermann, L.; Rauchfuß, J.; Schalldach,H.; Zech, K.-A.: Rechner-
        gestützte Diagnoseverfahren für digitale Schaltungen. NTE 30
        (1980) 317-326

/HRo/   Holland, E.R.; Robertson, J.L.: GUEST - A Signature Analysis
        Based Test System for ECL Logic. HPJ,May 1981

/HS/   Hübner, D.; Schönherr, F.: Diagnostik in der Digitaltechnik.
        VT, Berlin 1982

/HU/   Hopcroft, J.E.; Ullmann, J.D.: Introduction to Automata Theory,
        Languages and Computation. Addison-Wesley, Reading (Ma.) 1979

/Hü/   Hübner, D.: Verfahren zur Prüfung digital arbeitender Geräte.
        Feingerätetechnik 28 (1979) 111-113

/HZ/   Hermann, L.; Zech, K.-A.: Vorschlag für die Nutzung der
        Signaturanalyse für die Baugruppenprüfung im
        Produktionsprozeß. Studie, Berlin 1981

/IS/   Ibarra, O.; Sahni, S.K.: Polynomially Complete Fault Detection
        Problems. IEEE Tr.C-24 (1975) 242-249

/Je/   Jessen, K.: Production Line Testing of Microprozessor Bared
        Products Test 3/8 (1981), 13-22

/Jo/   Joffe, M.I.: Abschätzung der Fehlererkennungsfähigkeit von
        Signaturanalysatoren für binäre Folgen mit festem Gewicht.
        AiT 12/1984,110-117 (russisch)

/Ka/   Kasmina, S.K.: Kompakt-Test. AiT 3/1982, 173-189 (russisch)

/Kä/   Kärger,R.: Prüftechnik für elektronische Erzeugnisse. VT,
        Berlin 1985

/Ki/   Kinnemann, G.: Erzeugung von Pseudozufallszahlen mit Hilfe
        linear rückgekoppelter Schieberegister in Klein- und
        Mikrorechnern. msr 21/7 (1978) 368-371

/KMZ1/ Könemann, B.; Mucha, J.; Zwiehoff, G.: Signaturregister für
        selbst-testende IC's. NTG-Fachberichte 68 (1979) 109-112

/KMZ2/ Könemann, B.; Mucha, J.; Zwiehoff, G.: Built-In Logic Block
        Observation Techniques. IEEE Test Conference 1979, S. 37-41

/KMZ3/ Könemann, B.; Mucha, J.; Zwiehoff, G.: Built-In Test for
        Complex Digital Integrated Circuits. IEEE Jour. on Solid State
        Circuits 15/3 (1980) 315-319

/KS/   Kirjanov, K.G.; Solovejcik, E.B.: Zum Entwurf von Schaltungen,
        die auf Diagnose durch Signaturanalyse orientiert sind. Techn.
        der Nachr.-Verb., Serie Radio-Meßtechnik 1/1980, 9-14 (russ.)

/Ku/   Kudrjashov, V.I.: Eine Methode zur Signaturberechnung und
        Abschätzungen der Zuverlässigkeit von Signaturanalysatoren.
        Elektron. Modellierung 7/2(1985) 57-61 (russisch)

/Kuh/   Kuhn, M.: The Application of Signature Analysis in Digital TV
          Equipment. Techn. Mitt. RFZ 29/4 (1985) 77-79

/La/   Latypov,R.Kh.: Vergleich der Signaturanalyse mit der trivialen
          Kompression bei der Erkennung von Fehlern in linearen kombina-
          torischen Schaltungen. AiT 2/1985, 165-167 (russisch)

/Le1/   Leisengang, D.: Berechnung von Fehlererkennungswahrscheinlich-
          keiten bei der Signaturanalyse. er 24 (1982) 55-61

/Le2/   Leisengang, D.: Markovketten bei der Signaturanalyse. ntz-
          Archiv 4 (1982) 337-340

/Le3/   Leisengang, D.: Klassifikation und Einsatz von Signaturregi-
          stern zur Fehlererkennung in digitalen Schaltungen. Disserta-
          tion, München 1983

/LeW/   Leisengang, D.:; Wagner, M.: Signaturanalyse in der Datenverar-
          beitung. Elektronik 32/21 (1983) 67-72

/LöW/   Löber, C.; Will, G.: Mikrorechner in der Meßtechnik.
          VT, Berlin 1983

/Ma1/   Marshall, M.: Signature Analysis Wins New Acclaims. Electronics
          53/4 (1980) 102-104

/Ma2/   Marshall, M.: Stimulus Unit Simplifies Failure Analysis.
          Electronics 53/14 (1980) 171-172

/Ma3/   Marshall, M.: Signature Analysis Tackles Mixed Logic.
          Electronics 53/25 (1980) 44-46

/MCB/   McCluskey, E.J.; Bozorgui-Nesbat, S.: Design for Autonomous
          Test. IEEE Tr.CAS-28/11 (1981) 1070-1079

/Me/   Meggit, J.E.: Error Correcting Codes and Their Implementation
          for Data Transmission. IRE Transact. on Inform. Theory IT-7
          (1961) 234-244

/MK/   Matthies, K; Konrad, E.: Prüffreundlicher Entwurf von digitalen
          Schaltungen. NTE 28 (1978) 429-435

/MM/   Matthias, F.; Merz, G.: Rechnergestützte Verfahren zur
          Fehlerortsbestimmung bei komplexen Digitalschaltungen.
          messen+prüfen/automatik 12 (1976) 268-278

/MS/   Muehldorf, E.I.; Savkar, A.D.: LSI Logic Testing - An Overview.
          IEEE Tr.C-30/1 (1981) 1-17

/MSt/   Müller, B.; Stiefel, B.: Ein quasilinearer Signaturanalysator.
          NTE 34/5 (1984) 192-193

/Mu1/   Mucha, J.: Testfreundliche VLSI-Schaltungen - Entwurfs- und
          Prüfprinzipien. Nachr.-techn. Zeitschrift 32 (1979) 442-447

/Mu2/   Mucha, J.: VLSI Testing - Problems and Solutions. VLSI 85,
          Tokyo 1985, 359-366

/Mu3/   Mucha, J.: Hardware Techniques for Testing VLSI Circuits Based
          on Built-In-Test. COMPCON, Spring 81, 366-369

/Na1/   Nadig, H.: Signature Analysis - Concepts, Examples and
          Guidelines. HPJ 28/9 (1977) 15-21

/Na2/   Nadig, H.: Testing a Microprozessor Product Using Signature
         Analysis. IEEE Test Conference 1978, 159-169

/Nas/   Nastrasevschi, A.: Signatur-Analyse bei µP-Baugruppen.
         Elektronik 30/15 (1981) 83-88

/Nau/   Naumann, B.: Die Anwendung der Signaturanalyse bei der Prüfung
         von Logiksteckeiheiten. 3.Kolloquium "Elektronik -
         Prüftechnologie" der TU Karl-Marx-Stadt (1983) 15-21

/Ne/   Neil,M.: Signature Analysis in the 5342A.HPJ, May 1978; auch
         /HPN2/,17-18

/NG/   Neil,M.;Goodner,R.:Designing   a Serviceman's   Needs   into
         Microprocessor Based Systems. Electronics, March 1, 1979; auch
         /HPN2/,29-35

/No/   Novik, G.Kh.: Über die Zuverlässigkeit der Signaturanalyse.
         AiT 6/1982, 157-159 (russisch)

/NOW/   Naumann, G.; Oertel, E.; Will,G.: Mikrorechnerdiagnosegerät
         robotron 1.6430 - Aufbau und Anwendung. Neue Technik im Büro
         29/1 (1985) 12-15

/NS/   Novik, G.Kh.; Stashin,V.V.: Ein Algorithmus zum vollständigen
         Sortieren von Testfolgen bei der Diagnose digitaler
         Schaltkreise und Signaturanalyse. AiT 8/1982, 162-164 (russ.)

/NSM/   Novik, G.Kh.; Stashin, V.V.; Masur, E.J.: Elemente der Theorie
         der Signaturanalyse. Arb.des Ing.-Inst.für Eisenbahntransp.,
         Bd.642 (1979) 52-59 (russisch)

/Pac/   Parchomenko,P.P.(Red.): Grundlagen der technischen Diagnostik.
         Moskau 1976 (russisch)

/Pak/   Parker, K.P.: Compact Testing: Testing With Compressed Data.
         FTCS-6 (1976) 93-98

/Pal/   Palmer, C: Logic Analysis - Complex Funktions, Lower Cost.
         Elektronik Ind. 11/12 (1985) 9-21

/Pe/   Peterson, W.W.: Prüfbare und korrigierbare Codes. München 1967

/PSW/   Pliquett, J.; Stober, E.; Werner, H.: Rechnergestützte Prüfung
         und Fehlerlokalisierung für die PCM-Technik. SREE 11 (1982)
         332-324

/PV1/   Pliquett, J.; Voelkel, L.: Zur Fehlerlokalisierung mit
         Signaturanalyse. 4.Fachtagung Elektronik - Prüftechnologie,
         Karl-Marx-Stadt 1982, S. 57

/PV2/   Pliquett, J.; Voelkel, L.: Serielle und parallele
         Signaturregister - Grundlagen und Anwendungen zur
         Fehlerdiagnose. 14.Fachtagung Entwurf von Schaltsystemen,
         Dresden 1985, S. 101-104

/Py/   Pynn, C.: In-Circuit Tester Using Signature Analysis Adds
         Digital LSI to Its Range. Electronics 52/11 (1979) 153-157

/Q/   Queiroz, C.M.W.: Serielle und parallele Signaturregister.
         Diplomarbeit, München 1981

/RB1/   Rhodes-Burke, R.: Applying Signature Analysis to Existing
         Processor-Based Products. Elektronics 54/4 (1981), auch in
         /HPN11/

/RB2/   Rhodes-Burke, R.: Retrofitting for Signature Analysis
        Simplified. HPJ 33/1 (1982) 9-19

/Rei1/ Reinert, D.: Prüftheorie diskreter Systeme. VT, Berlin 1979

/Rei2/ Reinert, D.: Entwurf und Diagnose komplexer digitaler Systeme.
        VT, Berlin 1983

/Reu/   Reusch, B.: Lineare Automaten. BI, Mannheim 1969

/RMD/   Anleitung zur Handhabung des Mikrorechner-Diagnosegerätes
        1.6430. Applikationsschrift des VEB Robotron-Meßelectronik
        "Otto Schön", Dresden

/Ro/   Rosenberg, A.L.: Challenges and Opportunities in VLSI Theory.
        EATCS Bulletin 26 (1985) 69-100

/RSA1/ Signaturanalyse - Prüfverfahren für Baugruppen und Geräte mit
        Mikroprozessoren. Applikationsschrift des VEB Robotron-
        Meßelektronik "Otto Schön", Dresden

/RSA2/ Signaturanalysator 31 020. Technische Beschreibung und
        Bedienungsanleitung; Reparaturanleitung. VEB Robotron-
        Meßelektronik "Otto Schön", Dresden

/RSA3/ Signaturanalysator 31 020. Infomationsblatt, VEB Robotron-
        Meßelektronik "Otto Schön", Dresden

/San/   Santoni, A.: Instruments. EDN-24/13 (1979) 95-103

/Sav/   Savir, J.: Syndrome Testable Design of Combinational Circuits.
        IEEE Tr.C-29/6 (1980) 442-451

/SaR/   Saxena, N.R.; Robinson, J.P.: Accumulator Copression Testing.
        IEEE Tr. C-35/4 (1986) 317-321

/Sce/   Scheibl, H.J.: Logikanalysatoren. expert verlag, Sindelfingen
        1985

/Scm/   Schmid, F.: Algebraische und stochastisch Modelle zur
        Signaturanalyse. Diplomarbeit, München 1982

/Scö/   Schödl, W.: Messen mit Zufallsgeneratoren - eine neue
        Meßmethode. industrie-elektrik+elektronik 23/4 (1978) 93-96

/Scu/   Schubert, J.: Schnelle Pufferspeicher zur Echtzeitdiagnose
        digitaler elektronischer Baugruppen. 4.Fachtagung
        "Meßinformationssysteme und Prüftechnologie", Karl-Marx-Stadt
        1982, S.54

/Scw/   Schwabe, W.: Ein Beitrag zur Erweiterung der
        Fehlerortungsmöglichkeiten von Diagnoseprogrammen durch
        Kennzeichenanalyse. Dissertation, TU Karl-Marx-Stadt 1982

/SD/   Saluja, K.K.; Dandapani, R.: Testable Design of Single-Output
        Sequential Machines Using Checking Experiments. IEEE Tr.C-35/7
        (1986) 658-662

/Se/   Seifart,M.:Digitale Schaltungen und Schaltkreise.VT,Berlin 1982

/Seg/   Segers, M.T.: A Self-Test Method for Digital Circuits. IEEE
        Test Conference 1981, 79-85

/Sh1/   Sharrit,D.: Designing Serviceability into the Model 8568A
        Spectrum Analyzer. HPJ, June 1978; auch /HPN2/,19-21

/Sh2/   Sffarrit, D.: Team up a µP with Signature Analysis and Ease
         Troubleshooting in the Field. Electronic Design, Jan.4, 1979;
         auch /HPN2/, 23-28

/SH/   Schwabe, W.; Hübner, D.: Kennzeichenanalyse - Anwendung
         zyklischer Kodes in der Prüftechnik. SREE 8 (1979) 302-305

/SHP/   Sridhar, T.; Ho, D.S.; Powell, T.J.; Thatte, S.M.: Analysis and
         Simulation of Parallel Signature Analyzers. IEEE Test
         Conference 1982, 656-661

/SLC/   Schnurmann, H.D.; Lindblom, E.; Carpenter, R.G.: The Weighted
         Random Test Pattern Generator. IEEE Tr.C-24/7 (1975) 695-700

/Sm/   Smith, J.E.: Measures of the Effectiveness of Fault Signature
         Analysis. IEEE Tr.C-29 (1980) 510-514

/SM/   Starke, C.W.; Mucha, J.: Selbstest von sequentiellen
         Schaltungen mit Hilfe von Zufallsfolgen. NTG-Fachberichte 77
         (1981) 78-81

/SMA/   Savir, J.; McAnney: On the Masking with Ones Count and
         Transition Count. IEEE Int.Conf.on CAD, 1985, 111-113

/Sp/   Spector, I.H.: Logic-State and Signature Analysis Combine for
         Fast, Easy Testing. Electronics 51/12 (1978) 141-145

/SR/   Streich, W.; Rösner, T.: Theorie linearer Automaten. DVW,
         Berlin 1978

/SS/   Slabakov, E,V.; Sogomonjan, E.S.: Selbstprüfende Rechenanlagen.
         AiT 11/1981, 147-167 (russisch)

/SSS/   Smirnov, N.I.; Strutschkov, A.A.; Subovcev,V.A.: Fehlerdiagnose
         in digitalen LSI-Baugruppen. Internat.Radioel. 1/1979, 53-60
         (russisch)

/St/   Starke,P.H.: Abstrakte Automaten. DVW, Berlin 1969

/Ste/   Stefanski, A.: Free-Running Signature Analysis Simplyfies
         Troubleshooting. EDN 24/3 (1979) 103-105; auch /HPN2/,37-39

/StM/   Stiefel, B.; Müller, B.: Untersuchung von Bewertungsgrößen der
         Signaturanalyse. NTE 34/4 (1986) 151-152

/TD/   Tuzarov, C.; Dimitriev, A.: Generierung von Prüffolgen zur
         Prüfung komplexer logischer Strukturen. Ges. Wiss. Werke der
         Radioelektronik und Nachrichtentechnik, Bd.XI, Sofia 1978
         (bulgar.)

/TL/   Theus, U.; Leutinger, D.: Gleichzeitiger Selbsttest an der
         unzersägten Si-Scheibe. NTG-Fachberichte 77 (1981) 89-90

/Ts/   Tsui, F.F.: Minimum-Overhead Design for In-System Testability
         of LSI/VLSI Circuits. First Internat. Conf. on Computers and
         Applications, Peking 1984, 733-740

/vdW/   van der Waerden, B.L.: Algebra. Springer, Berlin / Göttingen /
         Heidelberg 1966

/V1/   Voelkel, L.: Fehlerdiagnose durch Kennzeichenauswertung. NTE 31
         (1981) 139-142

/V2/   Voelkel, L.: Untersuchungen zum Leistungsvermögen von
         Automaten. Dissertation B, Greifswald 1984

/Wa/   Wang, L.T.: Autonomous Linear Feedback Shift Register with On-
         Line Fault Detection Capability. FTCS-12 (1982) 311-314

/We/   West, D.S.: In-Circuit Emulation and Signatur Analysis -
         Vehicles for Testing Microprocessor Based Products. IEEE Test
         Conference 1979, 345-353

/Wh/   White, E.: Signature Analysis, Enhancing the Serviceability of
         Microprozessor-Based Industrial Products. 4th IECI Annual Conf.
         1981, 68-76

/Wi/   Will, G.: Anwendung der Signaturanalyse in K1520-
         Mikrorechnersystemen. rfe 34/1 (1985) 22-24 u. 54

/WM1/   Wang, L.T.; McCluskey, E.J.: A New Condensed Linear Feedback
         Shift Register Design for VLSI/System Testing. FTCS-14 (1984)
         360-365

/WM2/   Wang, L.T.; McCluskey, E.J.: Condensed Linear Feedback Shift
         Register (LFSR) Testing - A Pseudoexhaustive Test Technique.
         IEEE Tr.C-35/4 (1986) 367-369

/WP/   Williams, T.W.; Parker, K.P.: Design for Testability - A
         Survey. IEEE Tr.C-31 (1982) 2-15

/Wu/   Wunsch, G.: Handbuch der Systemtheorie. Akademie-Verlag, Berlin
         1986

/Ya1/   Yarmolik,V.N.: Konstruktion von Generatoren für pseudozufällige
         Testfolgen. AiT 6/1983, 155-162 (russisch)

/Ya2/   Yarmolik,V.N.: Konstruktion von Mehrkanal-Signaturanalysatoren.
         AiT 1/1985, 127-132 (russisch)

/Ya3/   Yarmolik,V.N.: Über die Zuverlässigkeit der Prüfung binärer
         Datenfolgen durch Signaturanalyse. Elektron.Modellierung 7/6
         (1985), 51-54 (russisch)

/Ze/   Zech, K.-A.: Diagnosedatenkompression für digitale Schaltungen.
         messen-steuern-regeln 23 (1980) 601-606

/ZKM/   Zwiehoff, G.; Könemann, B.; Mucha, J.: Experimente mit einem
         Simulationsmodell für Selbst-testende IC's. NTG-Fachberichte 68
         (1979) 105-108

/Zu/   Zurmühl, R.: Matrizen. Springer, Berlin/ Göttingen/ Heidelberg
         1961

Sachwortverzeichnis